Educational Reform Archives of the School Affiliated with Nanjing Normal College
(1964—1966) II
Editor Hong Wang

南师附中教育改革文献
（1964—1966）
下 卷

王虹 整理

美国华忆出版社
Remembering Publishing, LLC. USA

【记忆丛书】

Copyright © 2021 by Remembering Publishing, LLC. USA

Educational Reform Archives of the School Affiliated with Nanjing Normal College (1964—1966) II
Editor Hong Wang

ISBN： 978-1-951135-48-5（Print）
　　　　978-1-951135-49-2（Ebook）
LCCN： 2020 911031
Published by Remembering Publishing, LLC
9600 S IH-35, C600
Austin, TX 78748
RememPub@gmail.com

南师附中教育改革文献（1964—1966）下卷
王虹　整理

出版： 　美国华忆出版社　奥斯汀·得克萨斯州
版次： 　2021年2月第一版，第一次印刷
字数： 　210千字

美国国会图书馆编目号码：2020 911031

All rights reserved.
No part of this book may be reproduced in any form or by any electronic or mechanical means including information storage and retrieval systems, without permission in writing from the publisher. The only exception is by a reviewer, who may quote short excerpts in review.

作品内容受国际知识产权公约保护，版权所有，侵权必究。

序

二十世纪六十年代的中国，经过三年（1960～1962）的政策调整，1963年开始经济复苏。1964年，毛泽东着手教育改革。

江苏省教育厅于1964年在南师附中（南京师范学院附属中学）启动了教育改革。1965年1月，南师附中、上海育才、北京景山、辽宁黑山四所中学，被国家教育部定为全国中学教育改革的试点学校。南师附中跻身到教育改革的风口浪尖。

南师附中的前身是三江师范学堂附属中学堂，筹建于1902年。1949年8月前，名为国立中央大学附属中学。1952年高校院系调整，更名为南京师范学院附属中学（现为南京师范大学附中）。

南师附中拥有巴金、胡风、汪道涵等众多杰出校友，其中包括袁隆平等数十位中科院院士。南师附中也是高干子弟、高知子女云集的学校，干部子弟几乎占到学生总数的一半。

本书的资料是南师附中1964年至1966年文革前夕，实施教育改革的完整资料。内容包括相关部门的文献，学校教改的实践总结，以及部分学生的思想汇报等。

南师附中从试点班着手，在三个方面进行了改革尝试：由教师讲课过渡到学生小组讲课，教师辅导，发挥学生的主动性；采用单科独进的方式，减少学生每天的科目学习；用开卷考试替代闭卷考试，只记录优秀、良好等学习状况，不打分数，将学生从分数中解脱出来。这些尝试也推广到全校。试点班等还去苏北农村生活三个月，尝试半天学习，半天劳动。用校长的话说：这不是所谓的半工半读，而是要为全日制中学闯出一条新路。

学生思想汇报的部分，真实地展现出那个年代莘莘学子的心历路程，为这份资料增添了活生生的质感。

从社会的角度看这份资料，它是那个年代极其宝贵的历史见证。

甚至，透过这份资料可以触摸到接踵而至的文革的因缘脉络。

南师附中教改有着显著的特点：强调阶级斗争；强调学习毛泽东著作；强调贯彻毛泽东的教育思想，培养学生"为革命而学"，一颗红心，多种准备。

南师附中教改被视为毛泽东教育思想实践的典范，名副其实。

1964年，南师附中树立了放弃高考，背离家庭，落户农村的学生典型黄X（方X）。当时南师附中及另外二所中学的毕业生总共72人到农村落户，被誉为72贤，成为全国中学生的楷模。

至1966年文革前夕，"为革命而学"的政治热情，在南师附中达到了空前的程度，甚至形成了"父母革命儿接班，父母反动儿背叛"的校园氛围。这一氛围在南师附中的教改资料中有充分地呈现。学校树立的"为革命而学"的教改典型周ＸＸ，登上了全国性刊物《中学生》。

与此同时，出身剥削阶级家庭的学生则忙于与家庭划清思想界限，有位学生的家庭还酿出了无可挽回的悲剧。

尽管南师附中的教改在掌握知识的施教手段上有所着力，但教育的关键是施教的内容，以及对学生价值观的培养，如果施教的内容错了，则教育的方向就错了，再多的教育手段也无济于事。

如果说南师附中的教改，曾一度形成"父母革命儿接班，父母反动儿背叛"的政治氛围；那么接下来肆虐于文革的"老子英雄儿好汉，老子反动儿混蛋"的对联，则是对前者的否定。中共中央文革小组针对这幅对联，提倡过"父母革命儿接班，父母反动儿背叛"的替代口号。可是，回到"父母革命儿接班，父母反动儿背叛"仍是在逆历史的潮流，本质上还是倒退。

1976年四人帮倒台，1977年恢复高考。这时的社会氛围已经突破了过去"家庭出身的羁绊"。文革前被剥夺了上大学，甚至上高中的权利的黑五类子弟，也能上大学了。仅仅十年，社会氛围的变化如此之大，令人唏嘘不已。

这个社会现象的改变，不仅是对文革的"老子英雄儿好汉，老子反动儿混蛋"的否定，也是对文革前的"父母革命儿接班，父母反动儿背叛"的否定——否定之否定！历史终究没有倒退，而是幸运地向前迈出了一步。

历史是一面镜子。南师附中的教改正是这样的一面镜子。

本书涉及的人员一律留姓隐名（除一人因本人要求既隐姓也隐名外），班级在涉及具体人员时留级隐班。

王　虹
2020 年 6 月 1 日

目 录

序 I

下 卷

第1章 南师附中高二X班教改试点的情况汇报 5
    一、本班的基本情况 5
    二、具体工作 7
    三、班级面貌的主要变化 10
    四、总结 18
    五、李ＸＸ的家书 19
    六、ＸＸＸ思想汇报 22
    七、和妈妈的斗争（黄Ｘ 1965.7）........................ 38
    八、变化（周ＸＸ 1965.7）.................................... 41

第2章 盱眙劳动一月——教学、劳动和调查研究三结合 45
    一、学习 48
    二、行军、劳动 57

第3章 南师附中1965—1966第一学期教改工作计划 67
    一、学习毛主席著作 67
    二、教育与生产劳动相结合 67
    三、减轻负担增进健康 68
    四、教材教法的试验 69
    五、加强领导，改进作风 70

第4章 从高校招生试卷中反映的一些情况 ... 71
  一、事例一 ... 71
  二、事例二 ... 72
  三、事例三 ... 77

第5章 高三Ⅹ班同学的日记摘抄 ... 87
  一、周ⅩⅩ同学的日记摘抄 ... 87
  二、廖Ⅹ同学的日记摘抄 ... 90
  三、阮ⅩⅩ同学的日记摘抄 ... 95

第6章 一堂数学讨论课 ... 98

第7章 怎样理解教师的主导作用 ... 103

第8章 为什么顾虑重重 ... 106

第9章 我们要大喝一声 ... 108

第10章 小将们的声音 ... 110
  一、毛主席的话就是我精神上的食粮 ... 110
  二、活学活用毛选，改变了对待同学的态度 ... 113
  三、关心群众生活，注意工作方法 ... 114
  四、张浩同学在进步 ... 115
  五、代数难题不过是纸老虎 ... 115
  六、大家帮助我督促我学好英语 ... 116
  七、装矿石机 ... 116
  八、正确处理劳动和学习的关系 ... 117
  九、替贫下中农补衣服想起的 ... 117
  十、修厕所 ... 118
  十一、过了一个有意义的星期日 ... 119
  十二、一定要做个小雷锋 ... 120

十三、要做可靠的接班人 120
　　十四、自勉 121
　　十五、要自觉保护视力 122

第 11 章 我对教改的体会 123

第 12 章 几个学生的变化 132

第 13 章 劳动锻炼文选 133
　　一、喝塘水 133
　　二、初一Ⅹ班小组座谈纪要 134
　　三、剥青麻 134
　　四、蚕室里的劳动锻炼了我 135
　　五、听毛主席的话，鼓足劲干下去 136
　　六、访问韩大妈 137
　　七、贫下中农是公社的顶梁柱 137
　　八、谁养活了我 138
　　九、小手绢补在贫下中农的衣服上 139
　　十、劳动中大有学问 139
　　十一、实践中可以学到知识 140
　　十二、三点体会 140
　　十三、我的思想得到了锻炼 142
　　十四、十五天的收获 143
　　十五、劳动锻炼随感 145
　　十六、一家人 147
　　十七、我找到了真正的家 148
　　十八、我和李大妈同睡了十天 150
　　十九、做一个全心全意为绝大多数人服务的革命者 154
　　二十、我愿意当一个新农民 160
　　二十一、考虑问题的出发点 162
　　二十二、要自觉革命 164

二十三、克服三个"怕",甘愿当社员! 166
二十四、在反复斗争中前进 169
二十五、继承父母遗志,将革命进行到底! 173
二十六、关键在于一颗红心 175
二十七、要敢于下"愿意当一辈子社员"的决心 179
二十八、做坚强的革命后代 181
二十九、放下包袱,自觉革命 183
三　十、要在艰苦的斗争中锻炼自己 186
三十一、半天学习能够学得好 189
三十二、视力恢复有感 190
三十三、我长胖了,长结实了 191
三十四、半天劳动,半天学习,增强了体力 192
三十五、日记三则 193

第 14 章 学生的毛选学习 198
一、前言 198
二、案例 199
三、总结 211

第 15 章 教改使我懂得了怎样做一个革命接班人 214
一、紧紧的束缚,重重的忧虑 214
二、教改的号角响了,我在忧虑中抬起头来 216
三、教改改变了学校,教改改变了我 218
四、教改使我懂得了怎样做一个革命接班人 223

第 16 章 在革命实践中成长 227
一、我的旧貌 227
二、实践开始了 228
三、不平常的春天 230
四、江宁一月 235
五、入党 237

第 17 章 两年来教改的变化和存在问题 240
　一、教改以来的变化 240
　二、存在的问题 247
第 18 章 在三大革命运动中培养革命接班人 248
　一、学习春节指示，重新明确方向 250
　二、学习毛选，自觉革命 253
　三、把教育和生产劳动结合起来 259
　四、发扬教学民主，培养生动活泼主动的学习风气 264
　五、坚决执行"健康第一"的指示 271
　六、教育者必先受教育 275

编　后 286

下 卷

(自 1965 年 7 月 1 日起至 1965 年 12 月 24 日止)

卷内文件目录

顺序号	文件作者	发文号	文件标题或摘由	日期	所在页号	备注
1	省教育厅附中教改工作组		南师附中高二Ｘ班教改试点的情况汇报	65.7	未定	
2			高二学生李ＸＸ的家信	65.3	未定	
3			高二学生ＸＸＸ思想汇报	65.5	未定	
4			"和妈妈的斗争"高二黄Ｘ	65.7	未定	
5			"变化"高二周ＸＸ	65.7	未定	
6			高三廖Ｘ同学的日记摘抄	65.5.30	未定	
7			高三阮ＸＸ同学的日记摘抄	65.9.23	未定	
8	省教育厅附中教改工作组		盱眙劳动一月－教学、劳动和调查研究三结合	65.6	未定	
9	省教育厅附中教改工作组		盱眙劳动一月－教学、劳动和调查研究三结合	65.7	未定	
10	省教育厅附中教改工作组		1965-1966第一学期教改工作计划	65.9	未定	

11			从高校招生试卷中反映的一些情况	65.10	未定	
12			高三周ＸＸ同学的日记摘抄	65.10.19	未定	
13			一堂数学讨论课	65.12.24	未定	
14	高一丙，聂ＸＸ、谢Ｘ		怎样理解教师的主导作用		未定	18
15			小将们的声音	4.6	未定	19
16	李Ｘ		我对教改的体会		未定	20
17			几个学生的变化		未定	21
18	附中		劳动锻炼文选（附件一）	65.12		
19	附中		学生的毛选学习			
20	周ＸＸ（高三）		教改使我懂得了怎样做一个革命接班人	66.2.12		
21	高三程ＸＸ		在革命实践中成长	66.3		
22	附中		两年来教改的变化和存在问题（讨论提纲）	66.3.15		
23	附中		在三大革命运动中培养革命接班人（讨论稿）	66.5		

第1章
南师附中高二X班教改试点的情况汇报

一九六四年二月，我校开始进行全面的教学改革工作，学校领导决定以我班为教改试点班。一年半来，在上级领导的直接指导下，加强了政治思想工作，进行了一系列的教学改革试验，班级面貌发生了很大变化，同学们说："教改改得好。""若不教改，我不知道将成为什么样人。""教改使我明确了：要培养自己成为坚强的可靠的革命接班人。"

一、　　本班的基本情况

一年半前，我班在德、智、体几个方面，从总的来看，都是比较差的。当时情况的基本特点是：

（1）、全班四十七人，其中革命干部子弟十人，工农子弟三人，出身于高级知识分子家庭十四人，出身于剥削阶级家庭七人（其中四类分子子弟六人），出身于其他家庭十三人。共青团员十人。在同年级的四个班中，这个班当时是革命干部子弟、工农子弟最少，团员最少，剥削阶级出身的子弟最多的一个班。

（2）、学习目的普遍不正确，集中反映在上高中、考附中的目的上，绝大部分是为了升大学。有的说："我认为一脚跨进了南师附中的大门，另一只脚也就踏上了大学的门坎。"还有的同学说："我就是抱着为了升大学的目的进入南师附中的。入学后对自己的要求是政治上过得去，学习上过得硬，埋头读书，每天要搞到十点半到十一点才睡觉。"出身于革命干部家庭的同学，多数学习目的也不明确。他们认为自己家庭出身好，升大学不用担心，学习不刻苦，学习成绩一般都是中下等。剥削阶级家庭出身的子弟大多背有思想包袱，认为家庭出身不好，党和同学不会信任自己，只有在学习上过得硬才有前途。如董X父亲是反革命分子，劳改。家庭包袱很重，他说："对于前途，不想则已，一想就觉得前途不光明，甚至瞻望前途，竟不寒而栗。"他相信："学习就是威信，只要学习好，其他事情就会一帆风顺了。"另一个父亲被劳改的廖X同学说："我的家庭成份不好，将来反正下农村，现在学习就不要过于用功了，还不如多看一些小说。"还有抱着为家庭，为父母等其他各种个人目的而学习的。总之当时普遍认为：上大学就是前途，上中学就是为了升大学。对于要为革命学习，要将自己培养成可靠的革命接班人，是想得十分抽象和淡薄的。

（3）、在高一入学分班时，这个班的同学是由一部分本校毕业生和二十二个外校来的学英语的学生编成的。本校学生学习成绩大多数中下水平。外校来的在初中绝大部分学的是六年制中学教材，而高一学的是五年制中学教材，与原有基础相差很大，特别是外语、代数。全班同学普遍感到学习负担重，效果差，在高一上结束时，有一门以上不及格的十人，其中四门以上不及格的二人。从学习成绩来看是当时同年级中最差的，尤其是数、理和外语，在高一上期末考试时，外语试题也是另出的，学习水平与另一英语班相差很大。

（4）、健康情况是中下等。高一上由于患各种慢性病或体弱不能参加剧烈运动和较重体力劳动的有八人，免上体育课的有三人，不能参加下乡劳动的有二人。有的同学经常生病，高一上学期全班请病假合计274课时。高一入学时视力不正常的有16人，占当时全班人数的36%，一学期后视力下降很快，学期结束时，视力不正常的有20人，占全班人数的44%。

根据上述情况，在确定为试点班时，领导明确指出：班级的一切工作，都要从贯彻毛主席春节指示、党的教育方针，培养可靠的革命接班人出发，认真做好各类学生的政治思想工作，要和资产阶级争夺年青一代，努力把他们都培养成革命事业的接班人；要让学生多接触实际，多接触工农，要在三大革命运动中培养学生；大力减轻学生过重的课业负担，培养生动活泼的主动的学习空气，提高学生的分析问题和解决实际问题的能力。我们按照上述精神,开展了班级工作。

二、 具体工作

1. 用主席的思想武装学生,和资产阶级争夺下一代

通过对学生学习目的性的调查、分析,我们进一步认识到:我们的学生并不生活在真空中,他们各种错误的学习目的,不是偶然地产生的,来自家庭、社会、小说、电影等各方面资产阶级思想,会经常向他们进行侵袭,不少家长送子女上高中考附中的目的,就是为了望子成"龙",做他们所希望的下一代。有一个学生的父亲(解放前是国民党的反动军官,解放后是资本家、右派分子)当孩子小学毕业考初中时就"教育"她说:"凭你的家庭出身,现在考南师附中不行,暂时考其他学校,在初中努力争取当上三好生,参加共青团,创造条件,高中再考附中,那时就有希望了。"在初中阶段,父亲经常"教育"她:"在校要表现好,要大骂父亲剥削阶级本质,骂得越凶,说明你越进步,就越容易入团了。"果真这个同学在初中当了三好生,加入了共青团,还担任了团支部书记。初中毕业后,她也果真考取了附中。此时她的父亲又及时"教育"她:"在高中、主要抓学习了,学习上要过得硬,政治上保持现状,过得去就可以了,不要犯错误,但也不要表现得太积极,尤其不要积极带头表示高中毕业后下乡,否则到时候你不去就被动了。"这些活生生的事实深刻地教育了我们:阶级敌人对他们的下一代,并没有失去信心,他们顽强地将阶级复辟的希望寄于他们的子女身上。这就需要我们做教育工作的带着强烈的"敌情"观念去工作,去和资产阶级去争夺整个年青一代。

在实际工作中,从树立为革命而学习,做无产阶级接班人的思想着手。我们经常抓同学的活思想,引导他们学主席著作,参加实践活动来解决自己的思想问题。例如高一下时,针对他们在学习目的性方面存在的问题,组织他们学习《为人民服务》《纪念白求恩》等文章,展开"上高中考附中为什么"的讨论;高二上到农村参加秋收劳动

时，天气热，农活重，同学们普遍反映出怕困难的情绪，我们就引导他们学习《青年运动的方向》《关于正确处理人民内部矛盾的问题》中的有关"知识分子"等文章，开展了"劳动为什么""七天和一辈子"等问题的讨论，鼓励他们积极地开展思想斗争，把为什么劳动与为什么学习联系起来；随着教改的深入，对待学校的各项措施，也产生了不同的反映，包括来自家庭、社会等方面的各色各样的议论，我们就引导学生学习《放下包袱，开动机器》《整顿党的作风》《被敌人反对是好事而不是坏事》《实践论》等文章，开展"什么是知识""什么是教育质量""如何提高质量"等问题的讨论；本学期针对同学们认为：我们政治思想提高还较快，而学习基础差、能力差，学习质量提不高的思想，引导他们学习《愚公移山》《谁说鸡毛不能上天》一文按语等文章。总之，在学习、劳动、日常生活中出现了问题时，我们总是鼓励大家：找一找，想一想，主席对这个问题是怎么讲的，帮助同学用主席的观点来认识问题，鉴别是非，解决实际问题。

在对待剥削阶级出身的学生的工作中，我们坚持贯彻党的重在表现的政策。在实际工作中，从"夺"字着眼，"帮"字着手。所谓"夺"就是要有同一切剥削阶级争夺下一代的思想；所谓"帮"就是对于这些学生，既要看到他们的缺点、问题，又要看到他们的进步、优点，热情耐心地帮助他们进步。我们认为他们的基本特点是：常会因为家庭出身不好而背上思想包袱，总顾虑组织、老师、同学们另眼看他们；常会在升学、入团等问题上反映出许多个人患得患失的思想，常会以努力学好功课作为取得个人前途的基础；受家庭资产阶级思想较易较深，尤其是经不起家庭的软化软攻。

另一方面，他们本身不是剥削者，年龄小，他们之中大多数是要求进步的，并在党的教育下，各有不同程度的进步。我们对他们进行教育的基本原则是：首先热情诚恳地关心他们，帮助他们，反复交待党的重在表现的政策，打消他们的顾虑，并经常注意教育其他同学，特别是班级干部和革命干部子弟，以正确态度对待他们的缺点和进步；帮助他们与家庭划清思想界限，增强抵制资产阶级思想侵蚀的能力，在这方面，特别注意保护他们暴露活思想的积极性；保护他们在学习上的积极性和刻苦钻研精神，但加强对他们的关于学习目的性和如何看待自己前途等问题的教育，帮助他们克服个人主义思想。针对他们的具体问题，我们引导他们学习主席的《放下包袱，开动机器》《中国社会各阶级的分析》等有关文章。在劳动实践中，教育他们特别注意接触工农，培养劳动人民的思想感情。

2. 引导学生参加实践，接触工农

从高二上开始，除了每学期集中下乡劳动外，每星期还安排半天校外劳动的时间，到工厂、码头、车站与工人们一起劳动。本学期在学校的统一领导下，高二乙和我们两班到盱眙县边劳动边学习了一个月，摸索教育与三大革命相结合的经验。这次下乡采取了半天劳动半天学习的方法，将原有半个月的劳动时间延长为一个月。学生分小组住在贫下中农家里，在劳动的同时，学习政治、语文、数学、外语四门功课。学习方式是自学为主，共同讨论，教师给予辅导。同学们一致反映，接受到了一次极其深刻的阶级教育，劳动教育，多数同学开始树立了比较具体的深刻的贫下中农形象，明确了要为革命，为改变祖国一穷二白面貌，为贫下中农，为世界上三分之二人民的解放，为攀登文化科学高峰而学习，做革命的接班人。并显著地提高了独立学习和联系实际解决问题的能力。

3. 充分地调动学生的学习主动性，培养生动活泼的学习风气

首先我们注意了减轻学生过重的课业负担，取消了频繁的考试测验（一学期只有一次期末考试），作业要求基本上在课内完成。为了减少同时学习的课程门数，从高二下起先学物理，化学待物理学完后再学。现在除政治排在下午五、六两节外，所有课程全排在上午，下午是学生自修和课外活动时间。为了减少同学每天学习的课程门数，在课表的安排上，试验半天一门课的方式。在各科教学中，都注意充分调动学生的学习主动性，在教师指导下，先让学生自己读书，自己做实验，自己思考问题解决问题，教师在了解学生的基础上指导学生进行学习。同学们对于这种教学方法普遍反映很好，他们说："这样做学得主动，不仅学到了知识，还培养了学习能力。"

4. 领导、教师、学生在方针思想指导下紧密配合，共同研究

凡是新的措施，都事先发动师生充分讨论，每学期结束，领导、教师、学生一起总结经验教训，发动同学对一学期的具体工作、各科教学提意见。哪些好的可以肯定的，哪些不好要改进的，并提出对今后各项工作的意见。班级工作和各科教学也互相通气，班主任、语文教师经常参加同学政治课，一起了解分析学生情况，有所分工，共同合作对学生进行政治思想教育，例如高二上政治课结合阶级与阶级斗争教育，引导学生用阶级分析的观点来分析自己的兴趣、爱好、志愿及家庭、社会在这方面对自己的影响。本学期结合当时学生对提高教学质量信心不够的情况，政治课又组织学生学习了《谁说鸡毛不能上天》《愚公移山》等主席著作。在外出参加劳动实践活动后，又定期利用政治课进行交流、小结。又如上学期结合当时对教改措施的各种反映，语文课补充学习了《放下包袱开动机器》《被敌人反对是好事而不是坏事》。平时还注意在语文教学中指导学生运用语言工具学好其他学科；在物理教学中联系学生的数学知识，共同配合提高教学质量。领导、班主任、各科教师，经常在一起交流情况，分析问题，研究具体措施。

三、 班级面貌的主要变化

一年半来，班级面貌的主要变化有以下几个方面：

1. 在政治思想方面

主要表现在多数同学已经开始树立了为革命而学习的思想，辨别是非和抵制资产阶级思想影响的能力增强了，各类学生的思想面貌有较显著的变化，特别是干部子弟变化最大，联系实际学习主席著作，已成为绝大多数同学的自觉要求。同学们说：教改以来印象最深的，就是在脑子里开始有了毛主席著作，有了贫下中农的形象。

工农、革命干部子弟的思想觉悟提高得最为显著。他们过去在思

想上对自己要求还不够严格，学习目的普遍不太明确，现在多数人都有了比较强烈的为革命而学习的责任心。在劳动中自觉进行锻炼，平时注意培养艰苦朴素的生活作风和刻苦学习的精神，把自己培养成革命后代的思想比较明确了。如贫农家庭出身的成ＸＸ同学曾说：我很小就死了母亲，这样爸爸就既是我的父亲又是我的母亲，用他辛勤的劳动养活了我们兄弟俩，如果我不好好学习，怎么对得起爸爸呢？"因此他总是发奋的为爸爸而学习，思想上不大开展。

现在认识到："在解放前，我家祖祖辈辈没有一个识字的，而现在我进了中学，哥哥进了大学，这都是党和人民给的，我没有理由不为党和人民而学习。我的生活目的也明确了，像我这样一个贫苦的劳动人民家的孩子，生活在世界上的目的，只能是为了广大的劳动人民，这绝不能含糊。他在今年六月写给党支部的入党申请书中写道："今天世界上还有三分之二的人在受苦，敌人又在南越玩火，我已作好充分准备，随时响应号召，去同南越兄弟并肩作战，千里之行始于足下，现在我的任务就是要为革命而发奋学习。"又如李ＸＸ同学，革命军人家庭出身，原来学习目的不明确，他自己说："糊里湖涂地渡过了初中三年。"虽然他在初中就入团了，但在政治上对自己没有很高要求。高一刚来附中时，学习成绩差，尤其是外语，上课听不懂。一年多来各方面的变化十分显著。首先，政治方向，学习目的都比较明确了，认识到要将自己培养成可靠的革命接班人。高二寒假时，自觉要求到盱眙去劳动锻炼，平时生活中注意艰苦朴素，各方面对自己的要求也严格了，还教育妹妹，要培养能吃苦的品质，不要成为闺房里的小姐。本学期写了入党申请书，决心把自己培养成为坚强的共产主义战士。学习也刻苦踏实了，学习成绩也有了显著提高，本学期各科成绩优秀或良好，被评为三好学生，同学们还选他当了班主委。他妈妈来学校说："他爸爸在农村搞社教，看到最近ＸＸ的信，有时感动得流泪，认为革命事业后继有人了。"全班干部子弟、工农子弟十三人中，思想变化突出的有８人，变化较大的三人，变化还不够显著的２人，原有团员６人，现有团员８人。三好生五人。

剥削阶级家庭出身的子弟，过去长期背有思想包袱，多数学生只抓学习，政治热情不高，少数学生，例如董Ｘ认为学了也无前途，所以学习也不努力。进入高中后，学习成绩进步很大。教改以来，多数同学的觉悟有了显著提高，认识到家庭出身不能选择，但走革命的道路全由自己决定。辨别是非的能力增强了，开始具体的与家庭划清思想界线，经常向组织汇报思想，政治上积极要求上进。例如ＸＸＸ同学父亲解放前是国民党的上校财务科长，解放前夕成了南京毛巾厂的股东，58年划为右派。她受父亲的剥削阶级思想影响很多。她学习成绩一贯优秀，从小学到初中全是三好生，在初中入了团。但他学习目的入团目的长期来都不明确，一心想成名成家认为："扬名不可能，还不如死的好。"父亲曾对她说过："家里只有你有些指望了，你要好好读书，我喝稀饭也要供你当研究生。"因此她一直将学好功课当成自己今后成名成家的阶梯。一年多来通过接触工农，选毛选，思想变化较显著。从他父亲的魔爪中逐步挣扎出来，由对父亲的信任到怀疑到斗争到决裂，逐步与反革命的父亲划清界限。今年四月17日他父亲坚持与人民为敌到底，自杀身死。ＸＸＸ在这场尖锐的斗争中，立场比较坚定，教育弟妹一起不戴孝、不送葬，能积极争取组织教育提高认识，曾受到父亲所在的工厂党委来信表扬。本学期结束前她向学校党支部写了入党申请书表示：决心使自己成为出身的那个剥削阶级的叛逆，要做无产阶级革命事业的接班人。"这学期也被评为三好生。全班剥削阶级家庭出身的子弟七人中，思想变化突出的有四人，变化较大的二人，变化不够显著的一人，原有团员1人，现有团员二人，现有三好生一人。

一般知识分子和职员家庭出身的同学的思想状况也发生了不同程度的变化，例如余ＸＸ同学，（父亲是南化公司的总工程师）很长时期来，他对自己要求不严格，生活上爱舒适，怕艰苦，一个星期天吃一顿饭就要花一、二元钱。学习不认真，成绩很差。他自己说："以前我的脑子里总是平平静静的，很少有思想斗争，听到有些同学思想斗争很激烈，甚至斗争到睡不着觉，我真不可理解。我想这些人怎么事情这么多，少想点儿不就行了吗。瞧我多好，什么也不想，一躺到床上就睡着了！"盱眙回来后他写道："在盱眙的一个月生活给我留下了很深的印象。贫下中农的话常常在耳边响着："只要你们好好学习，我们愿意多种些粮食给你们吃。"每当我想起这些，再看看自己，觉得自己辜负了贫下中农的希望，心里感到很不安。"现在开始从思想上严格要求自己了。写了申请入团报告，学习责任心增强了，学习质量也有显著提高。同学选他为班文娱委员，工作积极性也很高。又如黄X同学母亲是中学的校医，思想落后，一贯用唯有读书高的资产阶级思想灌输子女，要他们不关心政治，埋头读书，将来升大学争取个人名利，在教改后黄X提高了鉴别是非的能力，能和家庭的资产阶级思想划清界线，关心政治，积极参加劳动锻炼，初步树立了为革命而学习的学习目的。学习刻苦认真，各方面有了显著进步，本学期参加了共青团。她说："我要永远听党的话，坚决与资产阶级思想决裂，归附于无产阶级的队伍。我要永远做无产阶级的一只凌空翱翔的雄鹰，而决不做资产阶级所谓的"龙"。全班高级知识分子和一般职员家庭出身的子弟二十七人中，思想变化突出的有十二人，变化较大的有十人，变化不够显著的五人。原有团员六人，现有团员十一人。三好生五人。现在全班共有团员二十一人，三好生十一人，还有七人写了入党申请书。

对于一年多来班级思想面貌之所以会发生这样大的变化，同学们一致认为基本原因有二：一是学习了主席著作，二是有了贫下中农的形象。

过去同学们也学一些主席著作，但不是自觉的，学了也不能用。现在，同学们对主席著作有了感情，自觉认真学习主席著作已形成了班风。遇到问题就想到找主席著作，他们经常带着以下问题来学习：为谁学习，读书和实践，如何克服困难，如何处理好个人与集体的关系，怎样正确对待批评与自我批评等，现在能经常带着问题自觉学习毛主席著作的有四十一人，能坚持天天学习的有二十人，不少同学通过学习主席著作，提高了觉悟，解决了存在的问题。如王ＸＸ同学（高级知识分子家庭出身，父母思想都落后）结合了家庭社会对学校教改的各种反映，学习了《被敌人反对是好事而不是坏事》后认识到："以前的教学方法之所以没有人反对，正是因为教学是为资产阶级造就人材的，当然他们不反对了。现在实行了教学改革，革去了资产阶级式的教学方法，为无产阶级培养革命接班人，这样，我们今天的教育，就不吻合于资产阶级的利益了，因此他们必然会起来反对的。从这里看来，他们越是反对的东西，我们越是要执行，才能更好的把我们这一代培养成为名符其实的无产阶级接班人。"现在同学们也开始能运用主席一分为二的辩论法来分析处理学习中的矛盾。例如刘X同学，过去做实验，一帆风顺时就高兴，越做越想做，而做到不顺利时，就不想做了。学习主席著作后，她认识到："这主要是对顺利和不顺利的关系搞不清，不知道顺利之中包含着不顺利，不顺利可以转化为顺利的道理。第一次做实验很顺利，好像没有什么问题，在第二次实验中暴露出来了，第二次实验就不顺利了，第二次实验中的问题解决了，第三次实验有可能顺利了。现在我越来越感到，不论什么事情用毛主席的一分为二的辩证观点去分析，去解决就能行得通，在阶级斗争中如此，在生产斗争中如此，在科学实验中也是如此。"黎X同学在多次学习了《为人民服务》后说："现在我深深体会到毛主席的书是指导我们干革命的书，是广大劳动人民的书。我要归附于无产阶级，做坚强的无产阶级接班人，跟党干革命，就得读毛主席的书，听毛主席的话，按毛主席的指示办事。现在认识到，要一辈子为人民服务，就得学一辈子《为人民服务》，要干一辈子革命，永远不变质，不出修正主义，就得学一辈子毛主席的书。"这是一段具有代表性的话，它能代表当前同学们对学习主席著作的思想感情。

过去学生很少接触社会实际和工农群众，整天是从家庭到学校，从寝室到教室，即使下乡劳动也是抱着"换换环境，休息大脑，锻炼肌肉"等目的去的。教改后由于在劳动中加强了政治思想教育，抓活思想，引导他们学习毛选，特别是本学期到盱眙劳动学习了一个月，同学们在思想上普遍有贫下中农的形象。例如吴超明同学（父亲原为国民党中将，现在省政协任驻会委员），本来一心想升大学做科学家的思想很强烈，学习成绩优良，思想不够活跃，在政治上只求过得去。到盱眙劳动学习一月之中，亲眼看到了那里地多人少、产量低。贫下中农的生活十分艰苦，看到在农村中存在着复杂的阶级斗争，体会到农村多么需要革命的知识青年，开始思考自己应走向那个"家"。他写道："多少天来，我一直在考虑这个问题。是回到城市里的那个家去吗？那里的生活舒适，还有父母在身边，我可以在那里安心地发奋地为个人而学习。但我一想到革命的先辈们……又想到在我那城里的家,我决不会成为革命的接班人时,不,我不能回到城里那样的家去,即使现在暂时去了,但我终将要出来,我要归附这里的家,我要回到这里的家,我要把天下劳动人民的家当作我自己的家,我要一辈子住在这里,一辈子干革命。"回到学校后,在各方面对自己要求都比较严格,能天天坚持学习毛著,进步较显著,又如龙ⅩⅩ同学(父亲为南京军区总医院的主任医师)学习成绩很好,虽然是团员,但在政治上对自己要求不高,学习目的性不明确,认为这样的家庭,小学—中学—大学是一个必然的规律。到盱眙劳动后认识到:"农民的孩子很小就干活了,上学的人很少,就是上过学的,一般也只有小学文化程度。我想:农民整天辛勤劳动,他们的生活很艰苦,天这么冷都不穿袜子,有的小孩只穿一条单裤,上面套件棉袄,而我们生长在城市里,生活过得很舒适,从七岁起就上小学,然后是初中,现在上高中了。为什么我能够读书呢?我以前认为我的学费来自父母的劳动,好像是父母供我们读书的。这次下来,看到眼前的情况,我感到,为了我们能好好学习,多少人在辛勤劳动,他们虽然不认识我们,但是他们都在培养我们,在期望我们成为共产主义的接班人。这几天,我一拿起课本学习时,就仿佛身后站着许多人,有工人,农民……他们似乎都在望着我,并且在说:'你能接下革命的班吗?'因此我觉得自己增强了学好的信心,增强了学习的责任感。回校后,在政治上对自己要求也比前高了。能注意从思想上关心同学,发挥团员的作用了。

回校后,同学们普遍和贫下中农建立了通信联系。今年夏初,盱眙地区旱情比较严重,农民们不分昼夜在抗旱抢种,同学们得知这一消息后,人人写信给他们在那里生活劳动过的生产队,一方面向贫下中农慰问,另一方面表示要把贫下中农的干劲落实到自己的思想学习等方面来,决心为党、为贫下中农而好好学习。

据高二上统计,原来比较明确应该为革命而学习,将来要做劳动者的只有一人,这学期据同学们自己小结,脑子里比较深刻地有了贫下中农形象的有四十五人。初步树立了为做革命接班人而学习的,约有二十人。

2. 在智育方面

主要是：已初步形成了自觉主动的学习风气，学习能力，分析问题和解决实际问题的能力都有了较显著提高，特别是一部分原来中下等水平的同学，上升的幅度比较大。

语文学习高一上时成绩优秀6人，良好18人，中下等21人，特差3人，现在优秀9人，良好23人，中下等14人，特差1人。一年半来，同学们在语文学习上的主要变化表现在文风发生了改变，例如周ＸＸ原来的写作水平是属于优秀这一类的，她爱写抒情写景一类的文章，在农村劳动时写的作文也大都是白云、兰天、青山，绿水之类，思想内容比较空洞，一年半来，她的文风起了较大的变化。有一次他妈妈对老师说："ＸＸ作文中的小资产阶级情调少了，革命的感情增强了。"这是实际情况，周ＸＸ一年来写了不少观点明确有战斗力的文章。又如吴ＸＸ过去写作文注重艺术技巧，语言表达上常出现生搬硬套，虚构的现象，高二以来，开始重视了政治、踊跃参加劳动实践，很快文风也起了变化，他在盱眙农村写的一篇《家》，就很真挚感人，

外语学习，高一开始时，学习好的约有10人，差的约17人。有的同学刚开始上课对教师的讲课也听不懂(教师大部分都使用外语讲课)。经过一年多来的努力，在运用知识、自学能力，阅读课外读物的能力都有了提高。严重的两极分化的现象正在逐渐地改变。学习差的同学有了较大幅度的提高，学得好的也不再死扣课本，读死书了，而是学得活了。例如李ＸＸ同学现在对已学过的单词能记忆，特别是拼写的在95%，一年多来读了二十几本英语小说，还经常读英语杂志，课内课外基本上能用英语作为交流思想的工具。除了写英语作文外，还经常记英语日记，从6月2日到6月24日，他就写了7000多字的日记，内容丰富，基本上能记下自己想说的话。又如倪ＸＸ同学高一时听不懂老师在课堂上讲的英语，根本不能用英语讲话，用英语写不成文，应付课本已非常吃力，更无暇看课外书。教改后，学习逐渐由被动转为主动。现在能听懂老师课内外讲的英语，自己能用英语作简单会话，能在一、两小时内写出有一定内容错误不多的作文。目前她除了能学好教科书外，有余力看课外书了，在半年多的时间里她已看了几本英语小说。

在高一时同学们的数学程度参差不齐。教改后，有了较大变化。原来优秀的同学只有八人，现在已有十六人，像宋Ｘ同学在高一时只是中等水平，现在能联系实际，活用知识，学习能力提高得较快，原来学习较差的同学有十四人，他们都有了提高，其中八人有较大进步。

从总的来看，高一时各科学习成绩优秀的只有7人，良好的16人，中下等的23人，有4门以上不及格的2人。本学期各门功课都是优良的有28人。没有特差的同学了。如周ＸＸ同学在高一上结束时有代数、几何、外语、物理四门不及格。一年多来，学习责任心提高了，尤其是教改后，学习负担减轻学得主动了，学习能力有了显著提高。本学期语文、政治优秀，其他学科都是良好，被评为三好生。原来学习比较好的同学也认为现在学得主动了，例如张Ｘ、苏Ｘ同学说："过去上课学生的任务是看和听，老师也不管学生学习能力如何，很容易理解的课文还要讲几堂课，同学们听了不感兴趣，上课想打瞌睡。现在让我们自己看书，容易看懂的地方就可少看，较难的就可多看，有问题的就可深入钻研，或者相互研究，还可以用大量时间来看参考书，学得又深又透，这种情况是教改前所不可能发生的。"

3. 在体育方面

由于思想认识的提高，经常注意参加体育锻炼，体质也有所增强，特别是一部分原来体弱多病的同学变化较大。

据校医室统计：从发病率来看，从63年9月至64年6月诊病为214人次，平均每月受诊人数为15.7。64年9月至65年6月诊病人次为151，平均每月受诊人数为9.4。

视力情况：高一入学时(63，9)46人中三档，四档11人，合计16人，占全班人数36%。高一上结束时(64，1) 47人中三档7人，四档13人，合计20人(有一人中途转入，视力原为四档)占44%。高二上(64，10) 47人中三档7人，四档15人，合计22人，占46.7%。高二下结束前(65，5) 47人中三档8人，四档14人，合计22人，占46.7%。

如穆ＸＸ同学过去体质很弱，劳动只能扫扫地、擦擦玻璃、除除草，体育课前准备活动跑步也不行，既不跳，也不打球，从家到学校有时连自行车也骑不动只能坐公共汽车。高一上至高二上下乡劳动一直都是请假的。由于注意了适当的休息与锻炼，这学期也一起到盱眙去了。现在能经常跑跑跳跳，可连续抬几桶水，挑几筐土，除了长跑和短跑，其他体育活动差不多都能参加了。也可走比较长的路了。又如罗Ｘ同学原体质也很弱，贫血，这次到盱眙去家里不同意她坚决要去，临走时家里为她买药买针，吃的打的，都叫带下乡。还给她钱，自己买一些有营养的东西吃。在盱眙吃的是青菜、胡萝卜饭，生活条件比家里差多了，但一个月的劳动锻炼不但身体没有垮，反而一天天强健起来，体重增加了四斤多。回到家她妈妈说："哟，真的长胖了，面色也红了。"成ＸＸ是63年因肺病休学，高二上复学的同学。过去他心情一直很苦闷，总以为自己一辈子完了，提到病就想到死，没信心活下去。几年来病情一直进展不大。后来认识到身体是革命的本钱，又带着问题学习了《矛盾论》，认识到矛盾的双方在一定条件下是可以相互转化的。坏事可以变为好事，坏身体也能变为好身体。在战略上藐视敌人，在战术上重视敌人，首先要求自己思想过硬，有乐观的精神，正确处理锻炼、吃药、休息、营养之间的关系，每天坚持适当锻炼。今年六月份去检查病灶全部硬结了。原来体弱多病的八人中，五人体质有了显著增强。

四、　　总结

一年半来，由于贯彻了党的教育方针，按照主席的指示去工作，取得了一些进步。但当前情况，离党的要求还很不够，工作中还存在着不少缺点和问题。当前存在的主要问题有：

（1）领导教师对培养革命接班人就是一场防修反修的斗争，防止资产阶级在我国复辟的斗争的深远意义体会还不深，工作还不够细致，面还不够广，特别是对知识分子家庭出身的学生的工作做得还不够。

(2) 教学上如何因材施教，对各类程度的学生给予具体的指导还不够。

理化教学联系生产实际还做得不够。

(3) 虽然课业负担有所减轻，但是从总的活动量上来看学生的负担仍然较重，特别是下午七、八节课，集体安排的活动太多，学生自己支配的时间太少。

(4) 对于视力保护工作坚持不够，还缺乏经常的教育督促。

今后我们必须进一步认真学习党的教育方针和主席的教育思想，更细致踏实的工作，坚决将全班学生培养成为无产阶级革命事业的接班人。

一九六五年七月

五、 李ＸＸ的家书

1. 李ＸＸ母亲写的一封信

ＸＸ：把今天收到你爸爸的来信寄给你

他为你写了一首诗，看爸爸对儿子是多么关切。

Ｘ儿，你要沿着爸爸妈妈走过的道路前进，听毛主席的话，做一个真正的无产阶级接班人。

你要好好听教师的教导，各方面带头，这是教育革命的开端，要闯出一条无产阶级的教育规律来。

孩子，要争无产阶级的气；各方面，要维护党的利益。

妈妈　4月1日

永远干革命

1965年3月于句容农村

——喜闻Ｘ儿二次下乡

去年，看来背道而驰，大好形势，其实方向相同；爸爸挑着行李，都是下乡，儿子背上背包；都是干革命。

一个去苏南，一个上江北。

*****

今年，任务尽管不同，形势更好，目标完全一致；爸爸不落后，都是听毛主席的话，儿子也进步；都是走党指引的道路。

一个在搞运动，一个又去劳动。

李ＸＸ　3.29

2. 李ＸＸ写的两封信

一

爸爸：现在我向你汇报一下这学期我的思想变化情况。

这学期是我思想斗争最激烈的半年，它帮助我明确了学习目的，为一颗红心两种准备打下基础。

上学期我们学校进行教育革命，我们班是试点，因此我们班上存在着两种教育目的、两种教育思想的剧烈的争夺战，我也认识了没有无产阶级的学习目的，就会有资产阶级的学习目的；就会产生两种截然不同的学习态度。过去我的学习目的一直是模糊的，糊里糊涂地度过了初中三年，直到了高中，我才意识到自己的学习目的是很成问题的。初到南师附中，学习成绩较差，因此就悲观，总觉得成绩不好，别人看不起，一天到晚萎靡不振，充分地反映出了小资产阶级的虚荣心。有了成绩就飘飘然，没有成绩就垂头丧气，从而学习成绩一直赶得很慢。

这学期，我们学校搞教育革命，我们班又是试点，也就是说党的教育方针要首先在我们身上具体实现，我们的一行一动都要为党的利益着想。现在有些人不怀善意，袖手旁观地看着教育革命，如果我们在某些地方不注意，那些人就会以此为资本向党攻击。所以说，我们现在为教育革命出力，就是为党工作，就是干革命。现在我才更加感到学习的任务是那么重,我学习的好坏,直接关系到党的荣誉,所以我现在感到必须以革命的态度,为革命而学习。

还有一点,就是父母奔赴革命第一线给我的影响很大。老一辈为革命已贡献了大半生,而现在为了革命,又放弃城市舒适的生活,到了第一线;过去为革命洒过热血,现在为了革命,不顾体质虚弱,环境艰苦,仍在农村坚持"三同"搞四清。我们革命后代就没有任何理由不为革命学好知识,为革命贡献一切。现在我越来越觉得为革命而学习,变得具体了。

现在妈妈变了,变得比过去更革命了。过去我记得妈妈总是跟我讲,要好好学习,争取考上大学,当然妈妈的心是好的,是要我尽可能地接好科学技术的班。但尽管动机是好的,在我身上起的作用,却不大好。使我有这样想法:"上大学总比下农村好。"现在不同了,我回家妈妈就给我讲革命,要我为革命而学习。我现在也愿意和高兴和妈妈谈话了。老实说,在高一时,我不大愿意和妈妈谈心思。……

如果要把我和小三(李ⅩⅩ的妹妹)培养成为无产阶级放心得下的接班人,我们就必须到三大革命运动中去锻炼。寒假中,我们要到你那里去,不知道可以不可以?

祝你在革命斗争中身体健康。

1965年1月2日

二

妈妈:接连收到你的两封信,给我的鼓舞很大,帮助我更进一步地明确了下来的目的,同时又帮我把这次的行动与世界革命联系起来。

过去我对于"革命"的理解很抽象,认为自己只有革命才有出路。至于怎样革命,具体的方法如何,都不大清楚,因而往往在遇到具体情况时,就没有想到革命。在下来的前一些时候,我的思想就动摇不定。在劳动时,干了一下午,肩膀压疼了,手臂也酸了,但是再看看成绩,只移动了那么一点土方,看到了这些,思想就动摇了,我想:"就凭这样一锹锹地挖,一担担地挑,效率这样低,我一天能干多少事呢？假如我一辈子在这里，那我这一辈子又能干多少事？再看看农村这样大，有得要多少年才能改变这种状况呢？"正因为这些问题都是以"我"为中心的，所以我一直理不出头绪。后来经过和新农民座谈，看到贫下中农的行动，我觉得自己还是怕平凡，认为自己一辈子在农村干不了什么大事，太平凡了，也就是在这种时候，我没有想到革命。可是新农民是怎样对待这些的呢？他们认为如果自己下来只是充当一个劳力的话，那就一点意义也没有了。我们下来就是消灭城乡差别，消灭脑力劳动与体力劳动的差别，就是为了实现四化。怎样实现呢？就需要一锹一担地实干，虽然贫下中农的生活水平要比我们低得多，但他们从来没有怨言，他们总是拿现在与过去比，认为已经很好了，感谢党和毛主席的领导。为了把生活进一步提高，他们说："就要好好劳动，搞好生产。拿自己和他们比一比，那就差得太远了。正像刘主席在"人的阶级性"中所说的："长于幻想，畏惧严重的实践与斗争，则是表示小资产阶级的本性。"我就是"长于幻想"，认为农村不需要多久就能建设好，自己下来后猛干一、二年就可以改变农村面貌。从而自己也觉得毕业之后叫我下来就下来，没有多大问题。其实并不如此。现在更觉得首先必须炼好一颗红心，培养无产阶级的感情，这样才不至于见异思迁。

告诉小三，一定要培养能吃苦的品质，否则就会像闺房里的小姐，经不起实践斗争，也就说不上干革命了。

1965 年 4 月 8 日于盱眙马坝公社郑庄小队

六、　　ＸＸＸ思想汇报

我出身于剥削阶级家庭，我的父亲解放前是国民党军队里的上校财会科长，解放前夕又成了毛巾厂的股东，一向靠剥削和压迫劳动人民为生。解放后政府宽大处理了他的历史问题，然而他不知感激党，反而对党怀恨在心。在一九五八年的整风运动中恶毒地咒骂党："和秦始皇一样"，向党猖狂进攻，因而把他划为右派。此后他表面假装积极改造自己，背地里却把党说得一团黑暗，似乎他划右是党使的阴谋诡计。当时我年龄尚小，对他的反动本性认识不足，有时甚至觉得他挺可怜，思想上一直与他和平共处，又由于他一直用"孝""义"捆着我，使我从来不敢违抗他的意思。六二年以后，党为了给他一个重新做人的机会，把他的右派帽子摘了，他自己以为从此又可以为所欲为了，于是在工厂里不认真改造，回家又死抓对我的"教育"，而我由于加入了团组织，特别是最近一年多进行了教育革命，思想有了不少提高，对他的反动本质亦有所认识，这样，我们父女俩就进行了一年半左右的两条道路的斗争。

1. 为谁学习，为谁服务

这是我和父亲争论的焦点。我父亲一生靠剥削劳动人民为生，他希望我们子女将来也成名成家，让劳动人民再养我们一辈子。在他看来，养活我们的不是劳动人民，而是他，因此做子女的不谈供养父母也应为他争光。为了达到我成为他的接班人的目的，他从两方面来影响我。他尽力把知识分子描绘成多么高贵、有学问，多么受人尊敬的人，从小就给我讲许多古代圣贤的故事。然后告诉我要想成为这种人就必须发奋读书，同时他又把劳动人民说得多么粗野、愚笨、可怜，而这一切又归结是他们不读书之过，这样我从小就看不起劳动人民，自以为高他们一等。一心想考大学，将来成名成家，让别人都知道我的名字。在我看来，一个人如果不能传名千古，就不能算一个真正的人，而如果考不上大学呢？扬名就不可能。那还不如死的好。他在生活上非常关心我，家里八个孩子我是最受宠的。原因是什么呢？他自己也说过是因为我的功课好。他既认为升学是成名成家的唯一途径，自然对我的升学问题挺关心。记得小学毕业时，老师不让我填南师附中，他对我说："老师不让你考还是因为你成份不好。你考一女中，熟人多，将来入团也容易些，入了团，考南师附中问题就不大了。"原来入团与升学也有关系！不过那时我可不觉得这有什么不好，就挺高兴地进了一女中。我打了入团报告后，他还主动把他的履历抄给我，教我在思想汇报上怎样骂他。我觉得父亲为我真做了最大牺牲。别的资本家不好，我父亲却例外，要不他干嘛支持我入团呢？其实我没看到，父亲的牺牲不过是挨几句骂，而换来的却是钱买不来的名誉、地位，是我可以往上爬的阶梯，他多会打算盘啊。

初中毕业后，我下定决心非考取南师附中不可，便一头钻进书堆里去了。父亲此时对我更是十分重视，我对他亦更感激英明，考学校的目的也似乎只是为了报答他。

进入南师附中以后，我怕高中学习赶不上，考大学没指望，就一个劲的啃书。高一（上）期中考试前，我星期六看书看到十二点，第二天又看了一天。当时我把这次考试看作关键性的一着，似乎这次考不好高中就完了，后来到底让我拿了几个好分数回家。父亲抓住了我好大喜功，爱表现自己的缺点，在家里着实夸了我几句，把我弄得飘飘然然。后来他又对我讲："家里只有你有些指望，你要好好读书，我喝稀饭也要供你当研究生。"这样，在那时，发奋升学，便成了我全部的理想，我的奋斗目标，在我看来，考不取大学下农村是没出息，不考下农村是狂热病，有时嘴里也讲些服从祖国需要的话，可是我自己也知道，这不过是装门面而已。

幸而此时深入广泛地学习董加耕的活动开始了。起初，我对董加耕的行动以及他的话："身居茅屋，眼看全球，脚踩污泥，胸怀天下"难以理解。慢慢地，读了他的日记，了解了他的事迹。我发觉他并不是我所想象的那种具有狂热病的人，而是一个既有大志，又十分踏实的革命青年。他深懂得："建设社会主义，要从一犁一耙做起。"我开始从感性上认识到自己的学习目的是错误的了，可是我依然把问题纠缠在考大学与下农村上，总觉得董加耕下农村可惜。

可是能够认识到这一点也毕竟是我的进步，特别是这时我们又到十月公社劳动去了，在那儿我对农村需要知识青年又有了一些新的认识。回来以后我很兴奋的把这些和父母都讲了，谁知一向对我进步挺"支持"的父亲，这回却大为震惊，一再追问我是不是想不考大学下农村，我说我倒没有这种想法，可是我觉得董加耕的行动很对。他听了沉着脸对我道："你要下农村高中就别进了，我花这么多钱供你读书干什么？"母亲也说我不该胡想，伤父亲的心，我是头一次听到父亲用这种口气对我说话，有点奇怪，又有点怕。回校后就把这事汇报给老师。鲍老师给我指出这是阶级斗争的表现。胡老师也叫我警惕，父母以后会用各种手段来阻止我进步的。我听了以后颇不以为然，觉得老师把问题说严重了，我父母不是那种人。然而事实证明我太唯心了，主观臆断并不能改变我父亲的态度。以后每星期回家，他都要和我谈谈。起初告诉我他是怎样为我担心，夜里睡不着，怕我走错路。又告诉我许多青年人满腔热忱地下了农村，现在哭着要回来。我说：那是孬种，没志气，我才不会学他们呢！他于是就叹气，说我太单纯缺乏社会经验，我那时只觉得父亲的话不对，因此不搭理他，他看我如此，就又抓住了我好表现自己的缺点，说我自私、爱名、好表现。"共产党就是利用你们这点。"后来他干脆骂我变坏了，不像从前那样听话了。除此之外，每逢吃饭只要我说一声什么好吃，妈妈就会说："你下农村会有这种东西吃吗？"甚至有一次我不愿用新文具盒，并说道："旧的还挺好使，新的给了我也用不上。"妈妈就以为我是打定主意要下农村了，硬把铅笔盒递给我，并说："现在用不上，进大学不也要用吗？"弄得我哭笑不得。

起初我对父母这种煞有介事的样儿觉得挺好笑。可是后来却笑不起来了，为什么他们对我这么一点进步的萌芽都这么怕呢？为什么他们过去不阻止我要求进步而现在却变样了呢？父亲到底希望我成为什么样的人呢？这时我班已成了教改的试点班，同学们都逐渐开始学习毛选了，这以前我是对照毛选想问题，学习效果不大。现在老师就叫我带着问题学毛选，我读了《中国社会各阶级的分析》后逐步意识到：既要做父亲的孝女，又要做无产阶级的接班人，走中间道路是根本不可能的了；因为父亲是属于资产阶级范畴的，他的根本利益和无产阶级是对立的，过去他不反对我的进步，是因为我的进步不触犯他的根本利益，而现在，如果我继续往前走，势必要使他培养我的目的落空，他自然要反对，现在，两条路放在我面前，是和父亲和平共处下去，还是勇敢地往前走？前者势必要使我成为资产阶级的陪葬人，这点我还是比较清楚的，可是走后一条路，我还没有足够的勇气去和父亲斗争，而特别是和我自己的人生观作斗争，我第一次感到自我斗争的必要性了。

黄××的事迹此时在全校传开了，她的伟大理想，特别是她那敢于和一切旧势力斗争的勇气给了我很大鼓舞，我认识到她的路走对了，我应该像她学习，我回去把她的事迹讲给父亲听，他说："要是我有这个孩子，我就不要她。"我回道："要是你有这个孩子，就不该阻止她，她的父母奶奶挨骂是自讨的。"父亲的话使我进一步看清了他的本质，我向黄ＸＸ学习的决心也更强了。

当时我想：学黄ＸＸ主要学习她的一心为人民服务的革命志气，着重把自己培养成一个具有宽大革命胸怀的青年。也就是说，要为人民学习，为人民服务，而不做我父亲的接班人。然而，这不是简单的，该怎么做呢？老师指出，在我的头脑中，理想和贡献的问题，知识是什么的问题，下农村知识有用无用的问题，还未解决。实际上也就是我立场、观点、感情的问题还未解决。而只有根本解决了立场和感情的问题，我才能坚定地走上革命道路。

高二（上）一学期的政治课，对解决我的贡献和理想问题帮助很大，我读了毛主席的《为人民服务》《纪念白求恩》、新华日报上的两篇文件《树立远大的革命理想，自觉地挑起革命重担》《为无产阶级事业做出贡献》，同学之中又展开了热烈的争论，我们还学了许多先进青年特别是黄ＸＸ的事迹。我知道了：理想也是有阶级性的，资产阶级理想，决不会与无产阶级的理想统一，有资产阶级理想的人，就决不可能为无产阶级服务。我过去以为我的理想不会和为人民服务抵触是根本错了，因为那种理想一旦有了本钱，就会向人民讨价还价。同时，贡献的大小，各个阶级也有不同的看法，过去我认为一个人只有有能力，才会有贡献，而贡献，在我的脑中则是和名利等同的，而现在，我不再这样认为了，因为许多事实都证明了：许多能力并不强的人（这儿的能力是指课本知识的多少）由于有了共产主义人生观，却干出了任何学者都办不到的事，我从感性上较深刻地认识了毛主席在《纪念白求恩》里关于能力和贡献的论断。

高二（上）开始进行的教育革命对我的思想提高有很大促进，思想解放了，政治嗅觉也敏锐了，尽管这时父亲的说话比过去小心，可我也能嗅出里面的含义。他不敢反对我们的教改，可是他却紧盯我别把学习放松，对于教改中的一些行动，他认为是偏激，胡闹，并且对我说："教改在你们学校自然可以进行，换到别的学校就不行。"一开始，由于自己的学习目的尚未明确，我对教改认识也是不清的，然而随着教改的深入，我尝到了它的甜头，对主席所说的"知识是什么"的问题有了深入理解。过去长期接触书本知识，存在决定意识，我对知识的理解自然片面，教改后接触实践多了，才知道阶级斗争知识，实践知识的重要。

寒假开始了，为了培养自己的阶级感情，我决定到盱眙去锻炼自己，我写了一封信给父亲，说明我的决心，我说：今天如果我连盱眙都去不成，以后还谈什么以四海为家呢？父亲的回信挺简单，口气也挺冷淡，短短的两行字，表示同意我去。我看出这封信写得是勉强的，他并不愿意我去，可是又不得不同意，他是怕我和他吵，这说明我是胜利了。

来回的长途行军，使我对革命两字的理解深刻、实在了，同志们之间互相帮助的精神，又让我充分体会到革命集体的温暖，我感觉到过去对家庭的小资产阶级感情已经开始转化了。

在盱眙和贫下中农新农民六天的接触，亲眼看到贫下中农的高贵品质，看到社会主义教育运动后他们积极性的高涨，亲眼看到新农民对贫下中农的真挚感情和他们的远大的理想与现实的结合。黄桂玉在一次座谈会上告诉我们："比较是认识问题的最好办法。"我就拿他们和我自己比、和我的家庭比，越比越觉得劳动人民的伟大，真诚，我的家庭所属阶级的虚伪，渺小，越比越觉得毛主席所说的要依靠贫下中农的正确，越比越觉得他们的可爱，我的贫下中农的感情在实践中有了很大的提高，这是我几年来都不曾得到过的。

过去我以为所谓具有贫下中农感情只须爱贫下中农之爱就行了，然而事实告诉我，如果我不能恨贫下中农之恨，那么爱贫下中农之爱亦不过是句空话，而"恨"对我来说是比"爱"更难做到的，因为我要恨的东西正是我出身的，并与它有着千丝万缕联系的那个阶级，虽然这种感情一时还难以培养起来，而且必然会有许多斗争，可是我一定要做到。

回家的当天晚上，我把这次的感想收获都对他讲了，着重谈了我要培养贫下中农的感情，对我谈的这些父亲不表示意见，最后他对我说：你太呆了，你不是块材料，我对你没什么希望了。乍听之下，我心里有点酸溜溜的感觉，但继而想到毛主席说的："被敌人反对是好事而不是坏事。"父亲对我失望了，就表示我向劳动人民靠近了，这对人民是有利的，而对人民有利的事我们就必须去做，我的行动是对的。第二天他又对我说："现在我们不能有什么大志，你只能立志做个农民。"我对他说："党是没有要求我们都做农民，做农民也不是没有大志，我打好主意，由国家分配。"

几个星期之后，我们全班又到盱眙去试验学习和劳动结合了。这次我着重解决了谁养活了我和知识在农村到底用上用不上的问题。

通过将近一年的教改，使我在政治思想上提高很快。当初提出的几个问题都有了不同程度的解决。父亲表面上也开始让步了，但是我知道艰巨的斗争还在后头，因为我的人生观问题还没解决，思想时时有回潮的危险。

2. 处世哲学

在抓我学习的同时，我父亲也不忘掉向我灌输他的处世哲学，他的政治观点。在他看来，在政治问题上根本没什么正义与非正义之分，有的只是权变和手段，谁的手腕毒辣谁就能成伟人，坐江山。他既希望我成名成家，就要也学这种权变。小时候他教我要胸怀宽大，不要计较小事，少和别人吵嘴，这样人家就会佩服你，说你有修养，我当时照他那样做了，可是结果呢？表面看来群众关系似乎好了，可是我放弃了原则，学会了满脑子关系学，变成了毫无战斗性的团员，给团的工作带来不少损失。

进入高中后，我回来的次数少了，于是每星期就有好多话对他们讲，内容也不外乎是学校里的情况，自然都是些快乐的事情，可是他却嫌我太单纯："怎么一切东西你都认为是好的呢？这样缺乏社会经验，将来到社会上要吃亏的。"于是他劝我在寒假里（高一（上））看《东周列国志》，学学那些政客谋士的权变。我当时只觉得好笑：怎么现在的事情要用古书来解决，就没听他的。可是他为什么要我看这些书，看了对付谁？单纯是不好的，可是要看对谁单纯对谁复杂，在老师的启发下我想了这个问题。后来我发现，他不满意我对同学和老师单纯，而要我对他们复杂，要我读《东周列国志》来对付他们。如果我听了他的话，怎么可能成为党的接班人呢？

他对我向组织说真心话也不满意，"你太呆。"他说："你用真心待人，人家不一定用真心待你。"学期结束，成绩报告单上老师对我的批评，他认为是我思想汇报结果，是自讨的，并且一再警告我不要向党推心置腹，共产党会记住你说的什么话，到时候一家伙拿出来，叫你受不了，我是吃过这个亏的。

去年十一月间的一个星期一晚上，父亲和母亲两人一道给我送棉被来了，我当时挺纳闷，送棉被一人来好了，何必两人一道呢？原来，醉翁之意不在酒，父亲说他来是为了和我谈一件事的。

在这以前的几个星期天我都没回家，这个星期天回家父母都不在家，后来母亲回来了，我和她一起只呆了四十来分钟却谈了许多，我讲我们在学校里进行各种争论，对（朝阳）提意见，对话剧组提意见，对老师对教科书提意见。批判歌曲、小说、电影。母亲说："你别吵过了头，看人家批评你"我说："这有什么？人民内部矛盾么，争论以后，大家提高认识！"后来我就走了，父亲回来听母亲把我的话一说，又是半个多月没和我见面，不知我在学校里干些什么，就想和我谈谈。

他认为，我在学校里说话不该那么冲，对党有利的话你才该说无利的话就不该说。应该表达正确的思想，否则就会给记上一笔，影响自己的前途，他说他当初划右派，就是吃了这个亏，希望不要走他的老路。还说我年轻，不懂事，现在正在兴头上，天不怕地不怕，将来要后悔的。我回他道："我心中怎么想，就怎么说，不对我改嘛，我和你又不同的。"他说："你说心里话不错，可你不能瞎说。"我道："我什么时候瞎说的！"他又说："你和家庭划清界限不错，应该如此，我也注意不用坏思想影响你，可是这个你得听我的这关系了你一辈子呢！"当时我的心情是矛盾的，一方面，我觉得父亲不对，不应该老认为党不好却不承认自己的错误，亦巧那时我正在改写剧本，"在团旗下。"那个里面的胡父就是我父亲这一类的人，因此我对父亲是恨的。可是另一方面，我看到父母亲冒着雨，老远的给我送被来，觉得父母对我是关心的，自己对他们的行动未免过火了，也许父亲并不像我所想的那样坏，他讲的也不见得都是错的，再说，他不可能不进步吧？

我把我的这些想法都告诉老师了，老师指出我的看法中有一些地方混淆了阶级观点，他说："人总不可能不进步吗？反动派也是人，他有没有可能进步？应该好好分析一下父亲说的话，他要你对组织隐瞒真实思想，为的是什么？""你觉得感情上有点受不了，这说明你在感情上还未和家庭划清界限。"听了老师的话，我的勇气增强了。星期天回家，家里正在吃饭，父亲的脸色不好看，弟弟还对我说："看不惯这个菜了吧，这是资产阶级思想吧？"也不知是谁教他的，我的眼泪直想往下掉，硬忍住了，饭也没吃，就干干脆脆把我怎么想的、怎么和老师讲的，都说了，父亲气坏了，说我连个内外都不分，什么话都搬去和老师说，怎么变的这种样。我说你的话就不对，我以后才不听你那种修养啦，什么权变啦，把人搞成什么样了。

父亲说我以后也不管你了，把你完全丢给学校，说完再也不理我。从这起，我们父女俩完全翻了脸，谁也不再对谁说真话了。他以后对我的态度就像对外人一样，客气而又冷淡。起初我有点难过，觉得从此在家庭里没有幸福可言了。后来想起老师对我说的：家庭越对你失望，就表明你越靠近劳动人民，表明你胜利了。而一个革命者他的幸福就是斗争取得胜利的时刻，我又何必去留恋过去那种庸俗的天伦之乐呢？

父亲发怒，说明了他心虚，如果他是对的，他又何必怕我去汇报，正因为他是错的，他才怕人知道，想到这里，不由得想起"一切反动派都是纸老虎"这句话，过去我还有点怕父亲，打那以后我再也不怕了。

3. 最后一个回合

第二天从盱眙回来，我脑里装满了各种计划，有关于今后怎样深入改造自己的,有关于学习的,也有关于父亲的,我当时在学了二十三条后,对父亲还存在幻想,总以为他是95%内的人,要争取他,改造他,后来我才知道,对于阶级敌人,我未免太简单了。

　　我是十六号晚到家的,见面后父母只是问寒问暖,我呢,又忙着洗洗弄弄,也没和他们谈什么。第二天(十七号)我起床后父亲已上班了,晚上很迟才回来,当时神色就不太好,回来后和母亲在后面房间里谈了一阵就又出去了,一个小时左右,他又回来了,对我妹妹说:"我看你今年初中毕业考技校吧,考高中将来进大学不容易,我这个成分将来要害你们一辈子。"妹妹不肯,我听了就说:"她自己的路让他自己选择好了,再说,进高中也不是专为了考大学。"他听了不作声,我又追问:"什么成分问题?是不是你要重新戴上右派帽子。"他回答:"有可能。"接着便告诉我们,星期五下午(十六号)书记在车间里批评了他一顿,而且不准他申诉,原因就是因为他拍桌子骂了工人,把另一个工人逼哭了,而且为了奖金的事情骂工人胡说八道,他说其实这些都是冤枉,当然我不是说党不对,可是书记也太急躁了,只听片面之词,今天又当全厂工人面把我叫起,指着骂道:"你是国民党的上校军官,淮海战役打不过共产党,逃回来当资本家,今天又想骑在工人头上了,你不要以为你帽子摘了就完事了,告诉你,你要不老实,照样可以给你戴上。"他还说要叫工人贴我大字报,要写检讨,我怎么写呢?写不全面又要搞整,晓得他们又要给我编些什么罪名?唉!我现在真是后悔莫及。母亲这时也来了,就对我讲:"你以后就和家里断绝关系吧,伙食费我给你按月寄来,这个家你就不用回了。"说完眼泪就掉了下来。

　　这个突如其来的消息使我困惑了,我脑子里紧张地思考着:事实是不是正如父亲所说的呢,真是冤枉了他了吗?但有一点我很清楚,此时我应该相信的是党而不是父亲,哪一个剥削阶级干了坏事不想粉饰一下自己呢?父亲今天所受的批评,我在农村的训话会上还亲眼见过,难不成那些地主富农也都是受冤枉吗?别的不谈,他这两年对我的"教育"就够格戴右派帽子了。于是,我对他们说:"为什么要断绝关系呢?根本没有这种必要嘛,我们子女的前途由我们自己选择,跟你一点关系没有,如果你的改造只是为了我们,你就是自私，目的不对头。事实上，六二年你摘帽子我就觉得你摘早了，而摘了帽子后你就认为完事大吉，再也不好好改造自己了，其实那时你也不是诚心改，不过是为了摘帽子而硬压脾气而已，帽子一摘，政治学习不抓了，社会上大讲关系学，还对我们进行你的一套资产阶级教育，对工人你根本不尊重，总把他们看作低你一等，记得你还说过："工人连帝国主义是什么都不知道，还谈什么革命？"这次你检讨，就得把这些都写上，还要订出今后改造自己的计划。不要以为把自己骂一顿就可以过关了。"他听了强笑着说："你说的对，我这两年是放松学习了，你教教我吧，我打算星期二交检讨。"我想，我应该帮助他改造，就决定第二天等他回来再和他谈谈，他也答应我今后一定好好改造自己，这时已经十点多钟，我们就各自睡觉去了。

谁知，就在当夜的两点钟左右，他自杀了。他最后一次欺骗了我，走上了与人民为敌到底的道路。

这是我十八年来第一次遇到的风浪，它来得是这样突然，一瞬间我简直不知所措。

所有的矛盾同时向我袭来，母亲在寻死觅活，弟妹在胡说八道，邻居又在指指戳戳，对我不掉眼泪颇感不满，还有今后的生活，父亲的安葬，这一切已经叫我够受了，更何况我自己心里对父亲的死还认识不清，对自己的前途充满悲观。我怎么办呢？

只有找组织去！我从来没有感到组织对我是那样可亲，从来没感到离开组织我是那样的软弱无力。

我跑到学校，找到了胡老师；把这些都和他讲了，胡老师首先要我看清，父亲的死实际上是阶级斗争的一种体现，接着他对我说："松柏之所以不怕十二级风暴，是因为它经过了千百次风雪冰霜，革命者不怕困难，不怕牺牲，是因为他经受得住各种考验。这就是对你进行考验的一次好机会，你要变坏事为好事，在这场斗争中锻炼自己，如果你能经受得住这场考验，将更有利于你走上革命的道路。"至于具体问题，他要我独立思考，并依靠父亲厂领导及街道来处理，他说我应该有能力做到这些，并希望我把在盱眙的收获具体地应用到这个事件中来，作为对我的一次考核。

老师的话给了我勇气和信心，我决定抓当前的主要矛盾。什么是主要矛盾呢？父亲刚死，母亲的情绪十分不安定、姐妹兄弟的思想十分混乱、家里是一团糟。这种情况下，不把父亲的丧事料理完毕，把家里安顿好，没有这种物质基础，要讲道理，他们是根本听不进的。因此我决定由实际问题入手，至于我自己的思想问题，当时的条件还不允许我坐下来深思，可是有一个基本点是清楚的：父亲的死是轻如鸿毛的死，他的死是对人民有百害而无一利的，抱着这种基本观点，我相信，只要我紧靠组织，是会把这个问题解决好的。

离开学校我第一个到父亲所在的工厂里去，和厂里的书记谈了我的看法，并向他请教应如何处理这些实际问题，书记很亲切地教导我，思想上要和父亲划清界限。而具体问题还要具体处理，因为这主要是为了我们姐妹和母亲，父亲是走了与人民为敌的道路，而我们依然要做党的接班人。接着工会主席和厂长又具体告诉了我厂里将怎样处理这件事。党组织对我们的关心使我感激地热泪盈眶，从而使我坚定了"党是正确的"想法。

自然，具体处理这些问题的时候，困难是不少的。首先是母亲，她不吃不睡整天哭，整天念叨父亲对她的好处，任我怎样劝也没用。其次是丧事的处理，尽管我一再向邻居申明父亲的死不应该，请他们别送花了，我们子女也不戴孝，然而他们长期被父亲的关系学所蒙蔽，总以为他是好人，他们说不服我，就用母亲的安危来压我，结果他们送了花圈（后来在坟上烧了），除了我们几个大孩子外，几个小的到底带了几天孝。同时对我的行动，就免不了各种非议，这些不算，社会上又出现了谣言。说我到父亲厂里是质问去的，过去的同学也批评我，说我立场不稳。而最困难的是，对于我的前途问题，周围出现了各种各样的看法，有人说我今后不会有幸福可言了，要我不必再存任何幻想，有人劝我专攻技术，不要过问政治，"政治哪是我们这种人能谈的？"更有人说："你积极也没有用了，一笔账给你记好了，碰上运气，考上大学还好，碰不上认倒霉下农村算了。"这一切包围着我，在我心里制造了更多的矛盾，我给这些矛盾压得透不过气来，在家的三天，比三年还长！

家里的事情终于料理得差不多了，我又到弟弟妹妹的老师那儿去，请他们帮助我教育弟妹，正确地看待这件事，具体的事情是解决了，可是我的心情非常不好。因为我觉得我是打了败仗了。我已经意识到，这是我一生中很重大的转折点，是更坚强地跟党走呢？还是从此消沉下去，从此对党仇视起来，乃至做父亲的陪葬？

无疑地，应该是前者，当年我入队入团宣誓的时候说过这句话，多年来党团对我的教育也希望我这样，这两天老师、校长、工厂的党组织对我的淳淳教导也时刻在我耳边响更促使我往正道上奔。

可是，往这条道上走，我还缺乏勇气和信心，更由于周围人的一些反面议论在我心上投下了阴影，使我一时连敞开全部思想都有顾虑，他们"正告"我："现在不比往常，你只有把你的父亲骂得越厉害越好，还谈什么真实思想？你要晓得组织上是现在最注意你的思想行动啊！"接着又给我举了许多类似这样的例子。

在家的三天和回到学校的两天内，我想了许多许多，我从来没有现在这样矛盾斗争得厉害，我带着这些问题去读毛选，可是越读问题越多，我意识到：这是我读毛选的基本感情不对头了。

我想了些什么呢？

"父亲生前算不算人民？算不算95%之列的呢？"

"我觉得父亲的问题是思想问题。由改造到自杀是由人民内部矛盾转化成敌我矛盾，可是到底是谁促使这个矛盾转化的？"

"父亲是否蓄意要向党进攻，夺取政权呢？"

"工厂党组织的工作方法是否欠考虑？为什么对他的批评要一次下来呢？"

我又想到了自己：我觉得："我今后只有默默地为党工作，却不能要求党的任何信任。党凭什么要信任我这种人，党能相信我在父亲自杀后真的毫无怨言了吗？"

"世界上有没有可能父亲由于敌对阶级的原因而死，子女却毫不动摇地跟着那个阶级走呢？"

我想：父亲没死之前，我还有权力去争取进步，可是现在我好像连讲几句进步的话的权力都没得,我陷入了严重的自卑感里。

社会上的议论也使我受不了,反面的我不怕,可是为什么正面的人物也会听信那些谣言呢?我自认我的行动没有一件对不起党。

这时,校长在班会上提出了为革命而学的号召,同学们当时信心虽不足,可是都能积极响应号召,而我却顾虑重重,总觉得:在这种时候谈为革命而学,别人不相信我,我自己也不相信自己!

老师前后找我谈了四五次。首先他热情地鼓励我,认为我的立场基本上还是稳的,接着他告诉我:"毛主席说过,干革命就不能怕牺牲,怕坐牢,怕受批评,怕被别人误解。你干革命是为了世界人民,并不是为了个别人了解你,信任你,难道他误解了你,你就不革命吗?"他一再告诉我党对我的希望,要我坚定道路,不要动摇,要积极争取组织的帮助,并且明确给我指出:前进中的困难一定不少,希望我不要怕它,而又要认真地克服它。

老师的话使我深感到党对自己的关怀,我终于把所有的想法都在谈话中告诉老师了,老师指出我当前的矛盾很多,应该捡主要矛盾解决。我的主要问题是:1. 对父亲的死认识还不足;2. 对自己的前途有怀疑,跟党走的决心不坚定,而第二个问题是主要的,第一个又是解决第二个问题的基础。我把这种想法告诉了老师,在老师的指导下,我重新阅读了毛主席的几篇文章,再根据我实际的观察解决了第一个问题。

毛主席告诉我们革命的首要问题是分清敌友问题,我父亲到底是敌人还是属于95%内的人民,我父亲虽属中产阶级,可是他曾做过反动派的帮凶,一直是中产阶级的右翼,而主席早就告诉过我们中产阶级的右翼是我们的敌人。

我为什么会对他是否是敌人有怀疑呢?是因为他这几年没有戴过什么帽子似乎有别于一般四类分子。然而老师告诉我:看问题必须看本质,戴不戴帽子是个形式,是不是敌人要看他的思想行动。我父亲这几年的行动我也看到了,在他临死的那天晚上我还给他分析过,这些行动都是阻碍社会主义革命的,而特别是他的死给社会造成了很坏的影响,使一部分落后群众对党的干部产生误解,而且很有可能造成子女与党的背道而驰,这更是对党的事业、社会主义事业的严重破坏而主席在"两类不同性质的矛盾"中,就曾清清楚楚地告诉我们:"一切反抗社会主义革命和敌视破坏社会主义建设的社会势力和社会集团都是人民的敌人。"那么既然他是我们的敌人,我就应该拿出对敌人的态度来对待他,应该仇恨,而决不是同情,我不是说要培养无产阶级的阶级感情吗?这就是对我的考验,因为无产阶级决不会同情这样一种人的死亡的,更何况是抗拒改造的死!

父亲的死,使我对他那种"人不为己,天诛地灭"的剥削阶级本质看得更清了。他来到这世界上,就是为了他自己的出路,旧社会里他拼命往上爬,眼看国民党穷途末路就又转入商界,想再从中捞一把。当然,他在生活上对子女和我母亲好像是挺关心的,可是这也不过是资产阶级虚伪的"骨肉之情",其实质也不过是为了有一个温暖的小家庭而已。至于他在政治和学习上对我们的"关心",那更是害我们,要我们走资产阶级的老路。而最后,当他发觉这个社会对他个人的出路已毫无有利之处了,于是便一死了之,对我们母子七人的生活毫不顾及。这种自私自利到顶的人,我对他还能有什么同情,有什么依恋呢?

至于厂党组织对我父亲的工作方法,靠他的一面之词是根本不足以说明问题的,哪一个剥削阶级不想把自己的敌人说得越坏越好呢?而从父亲死后我自己与厂领导的接触来看,他们都是很懂得党的方针,很会一分为二看问题的人,父亲虽然死得不应该,可他们对我们子女还是挺关心的,是拿我们当无产阶级接班人来对待的。在那几天里,他们一天要来我家几趟,问长问短,帮助我们安排生活。我不禁拿这件事和解放前对比了一下,解放前反动派残杀了革命者,还要迫害他们的家庭。而现在呢?父亲是对抗人民而死的,党只在思想上对他进行了批判,还照样发给安葬费,还尽力为我们奔忙,尽量使我们生活上得到安定。这与过去相比真有天地之别!如果说在过去我们没有直接体验过生活上党对我们的关怀,今天我是真正体会到了。

对父亲的本质看清了,也就增加了对他的仇恨,我和党也就更靠近了,这对解决我的第二个问题有了很大帮助。

在事情一发生的时候，老师和校长就一再告诉我，党还是以培养无产阶级接班人的态度来培养我的。现在为了帮助我解决第二个问题，老师又诚恳地向我说明：党说这话绝不是作为对我一时的安慰，党是最光明磊落的，他有什么必要骗我呢？同时他又指出我现在思想上的缺点：我为什么会考虑到党信任不信任的问题呢？是因为我心里的个人得失情绪在作祟。有了这种情绪，顺利的时候我会趾高气扬，而一旦稍受挫折，便垂头丧气，失去信心，觉得别人不相信自己，自己也不相信自己，而这一切归根到底呢？就是主席所说的对事物陷入了盲目性，缺乏了自觉性，因而背上了这么一大堆包袱。到底我干革命是为什么呢？难道只是为了信任吗？如果别人不信任我我就不干革命了吗？听了老师的话后我心里很难受，为自己的这种坏透了的个人主义感到羞耻。这时报纸上连载了从巴西归来的九位同志的英勇事迹，我读着读着，眼泪就直想往下掉。九位同志为了革命工作，远离祖国和家庭，来到动荡不安的巴西，在如此恶劣的环境下依然坚持斗争。他们是被"莫须有"的罪名投进监狱，在一开始还不知受了多少不明真相的人的误解而我不过是听到一些落后分子的风言风语，受到一点点误解。他们在那里无亲无故，离开祖国又是那么远，通一封信都是那么困难，而我周围却有着那么多的人关心我，帮助我，老师和组织就像引一个小孩学走路一样引我上正道。他们除了精神上的折磨之外，肉体也饱受摧残，而且随时有牺牲的危险，然而他们依然战斗得那么坚强，丝毫没有考虑个人的得失，在他们心里，只有祖国，只有人民。想想他们，我接连几晚上很迟才睡着，经过了剧烈的思想斗争之后，我下了决心，跟党走到底！

思想问题一解决，行动就见效了。前一段时期，尽管我表现还正常，可是许多时候硬是压出来的。现在思想包袱丢了，我也和同学一道投入了为革命而学的运动中去。我不再觉得空虚，觉得悲观了。我越来越觉得我们的生活和斗争是多么有意义，我们的前途是多么宽广。

通过这一年多来和父亲、和自己的坏思想的斗争，我深深体会到：

只有在我们的社会,社会主义社会,青年人才可能有最光明美好的前途,剥削阶级出身的青年才可能摆脱做陪葬者的命运。这是因为,有党在关怀我们,有毛泽东思想在指导我们。

剥削阶级家庭虽然会对自己有一定影响,但决定因素是自己,只要自己努力,坚定不移,就一定会走上革命的道路。

要根本改变立场,转到无产阶级这边来,最主要的是个感情问题。当阶级感情未变过来之前,它会是自己最大的弱点,剥削阶级就会利用这个弱点把我们拉过去。因此必须万分警惕,而要彻底改变感情,就只有到工农中去,到实践中去,因为只有从实践中才有可能获得正确思想。

现在,作为剥削阶级具体代表的父亲虽然死了,可是他所属的那个阶级还存在。更何况我自己为什么要革命的根本问题还未彻底解决。今后的斗争不是没有了,而会是更深刻。然而,道路既经选定,我就决不回头。我坚信,在党的指引下,我一定会成为坚强的共产主义接班人!

七、 和妈妈的斗争(黄X 1965.7)

教改以来,我的思想觉悟在不断提高,这具体表现在能坚决和资产阶级思想划清界线,大胆和资产阶级思想作斗争,这点过去对于我来讲是很薄弱的一环,过去我总认为,爸爸是党员,妈妈是国家工作人员,家里是不会有什么阶级斗争的。我又住校,和妈妈接触很少,对她平时的言谈不太注意,即使听了一两句刺耳的话,也懒于争辩,我想,非原则问题,何必争得面红耳赤。念到高二,我走读了,这时党及时提醒我,要加强政治学习,用毛泽东思想武装自己的头脑,用阶级观点洞察一切问题,经受一切风浪的考验。党的教导我牢记在心:决心把自己培养成坚强的无产阶级信得过的好女儿。

半年来,我愈来愈感到妈妈的资产阶级思想非常严重,特别是那种只讲业务,不问政治的唯有读书高的思想最为突出。自我走读以来,她无时不在向我灌输唯有读书高的思想。她经常对我说:"该抓紧啰,已经高二了,转眼高三毕业,考不取大学,罪有你受的,现在少玩点,以后就少受点苦。"平时她对我抓得特别紧,不许我多看电影。她说:"学生时代少看些电影,多钻点书,少壮不努力,老大徒伤悲。我读书哪像你们这样轻松,硬是关在书房里闭门啃书,凡事不问的。"平时收音机也很少让我听。总之,想尽一切办法让我一心一意啃书。学习上她对我是如此"关心",可是对于我们政治上的进步她却很少问。成绩单一到,别的不看,先看分数,至于操行只是一瞭而过,很少发表意见,她总不希望我们多活动,她经常说:"学校的活动有你份的就参加,没份的就别管,体育锻炼嘛适当地参加参加,不要拼命,因为你毕竟不是搞体育的。"听了这些话,我满肚子火,"一个人应当全面发展,一天到晚光啃书哪行,难道你学这样才能搞这样吗?"我这些话,妈妈是从来不理睬的。

当黄ⅩⅩ事迹出现以后,我一有空就和妈妈介绍她的先进事迹,她听了以后无动于衷,只是冷冷地反问我:"你到底打算将来当什么人,是上大学还是当农民,要当农民,你也可以不考大学嘛,何必要等考不取再下乡呢?我说:为什么当农民就一定要不考大学下农村呢,如果光学这点只是形式,单纯为了光荣,应当学习黄桂玉那种一颗红心多种准备的精神,妈妈说:"我不管你,只要你有那个志气,保证不打退堂鼓,我双手赞成,只怕你没那个出息,吃不了苦,将来哭着鼻子回家。"我说:"妈妈,你先别下断言太早,你怎么知道我是那号没出息的人呢?""行啊,以后看你的行动。""那当然。"经常我们就这样"不欢而散"。

就这样,我们的生活不再是那么平静,一天总要争那么一两回。我觉得这倒也痛快,把问题争个明白,是非弄个清嘛。生活中没有斗争,没有矛盾是不可能的。

往后我就有意识地分清是非落实到行动中,比如,寒假中,有两天要进行航海通讯集训,集训的第二天妈妈不让我去,却要我去中山陵游玩。当时为这事我就和她展开了一场争论,"航海通讯是一项民兵活动,是民兵就应当有组织有纪律,不能为了私事而违犯纪律,否则还算是民兵吗?"妈妈不以为然地说:"这是业余活动,你又不是海军,去了一天就够了。"我说:"这是业余活动,但更主要的是一项政治活动,完全应当积极参加。"尽管妈妈不同意,我觉得自己对的,最后还是决然地参加了通讯活动。也许在别人看来这是一件微不足道的小事,生活中类似这类小事的情况多得很。可是,我们如果不重视这些小事,分清是非,那就难保你今后在大是大非面前不丧失立场。

我校教改,妈妈意见一直很多,她总认为,教改太离奇,什么自学啦,增加劳动啦,她都不感兴趣,她经常说:"学生还搞什么自学?要能自学,干脆别上学,也不必办学校,老师可以回家休息嘛,这样做非造成自流不可。"我向她解释:"学校这样做,为的是让我们学得更主动、更深、接触实践的机会更多。老师还要做适当地指导。这样做对我们是有好处的,妈妈又说:"不管你怎么说,教改我不反对,只要能提高知识质量,就怕改到后来,全班下农村。""全班下农村又有什么不好,如果真是这样,倒说明了同学的思想觉悟高,积极响应党的号召。""你别谈这一套,空头政治家没本事还是无用,教改又不能保证你上大学。你还是抓紧时间看你的书。"像妈妈这种人,反映在她脑里的知识的概念只是书本的、理论的、实践知识就不是知识。她是相信凯洛夫教育思想的。我心里想,我没什么道理好和你谈,二年后让事实证明。

党为了让我们接触实际,到三大革命运动中去锻炼自己。学校决定由我们班和(乙)班到盱眙去劳动。为这事,我和妈妈又产生了不小的矛盾。我认为走 200 里到盱眙对于我这个没有病但身体又不是十分好的人是一个很好的锻炼机会,当我满心欢喜地把这个消息告诉妈妈时,却不料遭了她一顿骂:"你们学校怎么搞的,把学生拖到 200 里以外去劳动、去锻炼,附近那么多农村不能去,锻炼就非跑 200 里不可?"我说:"附近是有农村,但是条件好,对于我们这些吃蜜糖长大的青年锻炼不大,盱眙各方面条件都差,很能锻炼人。""这都是形式,你们学校就是爱出风头,爱时髦,有车子不坐。战争时代红军二万五千里长征,那是没办法,现在已经解放了,条件许可,还要走,难道还要来个二万五千里长征?"关于健康问题,学校完全考虑到了,200 多里走四天,一天只走几十里。""不管怎么样,人疲劳就容易感染上病，我是医生，懂得这点，你懂什么？"我心想，是的，医学上的东西我是不懂，可是我懂得谁是真正关心我的。党要我们去盱眙的目的是把我们培养成坚强的革命后代，党才是真正关心我的。的确现在是没有二万五千里长征了，可是要知道，世界上还有三分之二的人没有解放，帝国主义并没有寿终正寝，目前南越不正在燃烧着战争的火焰吗！我们这代青年有守业、创业的重任，也有支持世界人民解放斗争的义不容辞的职责。一旦祖国需要我们的时候，只有有了健壮的身体，和一身的过硬本领，才能做到召之即来，来之能战，战之能胜。铁不打不成钢，知识青年不到实际斗争中去磨炼，就不可能成为革命青年，我应当听党的话，积极主动地投入到各种锻炼中去，去磨炼自己的意志，在锻炼中成长为铁骨红心的无产阶级信得过的好儿女。临走的那天，妈妈拿着大大小小的药瓶给我，我想："我不是病夫，带着这些药干啥。"我坚信：劳动能治病。因而趁妈妈不注意时，我把所有的药全部放回了原处。

事实胜于雄辩，来回四百多里我走下来了，一个月的农村生活我过下来了，那里既没有鱼，也没有肉，有的只是青菜、胡萝卜饭，用的是塘水，条件确实差多了。可是我病了没有？没有。瘦了没有？也没有。相反体重增加了六斤八两；身体长了二公分，视力仍是1.5，还能挑着40斤担子走5里不歇。当我精神饱满地走回家时，当我把脏衣、脏被全部洗完时，妈妈不能不惊奇了，她说："奇怪，在条件差的环境里为什么能长得这么好？"怎么回答她呢？一句话，劳动锻炼的结果。

和妈妈的资产阶级思想作斗争的具体事实我就举了这些，当然，这方面我所做的和党所要求的还差得很远，今后，我要永远听党的话，坚决与资产阶级思想决裂，归附无产阶级的队伍，我要永远做无产阶级的一只凌空翱翔的雄鹰，决不做资产阶级所谓的"龙"。

八、 变化（周XX 1965.7）

想起一年半前的我和现在的我，我从心里感到变化太大了。不是吗?我清楚地记得一年半前,自己稀里糊涂过日子,整天被分数,考试牵着鼻子,死气沉沉萎靡不振,而现在,明确了学习目的,有了动力,思想在天天提高,学习也在步步上升。

过去,每天的书包里得放六、七门学科的书,脑子里闪出的不是这本书,就是那本书。代数加几何,作业本就有十来本;物理加化学,实验报告就是一大堆;拿起外语单词想背,心里可担心着明天的语文检查,要是碰上第二天还有历史呀,生物呀,还得想法怎样应付老师的提问。一个晚上,若不处理掉这一切,怎能好好入睡。但事实上,即使我是搞到深更半夜,还是不能完成这些任务。每天晚上,带着一笔糊涂帐入睡,每天早上,心惊胆怕地上学。就过着这么"紧张"的生活,到头来,当高一上学期结束时,我"辛辛苦苦"的结果,是四门学科不及格,四门,这可是个不小的数字,我该怎么办呢?曾有一度我失去了前进的勇气,消极气馁起来。拿起书本,头脑中就乱起来,想到考试,心中就一阵阵紧张,正在这山穷水尽的时候,党给我指出了方向,使我明确了自己为什么要学习?为谁学习?应该怎样学习?紧接着,学校掀起了教学改革运动。课业负担减轻,使我们犹如脱去一层层厚厚的外衣,轻松自由了。

先从学科来讲,原来八、九门功课减少到五门,每天排的课程缩减到一、两门,因此,脑子里就显得有条有理,清清楚楚了。书包的减轻倒是小事,好的是每天晚上坐在桌前,我能全神贯注地钻研一门功课了。比如说做代数,以往为了完成任务,只求得一个答案;有时答案也来不及想,因为看看那么多功课没做,心神老不安定,做做这、写写那,结果一事无成,现在就不同了。就拿排列组合来讲,一个晚上,我虽然题目做得不多,但解法却多了,有的一题二解,有的一题四、五解。课程门类减少,作业也都大大减少了。我不再忙于被迫地作业中了,晚上我能看毛选,读报纸,看参考书,不论是精神上还是负担上,我都感到轻松了。总之,一个晚上的度过,我常是大有收获的。

老师在教学上,也有十分大的改变,废除了繁琐哲学。我觉得教学的改变,是使我们学习质量提高的一个很大的关键。语文的文风改变,外语的知识增多牢固。数学的学习能力提高,物理的动手实验和理解能力提高,都是与这分不开的。

就拿语文来讲,课堂上老师的娓娓动听的优美的语句没有了,而代替它的是我们热烈的争论;写作方法,体裁结构,也不在课堂占主要地位,同学们更关心的是政治观点、阶级立场。这样的上课,也使我们逐渐明白了学习语文,也是掌握阶级斗争工具。慢慢地,我们的写作思路改了,文风也改了。记得以前我写过一篇从农村回来后的感想的文章。本来到农村去劳动是去提高思想,经受锻炼的,但在我的文章里,花、草、山、水却占了大量的篇幅,为什么呢?因为我总是认为一篇好文章必须艺术性强,必须有华丽的词藻和新颖的层次,实际上,是丢掉了自己的真实感情,失去了文章的战斗性。而现在就不同了,做一篇文章,首先要想想我写此文的出发点是什么,观点是不是使人一看就明了,写出的东西要能说明问题,而不是华而不实。当然,要达到这样的要求是不容易的,在我学习毛选,政治思想提高以后,分析能力提高了,文章的说服力,战斗力也加强了。

再说物理吧!高一时,平时测验中物理不及格的次数最多。我对物理的兴趣最少,信心最不足。如果没有教改,我的物理恐怕再也不会学好了。为什么这样说呢?因为照老师以前的教法:课堂上满堂灌,课后大批的作业,我今天跟不上,明天还是跟不上啊!教改以来,老师放手让我们自学,开放了实验室,我的物理质量不仅没降低,却有了提高;我对它的兴趣也大了,我对自己能学好物理,能学好理科的信心也足了。

再拿物理作业来讲,以前几乎是见一题不会一题,看到作业题就头痛。可现在,虽然在我的作业中仍然存在一些缺点错误。但每一题都能独立完成,这一方面是思想上认为真正掌握知识必须靠自己,另一方面是由于这样的教法使自己学习能力提高了。再说实验吧,以前是照着实验报告做,时间花的不多,但得到的仅仅是一个数据。现在,从拿仪器,一直到完成实验报告,全都靠自己,一开始时间花的比较多,慢慢地,自己就能比较正确,而且不要很长时间来完成实验了。通过做实验,对书本知识的理解加深了,比如说书上的一个定理或习题,我拿实验和结论对照,就能使自己从感性上更好地接受,因此定义和概念,都记得牢了。还有我们经常去外面接触实践,对所学知识作用也很大,比如学热机一章,从书本上,图解上理解了锅炉等的构造,再去工厂、学院看看实物,在实物前研究一番,以后,只要一提到锅炉这些热机,脑中首先就会显出它的形状,而不像以前那样忘得最快。

总之,教改以来,在我的学习生活中,生动、活泼起来了。教改使我的思想和学习都得到较大的提高。

第 2 章

盱眙劳动一月

——教学、劳动和调查研究三结合

南京师范学院附属中学

1965.6

城市全日制中学怎样使学生能够较多地接触三大革命运动，接触工人、农民，进行劳动锻炼，又能更好地完成教学任务，使学生德、智、体各方面都能生动、活泼、主动地得到发展，成为有社会主义觉悟的有文化的劳动者，成为坚强的无产阶级革命事业的接班人。这是一个值得重视的问题。

这学期开学后，我们在这方面进行了一次试验。三月中旬到四月中旬，组织高二乙、丁两个班，到盱眙县马坝公社进行了为期一个月的劳动和学习，效果很好。

所以要到距离南京市 220 里的洪泽湖边的盱眙农村去，由于 1964 年暑假，附中有 44 名高中毕业生和南京其它学校的一批毕业生一同到盱眙县马坝公社安家落户。盱眙地区是老根据地，地多人少，生产条件较差，迫切需要知识青年。这批学生下去不到半年，在当地党委领导下，与贫下中农结合在一起，在生产斗争与社会主义教育运动中受到了锻炼，进步很快。他们对附中的在校师生有很大影响。去年以来，学校曾组织过两批老师到这个地区进行锻炼，今年春节，又有七十多名师生，自动组织起来，徒步去慰问过这批新农民；所受教育很深。这学期开学以后，高中全部学生普遍希望到那里去劳动锻炼。由于没有经验，我们先组织了两个班下去。

这次下去，采取了半天劳动半天学习的方法，将每学期原定半个月的劳动时间延长为一个月，在劳动的同时，学习政治、语文、数学、外语四门功课。全体师生101人分为10个小组，分散住到10个生产队的贫下中农家里，同学轮流烧饭，自己处理生活。上半天学习，下半天劳动，并利用各种机会进行调查研究。一个月来，既完成了学习任务显著地提高了学生独立学习和联系实际分析问题解决问题的能力，又参加了生产斗争与阶级斗争实际较快地提高了学生的思想觉悟。

这次下去，学习内容尽可能与农村实际联系起来，政治学习毛选，学习"二十三条"；语文学习《人的阶级性》《树立贫下中农的优势》《合作社的政治工作》《必须坚持无产阶级专政》等课文。学生自学为主，结合小组讨论，教师轮流巡回辅导，解答疑难。学习中间，也请公社主任、新农民以及技术员就各种不同问题给学生讲课。结合着学习、劳动，有空余时间就开展访问贫下中农，和贫下中农交朋友，为贫下中农做好事，与新农民座谈、联欢等活动。同学们接触了农村实际，有了感性知识，所学的课文得到了真正的理解，普遍反映："不下乡，怎能够懂得"二十三条"？怎么能体会到阶级斗争？"有时学习时，有时贫下中农就坐在旁边笑眯眯地看着，还参加讨论。柴湖生产队的队长就生动地对同学说："地富反坏就好像浮在池塘上的鸭子。表面上安安稳稳，可是水底下爪子在加劲划呢！"一个贫农老太也说："什么叫专政？就是我们贫下中农当了家，不准地富反坏来破坏。"

一个月来，与贫下中农在一起生活和劳动，同学们较以往更为深刻地感到：贫下中农生活比自己差得多，然而劳动比自己自觉得多，觉悟比自己高得多。干部子弟李丹柯说："我是吃蜜糖长大的，从托儿所到幼儿园，到小学、中学，一直要啥有啥，从来没有发过愁。现在才明白，没有贫下中农的辛苦耕耘，这一切从哪儿来？"知识分子家庭出身的倪ＸＸ说："当我看着贫下中农喝着菜糊糊，而我却吃着大米饭时；当我看到自己的一季衣服比他们一年四季的衣服都要多的时候，我感到惭愧。我暗暗下定决心，要一辈子为贫下中农服务，为劳动人民服务！"剥削阶级家庭出身的吴ＸＸ则表示："我城里有个家，非劳动人民的家，农村里也有个家，贫下中农的家。我到底要向着哪个家呢？我要向着贫下中农的家走去。"听到贫下中农说："我们现在有了枪杆子，印把子，但是笔杆子还掌握在敌人手里。"同学们非常激动，纷纷表示，为了贫下中农更好地学习。龙期美说："现在，我一拿起课本学习的时候，就仿佛身后站着许多人，有工人、农民……他们似乎都在望着我，并且在说："你能接下革命的班吗？"同学们正确地解决了谁养活了自己，应该为谁学习，为谁服务的问题后，就发阶级之奋，抓紧时间，苦学苦练，学习效果和速度都非常显著。不仅语文、政治学得好，而且外语、数学也学得好。烈属子女高ＸＸ，除语文、政治学习外，一个月里，学了五篇英文（包括《为人民服务》《纪念白求恩》）写了六篇英语作文（每篇都在四百字以上）读了四本英语小说，学了二百多个没有学过的单词和词组；做完了排列组合的所有习题，看了有关的参考书，做了参考题。他们小组其他八个同学也都全部完成了学习任务。

这次下乡，每日劳动半天，比较适应城市学生的体力，可以使学习与劳动相互调剂，相互促进。高二陈ＸＸ同学说："我们学习了一上午，脑子疲劳了，经过一下午的体力劳动，恢复了脑子的疲劳，下午劳动后身体有些疲劳了，通过第二天上午的脑力劳动，又恢复了身体的疲劳。在农村时间稍长一些，同学们和贫下中农有较多的接触，容易建立感情，这两个班回校后，不少小组和自己曾经住过的小队的贫下中农都还有通信联系，对他们都还念念不忘。学习中产生的一些思想问题，一些不易理解的东西，通过在劳动中联系实际，与贫下中农交谈，能够很好地解决；在劳动中发现的一些物理、化学现象和一些计算测量的问题，联系学过的知识也能得到理解。每天劳动时间虽短而整个在农村的时间较长，就能受到较多的锻炼。高二Ｘ班杨ＸＸ同学在日记中记载了他们小组在农村最后一天的劳动情况说："今天是最后一次劳动，记得第一次劳动是挑"垡土"，今天又挑"垡土"，好像是在考考我们似的，今天我们每人都能挑两块大垡土，而且不累。王Ｘ、靳Ｘ和我每人挑了四大块。想想第一次，我们每人只能挑两块小垡土，有的还只能挑特小的，而且挑起来也是东倒西歪的，累死了。如今我们呢？和才来时比，都变成另一个人了。"

经过一个月的农村生活，同学们体重都增加了。回校后检查，高二Ｘ班男生体重平均增加 4.04 斤，女生增加 2 斤。高二Ｘ班男生体重平均增加 2.5 斤，女生增加 1.4 斤。个别有贫血症的同学，一个月后，身体同样也好起来了。

这次下去，有七十名体质较强的学生，来回 450 里都是步行的（每天走 40-60 里），这又是一个方面的锻炼。他们在路上大唱革命歌曲，大讲革命故事，相互鼓励，相互照顾，他们把它比作红军过雪山走草地，雄赳赳气昂昂地渡北去，又胜利归来。

这两个班级的同学回校后，经过小结，向全校师生作汇报，对大家鼓舞很大。他们自己在思想、学习、劳动锻炼等方面更加意气风发，情绪更为高昂。许多同学对这一个月的劳动锻炼都很怀念，他们说这一个月是"难忘的一个月"，是"革命的起点"……他们希望学校今后能坚持这样做，每学期给他们一定的时间，让他们下乡下厂，去接触工人农民，更好地促使自己革命化、劳动化。

看来，城市全日制学校，每学期拿出一定的时间（例如一个月），采取半工（农）半读的形式，既不影响文化学习，既增加了学生接触实际的机会，不改变全日制的本身的性质。从这次实验来看，是可行的。另外，也由于没有经验，试验中也还是有缺点的，刚下去时，学习任务一度布置得多了，影响了全面安排；开始时对学生思想上的片面性也估计不足，个别同学出现过："劳动越重越好，生活越苦越好"的情绪。这些问题都及时作了纠正。再一个缺点就是对家长工作做得不及时，没有把这件事预先说清楚，以致引起了一些本来可以避免的误解。

下面是劳动回来后节选的一部分同学的文章和日记。

一、　学习

1. 增强了学习责任感（高二龙ＸＸ）

到了郑庄以后，我有这样一个感觉：农民的孩子很小就干活了，上学的人很少，就是上过学的，一般也只有小学文化程度。我想：农民整天辛勤劳动，他们的生活很艰苦，天这么冷都不穿袜子，有的小孩只穿一条单裤，上面套件棉袄。而我们，生长在城市里，生活过得很舒适，从七岁起就上小学，然后是初中，现在上高中了。为什么我能够读书呢？我以前认为我们的学费来自父母的劳动，好像是父母供我们读书的。这次下来，看到眼前的情况，我感到，为了我们能好好学习，多少人在辛勤劳动，他们虽然不认识我们，但是他们都在培养我们，在期望我们，期望我们成为共产主义的接班人。

这几天，我一拿起课本学习的时候，就仿佛身后站着许多人，有工人、农民……他们似乎都在望着我，并且在说："你能接下革命的班吗？"因此，我觉得自己增强了学好的信心，增强了学习的责任感。想到的是一定要学好。虽然是在农村，但学习却比在条件很好的学校中学习时抓得紧，因为我感到身上有着革命的重担。

2. 发无产阶级之奋，为革命而学习（高二 金ＸＸ）

谁培养了我，为谁学习，为谁劳动这一系列的问题，这几天得到了初步解决。我想：我们在学校里不劳动，每年却要吃384斤大米，可是这儿贫、下中农整年辛勤劳动，也只分到420斤稻谷，脱粒之后就比我们少。这样一算，到底是谁养活了我们，这不是很明显吗？看看自己吃的，再比比贫、下中农，心里真不是滋味。我想，自己再不发奋学习、积极劳动，怎么对得起用血汗养活我们的贫、下中农呢？将来又怎么为贫、下中农服务呢？贫、下中农的革命精神时时刻刻激励着自己。通过访问，我了解到贫、下中农在解放前为了支援革命战争，不怕牺牲，作出巨大贡献；现在又不怕风，不怕雨，积极参加社会主义建设。我想：自己一定要发阶级之奋，刻苦学习，一定要比在学校里学得好，为党为革命为贫、下中农争口气。

这样想，干劲就大了。在短短的四天里，在比学校环境差得多的条件下，我就把英语的《为人民服务》和《纪念白求恩》两篇文章学完了，并且能全文背诵；还完成了一篇英语作文，错误较少。在这四天中，老师布置的数学习题也大部分完成了。还抽空写了三篇作文。这样的速度是我从未有过的。一个人只有真正明确了学习目的，他的学习才可能刻苦，才可能踏实，才可能学得好。我现在抓紧时间学毛选,到贫下中农家去访问,与新农民谈下乡收获,为的是进一步明确和坚定自己为贫下中农学习的学习目的。

我要时时记住:是党和劳动人民培养了我,我要一辈子认真为人民——主要是贫下中农——服务。

3. 学习、劳动相互调剂,相互促进（高二 陈ＸＸ）

资产阶级的教育家说:要劳动就必然影响学习。但是,通过下乡一个月的试验,却得出了相反的结论:教育与生产劳动是完全可以相结合的。我们上午学习,下午劳动,两者之间并不冲突。学习了一上午,脑子疲劳了,经过一下午的体力劳动,恢复了脑子的疲劳。下午劳动后身体有些疲劳了,再通过第二天上午的脑力劳动,又恢复了身体的疲劳。我们学习的时候专心学习,劳动的时候专心劳动。学习中产生的一些思想问题、一些不易理解的东西,通过联系实际能够很好地解决;在劳动中发现的一些物理、化学现象和一些测量问题,联系学过的知识也能得到解释。这些,在学校里都是不能做到的。我们既学习又劳动,学习质量并没有降低。以自学为主,使我们的独立思考的能力加强了,对老师没有依赖思想了。我以前很不喜欢问问题,因为我想老师反正会讲的。现在可不行,我必须去找问题,去解决问题,学习上比较主动了。

4. 边劳动边学习,到底能不能学好？（高二 高ＸＸ）

我们在农村里的学习条件,确实要比在学校里差得多。每天只有四小时学习时间,晚自习也没有条件。没有教室,我们在中庄的九位同学在一户下中农家的堂屋里学习,只有两张小桌子,几个小凳子,每天只有一部分同学能伏在桌上写字,其它同学只能坐在床上,把书本放在膝盖上写。学习条件是这样,我们的学习成绩如何呢？先拿我个人来说吧。一个月里,在英语方面,我背诵了五篇文章,写了六篇英语作文,每篇都在四百字以上,读了四本英语小说,背了二百多没有学过的单词和词组,超额完成了老师交给的学习任务（原来的任务是:背诵两篇文章,写一篇作文,阅读一篇课文）。在数学方面,我做完了对数计算的部分习题，进行了测量；学习了排列组合，做完了排列组合的所有习题；看了有关的参考书，做了参考提，还学习了下一章数学归纳法，也超额完成了数学的学习任务（原来的任务是：做完对数计算的部分习题，进行测量，学习排列组合，做完排列组合的部分习题）。在语文方面，写了六篇作文，五千多字的日记，学习的六篇课文中，要背的地方全部会背；看了《青年英雄的故事》《红色家谱》《硬骨头六连之歌》《鲁迅选集》等课外书籍。政治，除了学习二十三条之外，还比较细致地学习了主席二百六十八字的指示及《实践论》《矛盾论》《关于正确处理人民内部矛盾的问题》等文章。物理和化学这次虽然没有带下去学，但我在实践中自己发现了四十多个与生产和日常生活有关的物理化学现象，并开始能用已学过的知识去解释这些现象。也许，我个人的学习情况不足以反映全面。再来看看我们小组的情况吧。英语，我们小组其他八人全部完成学习任务，有二人超额完成。数学，其他八人全部完成学习任务，有半数以上超额完成了任务。语文、政治也全部完成学习任务。

也许有人要问："你们为什么能在较差的条件下反而学得好呢？"我觉得这是和思想上的提高分不开的。从我自己的亲身体会来讲，我觉得这次一个月在农村的生活、劳动和学习，我在思想上的提高要远比在学校一个月大得多。

5. 和贫、下中农在一起学语文（高二 李ＸＸ）

我们现在的学习环境与学校大不相同，但我认为学习效果并没有降低，而是提高了。就拿学习语文来讲，过去在学校，我对语文学习是不专心的，除了上语文课，平时就很少看书。而现在呢？我的学习兴趣就比较大。在学《树立贫、下中农优势》的时候，贫、下中农就在我们身边，有时还参加我们的讨论。这些是在学校无论如何也办不到的。下一步，我们还要进行调查，到贫、下中农中去了解情况，这样会加深对课文的理解，从而真正地明确为什么和怎样树立贫、下中农优势等问题。

6. 学习《必须坚持无产阶级专政》的体会（高二 唐ＸＸ）

我们来到中庄生产队，已经二十多天了。二十多天以来，我们耳闻目睹了许许多多活生生的阶级斗争的事实。在这种情况下，我们学习了《必须坚持无产阶级专政》一课，很有体会。大家深深地感到，要建设社会主义和共产主义，必须坚持无产阶级专政！

我们生产队共有二十三户人家，其中贫、下中农有八户，地主富农连同他们的子女共十一户，上中农四户。他们之中看起来是风平浪静，但实际上却存在着非常复杂、尖锐的阶级斗争。例如：

1962年地主钟友三当饲养员，在寒冷的冬天他把队里的小牛关在门外，企图把牛冻死。同年，有一次解放军演习，碰巧大队书记从钟ＸＸ家门口经过，他指着书记的背影恶狠狠地说："炮都打到门口了，看你往哪儿跑！"钟ＸＸ的儿子钟ＸＸ曾在三河闸写了大批反动标语。去年，新农民将要下来，小队打报告去要，钟ＸＸ说："他们都是在城里干了坏事，下放到这里劳动改造的。"他们曾经组织过一个偷窃集团，到处偷窃集体的财物。最近在分配贷款和救济粮的问题上，他们又挑拨干部之间的关系，使得干部不团结。诸如此类的例子多得很。这些例子都说明一个道理：社会主义国家里存在着阶级和阶级斗争。

课文上说："如果在半路上宣布无产阶级专政已经是不必要的，那会怎么样呢？……那就会引出极严重的后果，更谈不上什么向共产主义过渡的问题。"这在我们队里也有一个活生生的例子。1962年，队里的领导权被富农的儿子钟ＸＸ篡夺了，他处处打击贫、下中农，借故把贫、下中农调离小队，接着把土地分配到户，企图走资本主义回头路。他们这样搞的结果，那年粮食只收了三万多斤，是成立公社后最少的一年。一九六四年进行了社会主义教育运动，正副队长都换成贫、下中农，这才把生产队的面貌改变过来，由于贫、下中农坚持走社会主义道路，这一年的生产搞得较好，粮食收了六万多斤。通过这些事实，我们都深刻体会到，没有无产阶级专政，就没有广大贫、下中农的好日子，就谈不上建设社会主义。

7. 在实践中学习《人的阶级性》(高二X 程XX)

最近学习刘主席的《人的阶级性》这篇文章以后，我更加明确了这样一个问题：就是"在阶级社会中人们的一切都贯串着阶级性，贯串着各种不同阶级的利益和要求。"在农村，我们整天生活在农民身边，对他们有了具体形象的了解，因而对阶级性这个词也有了较深刻的理解。

我们一般接触较多的是中农和贫农这两个阶层。虽然他们都是农民，但是因为他们过去占有生产资料的情况不同，社会地位不同，他们对于事情的观察和处理也不同。拿大的方面来说，贫农和下中农都比较满意今天的生活，都很热爱党和毛主席，热爱人民公社。在一次贫、下中农代表座谈会上，贫、下中农代表们都说："新社会好得很哪！"一位贫农老大娘说："到了新社会，我嫌寿短了。我虽是日夜地忙，可是心里畅快哪！"贫农周XX说："过去没钱没粮，往债坑里一倒就爬不起来了。"但是富裕中农的态度就不同了，他们有时还留恋公社化以前单门独户搞生产。因为解放前富裕中农有较多的生产资料，不受剥削或对别人有轻微的剥削，这样的社会生产地位，就决定了他们对新社会的态度。

另外，在农村，我们清楚地看到，随着社会制度的变革、生产力的提高，个体农民的散漫、保守、落后、私有观念等已经在逐渐改变。在党的领导下，他们开始相信科学，相信自己，懂得只有联合起来，才能抵御灾荒，改善生活，摆脱贫困。像我们西庄队的农民，他们现在都明白这样一个道理："锅里有，碗里才有。"他们把积肥全都送到大田里去。贫农严XX说："大田种好了，才能丰衣足食；大田不好，自留田种得再好也没用。"他们对人民公社集体经济的优越性有了比较深的认识。他们还把国家发给他们的返回粮、救济款、贷款等让给别的队。这一切都生动地证明了农民阶级在变化。

8. 革命需要我们学外语 (高二 倪XX)

外语对我来说，一直是一门讨厌的课程，虽然花费了许多时间，但是学习效果仍然不好。每当我打开外语书时，头脑中就出现"难"

和"没用"的想法，就不想去学它。这次下来，我们学了两篇英文版毛主席著作《纪念白求恩》和《为人民服务》。这两课的生词是比较多的，如何背得呢？这时我头脑中就出现了贫、下中农的形象。我想，他们想上学都没有机会，现在我有这么好的学习机会，怎么能不好好学呢？现在在农村暂时用不上外语，但是我们要从长远的观点看问题，我们不仅要搞好本国建设，还要支援世界革命，革命需要我们学外语，我们难道能不好好学吗？这时，我的学习劲头就大了。两篇文章基本上是用了两个上午和几个早晨学完的。

9. 在战略上藐视困难，在战术上重视困难（高二 唐ⅩⅩ）

今天开始学外语。昨天我已经把《为人民服务》一文的生字查出来了。今天要用一个上午的时间，把单词和课文全部背出。一上午的时间能完成这个任务吗？开始我没有信心。

后来我想，昨天已经有同学用一上午的时间完成了这个任务，为什么我不能呢？我又想起了毛主席的教导："在战略上要藐视敌人，在战术上要重视敌人。"因此，我下了决心，没什么了不起，一定要完成任务。在具体学的时候，我又充分地重视了困难，集中精力，抓紧时间，分秒必争地学。另外在学习方法上也作了改变。以前每学一课书，都要先把单词背会，然后再看书。今天我是一面看书，一面记单词，既熟悉了课文，又背会了单词。我提前一小时完成了任务。

10. 在农村里用得上学得到数学知识吗？（高二 李ⅩⅩ）

在下农村之前，有的同学认为，下农村，在政治思想方面，肯定能受到锻炼，得到提高，政治、语文的理论知识也能够在实践斗争中得到运用，并在从理论到实践、从实践到理论的辩证过程中受到检验，得到丰富。但是，对于自然科学的理论知识是否能与实践相结合，即学校里学到的数理化能否在农村中实用、发挥作用，在农村里学得到学不到数理化知识，这些都是有待考验的问题。一个月的事实表明，只要你是一个"有心人"，你就能够应用学到的数理化知识去解决一些实际问题，并在解决实际问题过程中进一步理解充实理论知识;不仅如此,我们还可以在劳动人民那里学到不少实际知识。

实践的问题不胜枚举,现就数学略举几例。最近,我们汤湖生产队学习小组根据当地生产队的需要,测量了新挖建的西塘(塘深尚未完工)。利用了一个上午时间,根据射线法测绘出西塘的平面图,算出它的面积(8.13 亩,与社员估计基本一样),并计算出其深度每增加一市尺,容水量就增加 1807 立方米,为生产队提供了规划生产的资料。通过测绘计算,在知识方面,我们也温故知新,对以射线法测绘平面图所用若干仪器,比例尺,计算多边形面积的技巧,田地单位市公制换算等,都复习了一次。小组同学反映:在理论方面、实用方面和思想方面都有所收获,体会到实践确是知识的基础。在只有简单仪器的情况之下,我们自己动手动脑解决了书本上未学过的测量问题(以前都是小面积的测量,而现在测绘的是大面积土地,就需要进行分离法。这是每个同学都不曾作过的,这次都掌握了),掌握了新的学习方法。感到一方面要重视书本,但另一方面不能迷信书本而停留在书本知识上,还要积极参加实际工作。西湖生产队的同学也帮助生产队采用交位法测绘了一部分田地(87.5 亩)的平面图,为生产队规划生产,安排茬口,安排劳动力,进行田间管理等提供了有利条件。他们同样也体会到实践的重要。

11. 箍桶的数学(高二 王X)

我们在做代数,房东张ⅩⅩ大伯在做木桶。只见他把一块一块的木板放在一块单板上,用一根尺搭在上面,成三角形,然后拿开尺,用刨子刨木板的边缘,边刨边用尺量。直到 r 等于一定长度。尺和木板边缘相吻合时,每块木板就算合格了,如图(1)。就是说,把这些木板拼起来,就能作成一个标准的木桶,木桶内外不会因为木板不合格而有裂缝。

一开始,我们摸不透他为什么要这样做,想想平面几何和立体几何关于圆的问题才知道。原来 r 就是木桶的半径,各块木板的宽窄虽不同(即 a 大小不同),但只要 r 长固定了,则圆周上每一个点到圆心的距离都是一致的。

张大伯说，还有一种方法，只要检查一下每块木板宽的一头的内面宽度等于窄的一头的外面宽度就行了。如图（2），即 a=b。这个方法多简单啊！大家可以想想为什么这样做。

已知木桶的周长，但究竟怎样求其半径呢？即 r 是怎样得来的呢？

张大伯是这样求的，用我们的话说就是：把周长缩小十倍，乘以0.6，再加上周长的十分之一，这便是半径。为什么这样求半径呢？我们几个"洋学生"算了半天才弄清楚。当时，我深深地佩服劳动人民的智慧。

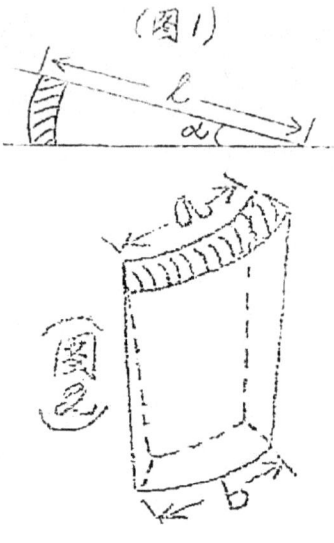

现在，我们来看看他是怎样求的。

根据上面所说的求半径的方法，设半径为 r，周长为 c，可列出方程式：

$$C \times \frac{1}{10} \times 0.6 + \frac{1}{10} \times C = r$$

提取公因式：$C(\frac{1}{10} \times 0.6 + \frac{1}{10}) = r$，即 $C(0.16) = r$。我们学过几何，可根据 $C = 2\pi r$ 求得 $r = \frac{C}{2\pi}$。我们发现 0.16 就是 2π 的倒数。

12. 计算稻囤体积的尝试（高二 刘ＸＸ）

一次在挑河泥休息的时候，我问农民，这里计算堆在地上的稻谷（形如圆锥）是怎样计算的。他们说不会算。我便问："那怎样知道一堆稻谷有多重呢？"他们说："只好用斗量，或者用秤来称。"

我们回去量出了稻谷的密度,大约是 1.49 斤一公升。我们就用了这个数据来算了队里放在新农民家里的一囤稻种的重量。囤的形状如图,本来想把它分开来算,即把它分成一个圆台和一个圆锥来算。可是,看看上下底面相差不大,而且上部堆的稻子也并不多,就用了一个近似的方法:把它看成一个圆柱来计算,用上面那个近似于圆锥的稻堆来补下面由于上下底半径差而产生的体积的差。量了一下上下底周长,求出半径 $R \approx 0.76 m$, $h=1.7m$,把稻的密度近似地看成 1500 斤/米^3,∴稻的总重量 $\approx 3.14 \times 0.76^2 \times 1.7 \times 1500 \approx 4600$ 斤 $=4.6 \times 10^3$ 斤。之后,我问新农民,新农民说是这个重量。

我们读了很多书了,应该用它来为生产服务。知识来源于实践,又应该用到实践中去。同时我还感到,在这种场合,追求过分精确是不必要的。如稻的密度是随着体积的大小而有所改变的,所以所测得的密度也不十分精确,算得的囤的体积也是十分粗糙的。此时,π 要取好多位小数,这就无意义了。平时在学校里,自己常常背了 π 的十几位小数而沾沾自喜;还有老师讲过的近似计算方法,自己计算时总是不放心,现在看来也是不必要的。从这里也进一步体会到所学的知识在实践中是常常用到的,只要我们在劳动中,接触实际中,多做有心人,多想问题,就有许多问题要用数学知识来解决。

二、 行军、劳动

1. 宁愿推车不愿骑车(高二 苏X)

这次劳动是到盱眙县马坝公社,有二百多里路。这么长的路,我们连空手也没有走过,更不要说背着背包走了。但越是这样就越要走。我就是抱着锻炼自己的理想、意志,锻炼自己的腿力、脚板、肩膀的目的去走路的。

组里带了一辆自行车，但为了锻炼，我就背着背包推着车子行军。走在路上，常常是开始还好，到后来就累了，肩膀也勒得疼了。有时想把背包放在车上推着走，有时想在下坡时骑在车上跑。这时，我就想想长征时红军的情形，想想那时在吃不好、住不好，前有敌人后有追兵，非常疲劳的情况下，走的又是草地、雪山那样难走的路，那是多么艰难的历程，他们的毅力是多么大！再想想现在，我们每天吃得饱饱的，睡得好好的，走的又是平坦的大路，和红军比起来，我们的行军是多么舒服啊！这时，我就不觉得肩膀有什么痛了。同时，我也想到，痛的时候，正是锻炼的关口，如果受不了苦，不能坚持，就得不到锻炼，就不能挑重担子。于是我就坚持下来了。

在路上，有人说我是"有福不享"。的确，今天我们是幸福的，但这个幸福是前人斗争得来的。我们今天一定要保住这个幸福，并要使生活更加幸福，而决不能沉湎于享福，更重要的还是要造福。如果我们不多锻炼，就不能知道前人创业的艰难；而只有知道了前人创业的艰难，才会珍惜前人创下的家业，才能守好业。也有人说，"有利条件还是要用"。的确，有利条件是要用但所谓"有利条件"不是固定不变的。有的条件在这种情况下是有利条件，而在另一种情况下却不是有利条件了。就如自行车吧。在有急事，需要长跑时，运用自行车是很好的；但在我们需要走路锻炼的时候，自行车就不是有利条件了。因此说，我推着车子走并不是有利条件不用。

2. 我们和群众（高二 董X）

4月15日下午五点，在回南京的行军途中，我和朱ＸＸ由六合县出发去找住宿吃饭的地方。时间较紧，大队正在后头休息待发。太阳只有一竿子高了，必须在天黑之前到30里地之外选择好落脚点。我们自行车蹬得飞快，半小时后，发现田野里有一片朦胧的市镇，就是我们心目中的宿营地——葛塘。

葛塘公社负责同志招待了我们，听完我们的叙述后，他表示赞成教改，并微笑着说："宿舍、食堂都不成问题。我们可以腾出会议室、礼堂，再到五好饭店联系代伙。就是稻草困难，我们社里的草都让南京造纸厂买去了,目下所剩无几,都是些牛草,睡过的草牛就不吃了。"我们一面感谢公社的热情支持,一面却暗自焦虑:大队经过长途跋涉已经十分疲劳,没有草是休息不好的。怎么办?只有到邮电局打电话请示校长了。校长的回答却出乎意料的简短:"学学群众工作方法,解决队伍休息问题。"我想,对啊,已经胜利在望了,在这骨节眼上可不能出问题。我鼓起了信心。可稻草是个具体问题,光有信心还不成。我们又面面相觑,束手无策了。两人急得在邮局里团团转,头脑都发热了,我只得恨自己群众工作能力太差。这时,一个洪亮的声音在耳边响起:"别着急,我们有稻草。"我兴奋地抬眼望去,是个面色红润的青年,原来他站在这儿好一会了,我们的一切他都知道,他决定援助我们稻草。我于是迫不及待的问:"在哪儿?""六里之外。""啊,六里之外……"我合计着"三百斤稻草两人挑,三次,需四小时,大队早已到达,岂不晚了。"他似乎发现我在想什么,说:"没关系,我们人多,找几个人送来,至多两小时就够了。"这下可解决了大问题,我正想表示深深的谢意,他却拉着我的手说:"快,情况紧,速去速来。"这时邮局管理同志也说:"你快去吧,一会儿六合来了电话,我就代你汇报这里的情况。"我没有说话的余地了。的确,共同的感情把大家的心田沟通了。

那个青年原来是个新农民,他家的新农民都是"小老虎",了解情况后,他们丢掉碗筷,就把三百斤稻草一气担到公社礼堂,又匆匆离去了。可我这个冒失的人,却还没有来得及问清姓名呢!

这时饭店同志也放弃休息帮助我们把饭烧好。经理不辞劳苦半夜叩门,买些廉价的咸菜来,一切安排就绪,只待大队到达。夜阑人静,人们早就进入梦乡。经理为了安全起见,一直陪着我们,在灯光下自学毛选。我想休息一会儿,但激动的心久久不能平静,望着经理花白的头发,沉思起来。我想,我们这个社会,就是这样,只要你的行动是革命的,处处会受到人们热情支持。无论他们的职业如何,无论他们是健壮的青年或年迈的老人,总是有求必应,急人之急,到处奔波,为你解决困难。这难道是偶然形成,或自然形成的吗?不,美国就办不到,南斯拉夫办不到,中国的旧社会也不可能办到。只有在今天,在我们的社会里,才可能办到,才一定能办到。这一切的动力,就渊源于毛泽东思想，正是这个锋利的思想武器，在指导着千百万群众奋勇前进！

3. 争取在贫下中农中扎根（高二 金ＸＸ）

我们这个时代的青年，为了把自己培养成无产阶级革命事业坚强可靠的接班人，就一定要到艰苦的环境里去磨炼自己。正是怀着这个目的，我搬到牛房里去住，和饲养员同睡一张床，合盖一条被，关系十分融洽。在和他们接触过程中，我又一次受到深刻的阶级教育。饲养员老杜大伯老家在新集，七岁时，地主抽掉了他家的田，他父亲又急又气就死了。他大伯伯带着他们出外逃命。路过三河时，由于饥寒交迫，他大伯伯一失足掉到河里淹死了。当老杜大伯说到这儿时，他拍着床沿说："旧社会，旧社会啊，害得我家破人亡，无亲可靠啊！"我的心这时似乎被什么东西揪紧了，难受得狠，眼泪夺眶而出。饲养员李大伯在旧社会也吃尽了苦。新四军来了之后，他当了民兵队长。北撤时，他被还乡团捉到了，敌人把他吊在大树上拷打，向他逼问党员名单和文件，他一点口风也不透。乡亲们花了一笔钱，才算保下他来。现在他们都勤勤恳恳，任劳任怨地做着饲养工作。我又一次被贫下中农的革命精神深深感动，和这些革命长辈睡在一起，我一点也不嫌脏，只觉得十分幸福，十分幸运。

当然，乍到牛房来住，思想斗争是有的。我刚到时，就感到牛房空气不好，草里的灰粪气和牛鼻子呼出的气交织在一起，浑浊得很。临睡前用草来熏烟，把我眼泪都熏出来了。夜里又经常起来搬草，倒尿，搞得一夜没睡好。这时我想到，要叫我一辈子干这活行不行？夜深人静时，资产阶级个人主义思想在同无产阶级思想激烈斗争着。开始，我觉得这活又脏又累，而学的知识有的暂时用不上，你能对牛讲外语吗？数学也几乎没用。但我又想，自己是党和劳动人民养活的，我一定要全心全意为人民服务，千万不能忘本。在今天，可能有些知识用不上，但这也没有什么了不起，将来一定有用上的一天。比比老杜和老李以及千千万万贫下中农对革命作出的牺牲和贡献，牺牲一点个人利益是完全应该的。想想今天贫下中农的吃穿，比比自己；想想贫下中农的革命精神，再比比自己：这样就给了我战胜资产阶级思想的勇气和武器。我决心为革命甘当一辈子"孺子牛"，决不讲条件。只要党和人民需要，干一行就爱一行。

4. 日记两则（高二 杨ＸＸ）

四月十日

今天下午劳动内容是挑河泥。劳动时贫农张ＸＸ对我说："杨ＸＸ，可哦，能挑七、八十斤啰。"我听了这句话，打心眼里高兴。为什么呢？因为这是贫下中农给我的评语。

农村是一个锻炼人的大课堂，这里的每一位贫下中农都是优秀的教师，在这里，就是学习用双手怎样创造世界，怎样改造自然，怎样做一个"地球理发员"。要在这个学校中毕业，就必须得到贫下中农的许可。今天他对我说了这句话，我想就是因为我在挑担子这方面比刚来的时候好了，有进步了。虽然如此，但我离贫下中农还很远，我还没有毕业。只有当我为贫下中农服务一辈子的时候，我才有权拿毕业证书。我一定要向这个方向努力。

四月十二日

今天是最后一次劳动。记得第一次劳动是挑"垡土"，我们今天又挑"垡土"，这真是无巧不成书，好像是在考考我们似的：看看经过一个月的锻炼，劳动上有多少收获，有多少进步。

的的确确，我们有了进步。我们每人都能挑两块大垡土，而且不累。我一直用左肩挑，感觉正常。王Ｘ、靳Ｘ和我还每人挑了四块大垡土，共一百二、三十斤重，虽然要走二百多米，但我还是挑下来了。想想第一次，我们每人只能挑两块小垡土，有的还只能挑特小的，而且挑起来也是东倒西歪，累死了。如今我们呢，和才来的时候比都变成了另一个人了。这不正可以看出我们在农村劳动中的收获和进步吗？

劳动上有进步，学习上也有进步。这两个进步在一起，就说明我们胜利了。

5. 劳动锻炼能治病（高二 罗Ｘ）

一向家里提出我要到盱眙去，他们就摇摇头，说我贫血厉害，脸上一点血色也没有，到农村去要垮的。我一再要去，他们没法，只好说明天带我到医院去，问问医生。结果，医生说不能去，因为贫血症就需要营养，需要休息，并给我打了个证明。但是，我根据自己的感觉，认为还是可以去的，只要自己注意，劳动中量力而行，身体不会垮，相反通过锻炼，可以增强体质。学校领导在我坚决要求下，也勉强同意了，但不准我走路，并且不准参加重体力劳动。家里为我买药买针，吃的打的，叫我带下去，补养补养，还给我钱，说如果可能的话，自己买一些有营养的东西吃。

到了盱眙，生活条件确实比城里差得多了，但比起贫下中农来还是好了很多倍，我想种粮食的人吃的是菜稀饭，我们不种粮食的人却一天三顿米饭，自己还有什么理由嫌这嫌那，追求更高的生活水平呢？渐渐地，青菜饭、胡萝卜饭我也习惯吃，后来并喜欢吃了。最初劳动时，同学和老师总不放心，跟我谈了一遍又一遍，"少挑些啊，要量力而行啊。"民主生活小组会上，大家也总是关心我的健康。我十分感激大家的关怀，我在劳动中注意到要锻炼，要量力而行，不蛮干，但我要坚持干，随着体力增强，逐步增加劳动量，我相信，劳动能治病，锻炼能强身。就这样，我在一个月的劳动锻炼中，不但身体没有垮，反而一天天强健起来了。我开始挑得很少，后来居然能够挑三四十斤了。从马坝街上买青菜挑回住地，要七里路，我挑三十多斤也可以从头走到底了。我的脸色变红了，身体发胖了，回来秤了下，比下乡前体重增加了四斤多。4月2日，到三河闸去参观，我也和大家一样来回走了六十里路，身体也很好，第二天照样劳动。

我带去的药、针，在乡下原封未动，全部带了回来。刚回到家里，妈妈说："哟，真的长胖了，面色也红了。"事实胜于雄辩，我下乡劳动锻炼一个月，证明了劳动确实能治病，不仅能治身体的病，还能够治好思想上的病。

6. 事实胜于雄辩（高二 黄X）

我妈妈是医生，可是对锻炼一直是不感兴趣的。她总认为锻炼太消耗体力，无助于身体健康，她总说：要想身体好，一定得营养好，脂肪多，休息多。可是我的想法与她相反，我认为：我的身体不好，经常头昏，就是因为锻炼太少。

这次去盱眙，我认为是一个很好的锻炼机会，我决定步行去。妈妈知道了就骂了我一顿："你们学校怎么搞的，把学生拖到200多里以外去劳动、去锻炼，附近那么多农村不能去，难道锻炼就非跑那么远不可？"我说："附近是有农村，但是条件好，对我们这些蜜糖里泡大的青年锻炼不大，盱眙各方面条件都差，很能锻炼人。"这都是形式，你们学校就是爱出风头，爱时髦，有车子不坐。战争时代红军二万五千里长征，那是没办法，现在已经解放了，条件许可，还要走，难道还要来个二万五千里长征？"我说："关于健康问题，学校一定考虑到的。200多里走四天，一天只走几十里。"不管怎么样，人疲劳了就容易传染上病，我是医生，懂得这点，你知道个什么？"面对现实，我又展开了激烈的思想斗争。我想，不管怎样，我们这些从小在蜜糖里泡大，娇生惯养，不懂得什么是艰苦的学生，不经过锻炼是不能成为革命接班人的。的确现在是没有二万五千里长征了，可是要知道，世界上还有三分之二的人没有解放，帝国主义并没有寿终正寝。目前南越不正在燃烧着战争的火焰吗！我们这些青年有守成、创业的重任，也有支持世界人民解放斗争的义不容辞的职责。一旦祖国需要我们的时候，只有有了健壮的身体，和一身的过硬本领，才能做到召之即来，来之能战，战之能胜。铁不打不成钢，知识青年不到实际斗争中去磨炼，就不可能成为革命青年。我应当听党的话，积极主动地投入到各种锻炼中去，去磨炼自己的意志，在锻炼中成长为铁骨红心的无产阶级信得过的好儿女。临走的那天，拿着大大小小的药瓶，我想："我不是病夫，带着这些药干啥。"我坚信：劳动能治病。因而趁妈妈不注意时，我把所有的药全部放回了原处。

事实胜于雄辩，来回四百多里我走下来了，一个月的农村生活我过下来了。那里没有鱼，也没有肉，吃的是青菜、胡萝卜饭，用的是塘水，条件是差多了，可是我病了没有？没有。瘦了没有？也没有。相反的体重增加了六斤八两，身体长了二公分，视力仍是1.5，还能挑着40斤担子走5里不歇。当我精神饱满地走回家时，当我把脏衣、脏被全部洗完时，妈妈不能不惊奇了。她说："奇怪，在条件差的环境里为什么能长得这么好？"怎么回答她呢？一句话，劳动锻炼的结果。

7. 新农民是我们的榜样（高二 史ＸＸ）

一九六五年四月十一日　星期日

以前我一直认为：要建设成现代化的农村，改变一穷二白的面貌，还不知是哪年的事，至少我一辈子是甭想了。特别是这次下来后，看到这里的穷白面貌，贫瘠的土地，低矮的茅屋，火光如豆的小油灯，这一切在我心里引起了强烈的反响——要改变农村一穷二白的面貌，是遥遥无期的。今天我们和新农民开了一个座谈会，会上，我把自己心中多少天来的问题提了出来。我问新农民同志："看到这里的穷白面貌，你们是否有信心去改变它？"新农民用他们在劳动实践中的体会给了我最满意的回答，他们是有信心的，而且信心很足。沈ＸＸ说："我们挑担子的时候，就想到我们是在挑穷白大山，于是便浑身是劲；我们筑路的时候，就想到我们是在筑一条通向美好境界的大道，于是便信心十足。"老铁又说："我们劳动累了，坐在田边上一眼望过去，就看到了这里美好的前景。田地是整整齐齐，四四方方的，庄稼长得又肥壮又茂盛，我们再修一条宽平的公路，到那时呵，咳，我们就不再用这扁担挑肥了。我们可以用汽车或大板车来运。你不要以为这很遥远，过三年你们再到我们西庄来看吧，我们十分欢迎。"看他说得那个劲头，越说越甜、越说越美，我再也不觉得什么遥遥无期了，仿佛美景就在眼前，这并不是什么幻想。

我想自己没有信心的原因，就是轻视平凡的劳动，以为当农民不值得，无声无息，对人民的贡献又不大。今天的座谈会又使我明确了一点，那就是，社会主义、共产主义并不是什么空洞的东西，它需要实实在在的一砖一瓦去砌成，谁去干这一砖一瓦的工作呢？在我们祖国，有许多人在从事这平凡的工作，他们勤勤恳恳地在塑造共产主义的锦绣山河。新农民樊政中说："我们西庄亩产一百斤的时候，我们国家就有了原子弹，那么到我们亩产八百斤的时候，我们国家又会有什么新的事物出现呢？当我们听说我国原子弹爆炸成功时，我们高兴极了，因为这里面也少不了我们一犁一耙的耕耘啊。"我从这里看到自己的劳动的意义，看到每一个普通的、平凡的齿轮和螺丝钉在共产主义事业这架伟大机器上的不可能缺少的作用。看来，当农民不是不值得，而是太值得了。

今天的座谈会给我最深的体会就是我们需要农村。我把自己和新农民比较了，我觉得从外表到心灵，新农民都比我强多了。他们才经受了半年多农村生活的考验，便取得了这样大的进步，这些，是舒适的城市生活所不能给他们的。我更体会到，艰苦的环境就是磨炼人的意志的试金石，我需要到艰苦的生活环境中去锻炼。

四月十二日　星期一

我永远也不能忘掉这个晚上，我们和新农民同志欢聚一堂，在小煤油灯下开了联欢会。看来是联欢会，但是却超过了联欢会的意义，可以说这是结成革命友谊的会，通过这个联欢会，我们和新农民的革命友情更增进了一层。新农民的精神面貌是极好的，这一点给了我们精神上很大的力量。会后，户长老升送给我们一篮黄豆，这虽算不上是什么贵重的礼物，但是我认为这比什么礼物都好，新农民送我们的不仅是一篮黄豆，而且是革命化道路上的精神食粮，它永远鼓舞着我们前进。我保留了十一颗黄豆，它代表了十一位新农民同志的心意，希望我们在革命化道路上迅速成长的心意。

亲爱的新农民同志们，我们即将分别了，在我们相处的这一个月里，你们在生活上、思想上给了我们多少帮助啊，特别是思想上。如果说我们有了一些收获，那么这与你们崇高的精神世界的感染是分不开的。记得，面对农村的现实生活，当我思想上有了波动、产生了问题的时候，我就想到了你们自觉革命的精神，于是心里便亮堂多了，一切问题便迎刃而解；当我在劳动中感到累的时候，我就想到你们为了突破劳动关，曾经受过的困难的考验，于是便浑身是劲，忘掉了疲劳；当我学习上遇到困难的时候，我就想到你们在一天劳累后还在小油灯下孜孜不倦学毛选的精神，于是便增添了克服困难的勇气。总之，你们给了我精神上的鼓舞和力量。我要在今后的斗争中，严格地锻炼自己，炼尽身上的杂质，以你们为榜样，在革命化的道路上永远前进再前进。

编者注：此处原件页码 129~159 的内容与 167~186 页码的内容相同。前者是草稿包括修改，后者是修改后的定稿。本书采用 167~186 页码的定稿内容。凡与此相同的情况，本书都采用定稿内容。

第3章
南师附中1965—1966第一学期教改工作计划

工作要求：

坚决贯彻毛主席的七·三指示和去年春节指示，面向三大革命、面向农村、减轻负担、增进健康、教好学好、提高质量，培养无产阶级革命接班人，防止修正主义。

五项工作：

一、 学习毛主席著作

在原有基础上，本学期继续认真学习毛主席的教育思想，统帅学校各项工作。争取师生对主席的七·三指示、春节指示，基本上取得一致的认识，进一步解决为五亿农民服务的立场问题，解决健康问题，理论联系实际问题，并注意解决思想方法和工作方法的问题。学习中，给予时间，强调自觉，不成立组织，不规定固定的学习时间和篇目；要求干部带头学，认真交流，总结经验，树立标兵。

二、 教育与生产劳动相结合

本学期继续试验教育和农业生产结合为主并适当结合工业生产。重点解决师生贫、下中农的思想感情问题，解决为谁工作、为谁学习、为谁服务的问题。同时适当解决学生体力劳动的锻炼问题，理论联系实际问题，树立俭朴的风尚，并解决一定的生产技能问题。

集中下乡劳动，高二、三学生下乡一个月，通过劳动（半天劳动）调查访问紧密结合农村阶级斗争、生产斗争、科学实验的实际，运用所学各科知识，开展学习活动。初三、高一下乡半个月（半天劳动），开展调查访问活动，读毛选、写文章，不带其他学科。初一、二下乡十天，主要开展访贫问苦活动，适当参加劳动。每天劳动量控制在三小时以内，其余时间读毛选、写文章，并注意休息。

分散劳动，每周半天，内容包括校内农业实验园地、校内外工厂劳动和清洁卫生活动。在农业园地上，逐步作到粮、棉、油、蔴、菓、菜、烟、茶、丝、粮、药、杂俱全；逐步掌握八字宪法。校内工厂逐步建立金工、木工、玻璃工和电镀工等车间，以制作教具、修理仪器为主，根据教学的需要，培养学生逐步具有设计、生产的能力，并会普遍地使用。

校内外工厂劳动交错进行，本学期仍以校内为主。干部、教师能够劳动的都跟学生一道参加劳动。

三、 减轻负担增进健康

在管政治、管教学、管体育的前提下，本学期突出解决健康问题。

把每天统一规定的学生总活动量严格控制在八小时以内。总活动量包括上课、课后作业、劳动、会议和体育锻炼等在内。

适当减少周学时，每节课改为45分钟，增加课间休息时间；各科作业尽可能在课内完成，各科上课和作业总量每天最多不得超过6小时。

会议要短而少，要解决问题；学生每周会议时间一般不超过两小时，学生干部一般不超过三小时。

每天除早晨锻炼及课间活动外，下午第二节课后，为全校师生室外活动时间。室外活动包括：体育锻炼、文娱活动、民兵训练、园地管理、打扫卫生以及生活处理等，活动内容由学生自由安排。初一二每周上午分别安排两节体育课，其余班级的体育课统一于室外活动。

班主任和体育教师在这个时间内，要引导学生走出室外，注意控制运动量，进行技术指导，并注意安全教育。

高中学生每天睡足 8 小时，初中学生每天睡足 9 小时。

重视视力保护，经常教育学生注意用眼卫生、劳逸结合；每天坚持做眼的保健操；提倡能不戴眼镜的尽可能不戴；大力宣传视力保护较好的班级和个人，发动人人关心、相互督促，积极争取家长配合；定期检查对比研究，及时总结经验；调配专人管理这项工作。

四、 教材教法的试验

要培养学生既能从事体力劳动又能从事脑力劳动，就要让学生学得少一些、活一些。好一些要有机会走出校门，接触三大革命运动。由任课老师结合教学要求组织高中学生每周以半天时间外出调查研究或请工农和解放军的先进人物作报告，作为各科教学的实践课。

教材以教育部的中改本为基础，根据服务于三大革命运动的要求，少而精的原则，在原有基础上继续改进各科教学方法。

政治，主要抓活思想，引导学生参加实践，掌握基本理论提高觉悟，改造思想，培养分析问题和解决问题的能力。

语文，注意指导学生读书，引导学生参加社会实践，并使他们能够多写文章。对高年级，不仅要鼓励他们能写文章，而且还要指导他们能改文章。

外语，要加强语言实践，培养自学能力，并引导学生注意练习写作。

数学，要培养学生看书、解题的能力，加强运算的训练，重视理论联系实际，并鼓励创见。

理、化、生物，要以实验为基础，结合生产，达到理论和实践相结合，学以致用。

各科教学都要重视加强书写训练，书写要正齐、工整，教师首先要示范。逐步使全校师生形成认真书写的风气。

五、 加强领导，改进作风

　　教改的关键在于教师的革命化、劳动化。在教学上提倡：一是在突出政治、减轻负担，和有较好的教学效果的前提下，教学上贯彻百花齐放、百家争鸣的方针。鼓励创见，允许教师使用自己认为合适的教学方法；二是认真培养骨干教师作出样板，影响和团结大多数。三是以帮助学生端正学习目的为中心，加强思想政治工作。培养学生辨别是非的能力；发展学生生动活泼地主动地学习空气；建立教学相长的新型的师生关系。

　　在一定时期内，围绕一个中心，在党支部和学校行政统一领导下，使各个组织步调一致，集中力量，打歼灭战。

　　不断调查研究，掌握思想动向，坚定教改方向，调正各方面关系，一切重大措施经过试验及时总结经验，促进干部、教师、学生思想、作风不断革命化，保证教改能正确健康的发展。

1965 年 9 月

第4章
从高校招生试卷中反映的一些情况

1965年10月

要学生学得活一些好,还是学得死一些好?要发展学生的创见,培养他们成为坚强的革命后代,还是使他们只想到个人,变成只会背教科书的呆子?看来,在这些根本性的问题上,有些教师、干部的观点和主席的思想相距很远,甚至背道而驰。最近我们检查南师附中教学改革的情况,抽阅了该校一部分毕业生的高考试卷,发现的一些问题十分突出,如果不引起我们注意,在高考这个环节上就会压抑学生的革命精神,不利于教学改革的发展。这里把其中的一些事例摘要整理出来,供领导同志参阅。

一、 事例一

化学试卷中有一题是"鉴别乙醛和乙酸乙酯"。学生薛ＸＸ列举了五种解法,基本上都是可行的,而阅卷教师范Ｘ却给他扣去一分,并在考卷上批道:"画蛇添足,扣一分!"

学生的答案是:

解法一,用银镜反应来鉴别

$CH_3COOC_2H_5 + AG_2O$ 不反应

解法二,在溶液里各滴入酚酞,加碱水解,乙酸乙酯溶液就退色

$CH_3COOC_2H_5 + H_2O \underline{}_{OH^-} CH_3COOH + C_2H_5OH$

$CH_3COOH + OH^- = CH_3COO^- + H_2O$

$CH_3CHO + H_2O + OH^-$　不反应，仍有红色。

解法三，使两种溶液水解后，加入Fe^{3+}。变暗褐色者就是乙酸乙酯。

解法四，把灼热的铜丝放入溶液里，然后加石蕊试液，变红者就是乙醛。

$2Cu + O_2 \xrightarrow{\Delta} CuO$

$CH_3CHO + CuO = CH_3COOH + Cu$

解法五，加水，乙醛能溶于水，乙酸乙酯则不能。

范X是什么人呢？他是南京药学院的教务处副主任，共产党员。学校党的干部是不会不学习毛主席的春节指示的，但遇到实际问题时，他却认真地在那里反对主席的指示了！

二、事例二

外语试卷中有一题是：根据试卷上的短文内容，回答问题——"他们在山上的生活艰苦吗？为什么？"

学生陈X、张XX根据短文的内容，适当地运用自己的语言回答，答案基本上是对的，只得3.5分和2分（满分为6分）

陈X的答案是：

Yes, the life was very hard, for the French soldiers often could come after them and made them have to go from one place to another.

是的，生活是艰苦的，因为法国兵常能追他们，这使得他们不得不从一个地方迁到另一个地方。

They suffered from hunger and cold and always be on empty stomach.

他们忍受着饥饿和寒冷，经常空着肚子（3.5分）。

张ＸＸ的答案是：

Yes, Because the enemies often went after them, so they had to go from one place to another,

是的，因为敌人经常追他们，所以他们不得不从一个地方迁到另一个地方，

sometimes staying a whole night in a tree or having very little to eat for many days,

有时整夜住在树林里，或者许多天都吃不到什么东西，

but they didn't motion (mind) it, because they knew they must

但是，他们并不介意（拼错一词），因为他们懂得他们必须

overcome all difficulties and carry on the fight to the end.

克服一切困难把斗争进行到底。（2分）

而另一个学生（苏州考区192528号考生）完全照抄原文，抄得也不完整，却得了5分。答案是：

Yes, Life in the mountains was very hard for them. Because, very often the French soldiers would come after them; then they would have to go from one place to another and they have very little to eat.

是的，他们在山上的生活是很艰苦的，因为法国兵常会追他们，他们就不得不从一个地方迁到另一个地方，他们几乎没有什么东西吃。

在外语作文（可以选作问答题）的批改中，答得多、句式复杂多样、内容比较充实的答案反比答得少、句式简单、内容贫乏的答案得分少得多。

学生周ＸＸ写了一篇作文，又答了问答题，共写222个词，错三词（其中问答题104个词，无错误）他还用英语对试题提出了意见，得19分（满分为30分）。

周ＸＸ的答案是：

作文：How My Home Town Has Chang

家乡的变化

My home town is Nanjing, Before liberation it was the center of the cruel ruling of Kuo Ming Tang.

我的家乡是南京，解放前它是国民党残暴统治的中心。

No factory could be found, and there was no school which was opening to the poor children.

这里没有工厂，没有对穷人孩子开放（错一词）的学校。

But now, if you come here, you will see a lot of tall chemnies, wide roads on which

但是现在假如你来到这儿，你将看到许多高大的烟囱（错一词），宽阔的马路，在这些马路

are running our own cars.

上奔驰着我们自己的汽车。（词序可以调换一下，更好些）

all the working people are living a happy life. Many new schools have been set(up) for us.

劳动人民正过着幸福的生活，许多新的学校为我们而建立起来了（错一词）。

On National Day, workers, peasants and students march to Hsin Gai kou square with their great achievement.

在国庆节时，工人、农民和学生带着他们的成就列队通过新街口广场。

We know it is the Party who bought us to-day's life.

我们都知道我们今天的幸福生活是党带给我们的。

And we must do our best to build our new city and our new country.

我们必须尽自己的力量来建设我们新的城市和我们新的国家。

（118个词中错3词）

问答题：

Do you like to work in the countryside? Why or why not?

你喜欢在农村劳动吗？为什么？

Yes, of course! When I worked in the countryside, I could learn from the poor peasants and the lower-middle peasants.

是的，当然我喜欢在农村劳动！当我在农村劳动时，我可以向贫下中农学习，

Not only did they teach me how to work,

他们不仅教我如何劳动，

but also they told me not to forget the past. Learning from them, I know how they lived in the past

而且告诉我不要忘记过去。通过向他们学习，我懂得了贫下中农过去的生活，

and why they love the party and the commune deeply now.

懂得了为什么他们现在深深地热爱党和人民公社。

During the days I worked in the countryside, I wiped some selfish things out. I felt very happy and proud;

在农村劳动的日子里，我挖掘出一些自私的东西，我感到很幸福和骄傲，

for I was working for the commune and our motherland,

因为我在为人民公社为祖国而劳动，

I was working for the poor peasants and the lower-middle peasants.

我在为贫下中农而劳动。（104 词没有一个错误）

周ＸＸ对英语试题的意见是：

I think the aim of studying is using. So we must study foreign language with practice.

我想学习的目的是为了用，所以我们学习外国语言必须实践。

Composition is uself and translation (from Chinese to English) is not so proper.

作文是有用的，中译英的翻译题不太合适，

Answering questions is too easy to help us mastor the language.

问答题对帮助我们掌握语言来说是太容易了。

而另一个学生（泰州考区 165455 号考生）只作问答题，共写 88 个词，错三词（但阅卷教师只发现了一个错词）却得 27 分（满分是 30 分）答案是：

问答题：

一，what spot do you like best?

你最喜欢什么运动？

答：I like to play basket very much. Some of us from a basket ball team.

我很喜欢玩篮（错一词）球，我们中的一些人组成了一个篮球队（错一词）

We steel our selves through physical training. We keep fit and strong.

我们通过体育训练锻炼自己（错一词），我们的身体很好、很强壮，

We help each other and learn from each other, so we can make great progress.

我们相互帮助相互学习，所以我们能得到很大的进步。

二，问：Do you like to work in the countryside? Why or why not?

你喜欢去农村劳动吗？为什么？

I like to work in the country side. Farm work is not easy. I don't know much about

我喜欢在农村劳动，农活不容易。

I don't know much about it. I must take part in physical labour and learn from the peasants.

我对农活懂得不多，我必须参加体力劳动向农民学习，

I shall raise my consciousness through physical labour, and become a real revolutionary.

通过体力劳动，我将提高我的觉悟，成为一个真正的革命者。

三、 事例三

在政治试卷中有一题是："为什么要用一分为二的辩证观点观察一切事物？试用这个观点分析一个具体问题。"

学生刘ＸＸ的答案是："任何事物都是'一分为二'的，要正确认识事物的本质，达到改造世界的目的，就必须对一切事物采取'一分为二'的态度。我们是无产阶级的后代，要接无产阶级的班，要改造世界，推动历史向前发展，对待一切事物没有正确的方法是不行的。这个方法就是'一分为二'。对待这次高考的方法也应采取'一分为二'的态度，首先肯定这种方法是不好的，在过去基本上是采取这种方法，到现在还是采取这种方法，后果怎样呢？造成学生死背教条，目的不明，精神紧张，体质减弱，教条主义，言行不一由此产生。如今天有人带了毛主席语录板来，有些人说："现在带来没有实用价值！"为什么呢？他认为这既不能给他加两分，也不能使他记得某某公式。毛主席的文章他昨天还津津有味地背过，到现在他却认为没有用，这不可悲吗？有人中午还在背什么是'唯心主义'，什么是'教条主义'、什么是'和平演变'。这样作，就是为了两个小时内全部记得，达到考'好'的企图，这些难道不是两小时的高考制度引起的吗？这种方法要改的，也必须尽快地改。这时又要求我们看到另一方面：这种方法是旧习惯势力长期遗留下来的，不可能一下子改掉，快了会使人们不习惯，人的思想认识总是落后于客观现实的，做任何事情要采取'一分为二'的态度。

阅卷教师周ＸＸ（华东水利学院宣传部副部长）看到这个答案时，认为这个答案是错误的，给予０分（满分是３０分）。

刘ＸＸ在高考中对政治、外语、数学、物理、化学五门课都提了书面意见。

政治：

由于今天的考试，我写下了自己的感想。我认为利用这样的考试方法，像第四题这样的问题，只能把我们照章办事的考生们培养成为为了"考好""努力地"想尽短的时间背得"什么是毛泽东思想"的人，这是非常令人痛心的！

外语：

I don't like the words：……之外得附加……分

我不喜欢"……之外得附加……分"这些话，

It is not a clever way to make students to write compositions well. By this way

要使学生写好作文这不是聪明的办法。

some students will be attended by 5 or 10. They would write more and more words till their compositions has more than ninety

用这种办法有些学生就会想多得五分或十分。他们就会尽量多写拼凑到九十个词。

in order to get 5 or 10. Their hearts will be full of marks.

为了得到这5分或十分。他们的心里充满着分数，

How can they think that our high examination show to our party and our motherland?

他们怎么能想到通过考试向党和祖国汇报呢？

I think you may write 'Write a composition long or short as you like',

我认为你们可以这样要求"写一篇作文长短不拘"

or 'You don't write fewer words than seventy'. That's enough.

或"写一篇作文不得少于七十个词"。那就行了。

We take (the) exam for revolution. We don't need the view (point) of marks. Excuse me.

我们是为了革命而考试的，我们不需要分数观点。请原谅我。

数学：

这样的考试把学生当作敌人，是可悲的！超分题叫做"物质刺激"，这是违背党的教育方针的，这只能摧残青年，对我们巩固知识更好地学习只有害处，没有好处。

物理：

这次物理题出得很好，有实用意义，第 8 题要直接给我们做实验，那就更好。第 7 题给我们提供了测定凹透镜的焦距的方法，很妙！

化学：

化学本来就是一门与实践联系非常紧密的科学。但是像我们这样坐在考场中紧张地，甚至是抖抖地尽力回忆书本上的东西写在考卷上，这岂不是在"沙龙"里为做文章而做文章吗？时间少，题目多而琐碎，无实验，这只能造成我们死记书本。今天我就看到多少同学不惜牺牲休息时间企图利用几个小时背得书上的东西，一个个心惊肉跳，猜测题目，死记硬背，汗流浃背，为了应付高考。本来通过农村劳动体重增加的人一经高考，体质减弱，体重减轻。老师，你们看到接班人这样下去，不感到痛心吗？考好的人"欢喜若狂"，考坏的人"垂头丧气"，这难道是社会主义国家所需要的高考吗？这种"闪电式"的考试方法只能使我们"闪电式"的记得，而又"闪电式"的忘记。这种方法非改不可。

他的高考成绩是政治 30 分，语文 72 分，外语 68 分，数学 64 分，物理 105 分，化学 74 分。看来他的政治成绩极差，那么他的思想行为究竟怎么样呢？他的家庭成分是职员，在学校中被评为三好学生,参加了共青团,思想表现一贯是比较好的。落榜后,他积极愉快地响应党的号召到新疆去了。去新疆后他还给留在家里的一位同学写了一封信,从这信中可以看出他的思想觉悟是不低的。

给王ⅩⅩ的一封信

王ⅩⅩ同志:

自从你8月25日走后,我怀着对你完全相信的心情等待你27日到,可是预想不到的事情却发生,你无一点回音,老师上你家去,也无所收效,很令人痛心啊!

同志!我还得称你为同志,你是刚刚入团的,党、团、祖国人民对你寄托了极大的希望,期望所有的共青团员能在毕业后做一个服从分配的模范,可你呢,你忘记了一切。只记得你那特殊原因,把你在雨花台——革命烈士墓前的誓言忘记了,把为了我们今天的幸福生活无数烈士在雨花台洒下的鲜血忘记了。解放前,无数烈士们站在雨花台昂首挺胸对着敌人的刺刀,他们为了今天洒尽热血。难道像你这样躺在家里追求城市生活的形象是我们最亲爱的革命烈士临牺牲前所期望的吗?难道你安心躺在被窝里吃着闲饭吗?你现在的生活,也是数不清的革命烈士们用鲜血换来的,没有他们,你能舒适地住在城市里吗?你可记得寒假过年那晚,贫农老胡全家人吃一点干饭,连菜也没有,可他却忙着为队里的牛煮饭,他们全家仅有一床我校老师送给的棉絮,只能睡在灶旁。想想全中国还有成千成万像他那样的贫下中农,同志,你难道就没有一点勇气抛弃小家,投身到贫下中农的怀抱与他们同甘共苦吗?

我俩临分手那天,我对你是怎样讲的,你又如何回答我的。"27日你一定要来啊!我等待你的好消息""你不要怀疑我,到那天你看我的行动吧!家里不同意,我也一定到新疆!"谁知道你后来却变成这种颓唐样,我真想到你家去,老师叫我不要乱来,说认识问题可以慢慢解决,你一时没想通,一年后还可能想通。我多么盼望你能像鱼ⅩⅩ学习,向刘ⅩⅩ学习,决不能做帝国主义头子杜勒斯所幻想的中国的第三、四代啊！苏联的教训已太令人痛心啊！

《烈火中永生》你看过吗？江姐、许云峰是怎样对待他们的生命与革命事业的？在任何地方，他们早把生死置之度外，江姐为了共产主义的伟大理想，任火烤、任竹签刺、任鞭打、任电刑。同志，当敌人的竹签刺进你的手指，你难道愿意像甫志高那样无耻地拾回一条狗命吗？许云峰为了其他同志们的安全，宁可牺牲自己。他即使看不到今天，他也毫不后悔，毫无惋惜，毫无怨言，毫无畏惧！同志！这是何等的气概。监狱里的同志正在越狱，有几个同志却在这个生死关头用自己的身体堵住大门，让自己死去，掩护同志。同志！你能这样吗？

听了、看了陈毅副总理对中外记者的谈话，我内心感到无比的激动。我就要投入到第三个五年计划的建设高潮中去。世界上的形势正在剧烈地发展，我做好了准备，为了共产主义事业，要我立即死去，我也不迟疑。死，又有什么呢？一个人活着就应该为全人类的解放事业而奋战，活一天，就必须无保留地工作一天，就是死去，只要是为了这个事业，也不过如此，也达到了我的目的。为了这个事业，死与活没有什么，可是为了个人，一旦他想到死，他就感到无比可怕，因为一切的一切就会在他脑中消失。你愿做前者，还是后者呢？一个人活着可不能光看到自己的饭碗，更主要的是，应该看到地球上还有三分之二的人民碗里还没有饭，身上还没有衣，同志，你这种不劳而活的生活是什么阶级的人所追求的？你深深地、静静地想过没有？当你鱼肉吃得饱饱时，可台湾的穷人的孩子已饿得骨瘦如柴，当你正看着电影时，可非洲的黑人们却卖着苦力……同志！你忘了他们，抛弃了他们。你再这样下去，就连做一个毛泽东时代的青年的资格也没有了，就会倒向反革命的一边去！！！！

你快醒醒吧！你是一个共青团员，是有了选择权的中国青年，可千万不能为了个人的安逸钻在小家庭里，出来见见祖国的大地吧！一路上，我们看到了黄河、丛山峻岭、黄土高原、河西走廊、天山盆地、雪岭黄沙、戈壁森林，祖国河山如此壮丽辽阔，你再不要只看到自己的鼻子尖吧！

我感到非常惭愧,自从离开南京,一路上,国家对我们的照顾是无微不至的,无论是衣、食、住、行,样样周到,才来一个月,中央代表团第三分团来慰问过,公社来慰问过,江苏代表团也即将来看望我们。我们为公社劳动一点,他们就请我们吃桃子、苹果、葡萄,吃得大家都胀得不想吃为止。我们都决心今后一定好好劳动、学习,不辜负毛主席、祖国和人民对我们的照顾和希望。不知你在家里感觉如何?习惯吗?心安理得吗?

　　你准备今后如何办呢?难道就一辈子在你父母身边吗?假如你考取了哈尔滨大学,那又怎么办呢?那时你大概就会毫不犹豫地离开家去了吧!我为你感到惭愧,我为你感到耻辱,你是我班刚发展的团员,偏偏又是你走上了那条绝路,这样下去,你不为你的前途感到可怕吗?在学校时,你大骂那些夸夸其谈的同学,可你却和他是一路货色,你难道就没有想到吗?

　　由于我想讲的话太多了,恨不得一下子就能把你的根本观点扭转过来,因而字很潦草。我本不想给你写信,但又想到说不定我这信对你今后的改变能起一点点作用,我们每一个人都急切地盼望能在革命化的道路上见到你与我们共同前进,不愿意见到别的情况。

　　来吧!同志!我们期待你,我们欢迎你!越早越好,越快越好!

　　你若不同意我的观点可来信反驳,甚至大骂,我不希望肉包子打狗——有去无回!

　　接受我这一席诚恳的话吧,不要再往泥坑里滑了!

　　我希望你回信。

　　致以

　　革命的敬礼!

同志刘ＸＸ

65.10.10.下午

　　从抽阅的120多份试卷中,发现有33个学生在试卷上提出了59

条意见。

以上都说明教改以后学生的精神面貌正在发生变化，除去重复的内容，除去前面的刘ＸＸ、周ＸＸ的意见，这里共整理了18个学生的意见。这20个学生中革命干部、革命军人家庭出身的5人，工农家庭出身的3人，剥削阶级家庭出身的5人，其他7人。有团员10人（其中三好学生7人）。考取高等学校的12人，去新疆的7人，还留在家中的1人。

意见可分4个方面：

1. 对高考试题的意见：

方ＸＸ：（数学）这样的题目太繁，根本没有必要拿到考场上来，平时给同学练习练习还可。

薛ＸＸ：（数学）应该把数学和实际应用多结合，要为生产劳动服务。

王ＸＸ：（物理第5题）此题出得不好，一个太简单，一个是干电池一般为1.5V（共四节电池），而这伏特计只能量3V，所以接上要烧坏。

这次考卷出得不好，太死了，以后应多出些联系实际的。（如一、二、三题）活的题目才是。我们的培养目标是要使学生成为有文化的劳动者，可是像这样的题目（如六、七题）在实际中有什么用处。

颜ＸＸ：（物理）

（1）题目有一些实用意义了，但不活，如最后一题纯粹是抄书，第五题是书上的实验题，第四题书上也有详细说明。

（2）自己动手设计，可以发挥的题目太少。比如说要测定某数据，是否可不给任何限制，你自己按需要，找出器材、用的公式，从而测量呢？

（3）简直是培养别人背书的能力。

胡ＸＸ：（物理）这次考题中，出现了许多有实验价值的题目，比如第1、2、3、5题，都和生产实践联系起来，第五题美中不足的是没有考虑到锅炉的散热和锅炉的效率,这样和生产实际联系就紧密了。……第二题我们能否利用那个10千瓦的水泵来完成排灌任务,比如说送到比较低的地方或每秒钟少送一些水。

王ＸＸ:(物理)第三题的单位错了,应是0.5千卡/公斤度(试题错印为0.5千卡/公斤)。

刘ＸＸ:(化学)第一题的①④小题,第二题的①、②小题,第三题的①小题,第五题的第③小题,我认为这几个题比较死,只要能背书的人都能回答,题目出得不灵活,希望这种题目少出一些。

王ＸＸ:(化学)题目太死,尽是书本上的条条,而灵活的题目很少,与实际联系太少,与农业联系太少。

胡ＸＸ:(政治)前面三题比较死,不符合毛主席提出的主动活泼的学习风气,只会把考生培养成会背书的书呆子。今天就有人在不断地背什么叫"繁琐哲学",我看这就是"繁琐哲学",还有人在背什么叫做"和平演变",我看这样考下去,中国的下一代,的确要"和平演变"了。

刘ＸＸ:(政治)我认为第一题(指唯心主义的认识根源和阶级根源)出得不好,是一个死记硬背的题目,只要能背书就可回答,这不符合毛主席提出的应该使青年学生理解和运用所学知识,我们反对死记硬背,死读书,读死书的现象。……我希望高教部能予注意,研究并加以改革。

黄ＸＸ:(英语)前面问答题太死,只要照文章抄一下即可。

陈ＸＸ:(英语)The translation is very well. But the answer question part is not good. It is not linked with our thought to write something. So when I answer it I thought to myself why I did not take good interest to do it.

翻译部分很好,但是问答题部分不好,不能联系思想去写,所以当我回答问题时,我想到为什么我没有兴趣去做它。

卢ＸＸ:在高考试卷上强调了超分题,而且每题还注明分数,这是培养学生的分数观点,学习是为了革命而不是为了分数,高考本身就是不符合教改精神。这次试题(指物理)比以前大改了,这是进步的一面,但分数这个不利于革命的东西还存在。多少学生学习就是为"分数而奋斗",不求实质。这样不利于革命,不利于培养接班人,望能改正。

王ⅩⅩ:我认为考试也应该多联系革命,多联想贫下中农,多想想是谁培养了我,像出这种题目有什么意思。(指超分题)

2. 对考试方法的意见

胡ⅩⅩ:(化学)是否能有些考试题,让我们做实验,一方面考知识,一方面考操作技术,否则这样下去,考生为了考上大学,(由于学习目的不明确)就只注意书本知识,而忽视了实际知识,这样只能考出书呆子。

奚ⅩⅩ:(英语)Every student must not take his mouth shut if he want to learn foreign language well. So you had better take an oral examination for us.

要学好外国语不能叫学生闭着嘴,所以最好给我们口试。

3. 对评分的意见

胡ⅩⅩ:(化学)在考试中,我有二个地方用了两种不同方法做,我认为这符合毛主席提出的生动活泼的学习风气的,如有错误,可以以错的那个方法打分,因为我们参加高考并不是一心为了考上大学,而是如实的向党汇报。

吴ⅩⅩ:(英文第Ⅲ题A、B两部分),我现在A、B部分都做了,为了更好地贯彻教改精神,希望你们按分数最低的算。

汪ⅩⅩ:(英文)You may choose any of them on which I get the lower marks.

你可选报我得分最低的题给分。

孙ⅩⅩ:I didn't write composition because I don't want the added mark. I know it's had, it is not according (to) the spirit of teaching reform. I hope this phenomena will change. Long live the teaching reform.

我不写作文，因为我不要附加分，我知道作文有附加分，这不符合教改精神，我希望这一现象，将改变，教学改革万岁！

田Ｘ：The paper of high exam, must not write marks,…we study for revolution, not study for going on higher school only. So I wish don't write any marks of each problem on the next paper of exam and shouldn't write if you write well you may get good marks even more.

高考试卷不必写分数……我们为革命而学习不仅是为了考上高一级学校，所以我希望下次试卷不要写每个题目的分数，也不要写假如你写得好你可以得到更多的分数。

4. 对高考制度的意见

奚ＸＸ：我们参加高考的目的，不是为多得一些分数，而是要做到以优秀的成绩向党汇报，但一次考试往往达不到这一效果。高考本身就存在着缺点，我觉得高考应本着教改精神出发，考活思想，理论联系实际。所以我不同意出什么加分题。我们必须把每一题都答好，但不应该用答得好就多给几分来刺激考生。英语考试中第Ⅳ题Ａ的方式就不好。这样做效果如何呢？现在大家都在学毛选用毛主席思想武装自己的头脑，要大家谈谈体会是很多的，学在于用而不是死背教条，用框框把学生束缚住。

高考应该来个大改革，使学生得到"解放"，引导学生向生动活泼，积极主动的方向发展。

王ＸＸ：我认为高考一方面反映一些学习情况，挑选人材，另一方面又束缚青年、摧残青年，都变成死背条条的老夫子。

宋ＸＸ：高考有好的一面，就是可以挑选合格人材，培养无产阶级知识分子，但也有不好的一面，就是可以成为某些人向上爬的阶梯，成为他命运的转折点，使有些人死记硬背，一心为高考，什么革命，什么贫下中农都丢到脑后了。这是修正主义的祸根。我认为高考的方法必须改，必须有利于培养革命青年后代。

第 5 章
高三X班同学的日记摘抄

一、 周ＸＸ同学的日记摘抄

1965 年 10 月 19 日

什么叫做有"大志"

我们小组有不少同学很爱好科学，他们都希望自己将来能成名成家，成为科学家、发明家，他们都蛮有"大志"的。

我呢？我从没想过自己成为科学家，我没有他们那样的"志向"，但我不为此而惋惜。

我认为一个人有大志就是有革命的志气，革命的理想。我有把自己贡献给革命的志气，有实现共产主义的理想，我应该有这样的大志。

当一个革命的新农民，就是大志。当一个无产阶级科学家也是有大志。但没有为共产主义而奋斗的大志，这些也就不为大志。

大志必须从小事做起，小事没有大志，大志也便不成大志了。

1965 年 10 月 24 日

主席曾经说过："坏事可以变为好事，好事也同样可以变为坏事。"在家庭出身这个问题上，我也逐步认识到这一点了。

我出身于革命家庭，是喝着共产党的牛奶在红旗下长大的，因此对自己的政治思想非常自信。总认为自己在处理一切问题上，都是为党、为革命想得多，而不会有多严重的个人主义。不知不觉地脑子中已形成了"自然红"思想，在处理问题上，躺在"干部子弟"身上了。

这次来到农村，我逐步认识到"自然红"思想对培养自己为坚强革命后代的严重危害性，它意味着把出身无产阶级家庭这件好事变成了阻碍自我革命，自我改造，从而停滞、落后、变质的坏事。

走什么样的道路并不在于一个人的出身，革命后代不仅是血肉上的联系，更重要的是思想和精神的继承。彭湃烈士出身地主家庭，却成为我们的革命先锋，而出身于传统矿工的赫鲁晓夫却成了当代共产主义运动中的修正主义大头子。

这是一个人的基本观点、立场，决定了他走那一条道路。

1965 年 10 月 26 日

在讨论中廖X就说：刘主席这段话（注：讨论学习目的性的教育和刘主席对他侄子的讲话）对考上大学的不适用，特别是考上工程物理系这一类，搞科学尖端的更不适用了。他认为这段话对高中毕业生适用，而作为大学生只是一个分配问题。我们又问他，农学院的毕业生怎么办，他说农学院的坏学生下农村，好学生不会到农村的。所以他对社论中，一切毕业生都要愿意当农民这句话想不通。

我觉得贡献是有阶级性的。廖X总是把个人的贡献和党和人民的作用，培养分隔开来。就像小说中的某些科学家只要自己勤奋就可以实现这个愿望，好像个人成为科学家就在于这人的聪明之类，而实际上，在我们的国家中若没有党的领导，人民的培养，个人是不能成为科学家的，成为科学家的条件是党和人民给的。我现在才了解廖X曾说过："生不逢时"这句话。

1965 年 11 月 18 日

我真奇怪，为什么要把"个人"和"人民"分割起来，"人民"本来就是由无数个"个人"组成的。人民的事业正是由无数个个人的具体工作组成的。我认为，个人理解是应该有的，但个人理想不应该与共产主义的理想有矛盾，因为共产主义理想的实现，必须通过每个人对自己的工作有所成就，有所贡献，而个人的理想是以共产主义理想为根本的。

个人的理想和人类的共产主义理想是矛盾的统一，没有个人便没有人民，没有人民，个人也便不能存在。没有个人的理想，共产主义理想也不能实现，然而没有共产主义理想，个人的理想也便不成为真正的理想，这只是一种个人的私欲。

但是必须记住：共产主义理想是永远不能动摇的，而个人的理想正和个人的兴趣一样，是可以改变的。

对于现在的我来说，如果我考上大学，我愿意把自己的一生献给外语事业——世界革命的熔炉中；如果我没考上大学，我愿意像王杰一样做一个革命的良种，在农村贫瘠的土地上生根（扎得深深的根）发芽，开花，结果（结出丰硕的果实）。

我这一生总是不能虚度。

1965 年 11 月 25 日

中午和廖 X 谈到了个人理想问题，他仍然丢不掉"遗憾"，并说要永远保持"遗憾"的感情，因为他觉得这种感情并没有错。我认为，丢掉自己的理想和兴趣爱好产生了"遗憾"的感情是自然的，但是对于一个真正的人来说，如果他明白是为共产主义事业而放弃个人的理想和兴趣，他会丢掉"遗憾"的感情。廖 X 不同意，他说："这是因为有的人没有自己牢固、深厚的理想，对自己的兴趣感情不深，才会没有'遗憾'的感情。"

1965 年 11 月 29 日

干部子弟到底和别人有什么不同呢？

我是个干部子弟，我也接触到不少干部子弟，有基层的、有中级的，也有高级的。我也听说过毛主席、刘主席、陈毅等中央领导同志子女的故事。然而，干部子弟到底和别人应该有些什么不同呢？

我们的父母，无数的革命前辈，他们今天的待遇和广大的劳动人民确实有些差别，这是因为革命的需要，需要他们更好地担当起领导世界革命和中国革命的先锋作用，而别无其它的目的。虽然他们住的洋房，但他们忘不掉过去的露天帐篷，因为他们的骨头是穷人的，他们的血管浸透了穷人的血。

我们作为他们的后代，有的人，依靠父母的条件而高枕无忧，依靠环境的优越而娇嫩自己，有的人，幻想着自己将来能和父母的今天一样，有的人，为此而变得至高无上，高于别人。当然，这种人在干部子弟中还是极为少数，然而即使是少数，我认为也相当可观的。

干革命，不是世袭性的，今天，你固然可以依靠你的父母而生活，但是，自己的生活道路总是要自己走出来的。因为社会是在发展中的，我们的革命长辈终究是要死去的，你不可能在父母身边过一辈子。

在过去的社会中，儿子可以接老子的位，儿子可以继老子的产，但在今天的社会中，当你成年时，历史不会允许你依赖别人而过活，它要逼使你走上独立生活的道路，想一辈子依靠父母的地位和条件来生活，这是形而上学，这是不符合社会发展的规律，这种人会被历史所淘汰的。

"道路是由自己闯出来的"这对每一个人都适用。干部子弟，决不会因为你是干部子弟而别人在你面前为你铺好了路。

干部子弟和广大的青年有一个根本的共同点，那就是必须自觉革命。干部子弟也有较别人不同的一点，那就是更坚决地继承自己父母的理想——为共产主义彻底实现而奋斗，做一个革命的骨干分子。

二、　廖X同学的日记摘抄

在日记的第一页上写："走自己的路，让人家去说吧！"

1965年5月30日

最近一段时间，我感到自己处在一种相当糟的情况中，就是在提高思想方面不知从何做起，就是"彷徨"。我不得不用那个倒霉的、讨厌的词"苦闷"来描写我的思想状况了。我不知道怎样学好毛选。……明天找老师或支书谈一下去，这比写思想汇报节省时间，成效也会好一些。

1965年5月31日

代数课上，引入了复数概念，引进了虚无的 i，很有意思。数学这门学科很有意思，它的许多概念和定理与人类对世界的认识联系在一起的。数学中出现了 i，可见自然中存在着一种虚无飘渺的东西（可能就是人的生命之谜），或者就是数学有问题，没有客观的反映世界的性质，还需要做较大的改动。

中午没有睡午觉，在看那本不知名的小说。小说的内容是描写二次世界大战期间苏联、法国和德国一些人的生活，较全面地反映了战争在法国和苏联的进行。可以明显地感到，书中有些观点是不对头的，犯了和"林家铺子"一样的错误。但书中的一些对生活、斗争的理解的一些话我很喜欢。我感到我不仅读故事，而且学到了一些莫名其妙的但是很好的东西，我很欣赏里面一些充满哲学的句子，这些东西对我来说是新的但又是旧的，过去我好像也知道它。看了这本书后，我又产生一种要读小说的愿望，特别想读托尔斯泰的和契柯夫的，我想在暑假看"战争与和平"。现在，我还可以克制自己，我必须学好功课。我不能脱离现实而去研究那些过去的遥远的世界。我现在对小说的爱好就是对中间一些聪明的近似於警句之类的东西的爱好。

1965年6月10日

早晨在家里有一点小不愉快。在这里我被设想成最……个人主义者，随着历史的发展也许我还会成为一个反动人物呢?要是能住校该多好!我可以生活得自由一些，不必充当这里这个个人主义者的角色。即使没有收音机，我也情愿。（以上一段被涂掉）。

1965年6月11日

对於我的未来，我是既向往，又害怕，有两种生活在等着我。如果考上理想的大学，我就一定会干一番事业，我会成为一个又红又专的科学家的。如果到农村去，我就要忘掉过去的一切，一切爱好的幻想，罗蒙诺索夫和火星，English和加速度，现在的廖X就会死掉。我将像一个普通农民一样干活，赶集，一天一天，年复一年，最后在那里立一个坟堆。

1965年6月26日

人活着，必须为着一个目标而斗争。我决心把自己献给人类最永久的事业，即科学事业。我前面的障碍重重，障碍，也许我将会被压死。但是，放弃斗争就是自杀，这更糟。我不认为我的目标是纯粹为个人的，我的最终目标是使人类摆脱死亡的威胁，永远的摆脱。

1965年7月4日

我觉得，我已经有世界观了。对周围的一切事物我都有自己的看法，对科学、时事、学习、生活等。我知道我的看法是不够清楚的，但似乎是定了型的。过些时候它们会变得有条理起来的。我脑子里有许多怪想法——按一般的眼光来看，这些想法是我看过的那些小说给我的。有哪些小说的内容我都忘了，但作者的思想都留在我的心里了。读书是一种最好的学习，也是一种很好的休息。

1965年7月24日

"青青的岁月"我很喜欢，因为我和谢X的理想差不多，环境也相似。他虽然经历了各种痛苦，但毕竟还是实现了理想，而我呢，却十分难说。谢X还有一个关心他的老师，这也十分重要。我的老师对我都是冷淡的，我知道这是什么原因。没关系，我相信我的能力。夏天，我接触了许多生物学。"我们的夏天""青青的岁月"和中国青年报上的文章都和生物学有关。我对生物学产生了兴趣。如果我能够进行对生物学的研究，首先就是要去揭开生命之谜，为使人们得到永生而工作，而不是为了研究农业发展，这只是人类眼前的利益。我就像"我们的夏天"里所描写的一些人一样，"没有上大学时就已经想好了毕业论文的题目"。可是，谁知道我能不能去开始写这篇论文呢？我可否有可能去研究这个课题呢？

1965年8月4日

最近我经常想到将来，也并不感到这是不应该的。我感到委曲，为什么，我不可以有自己的理想呢？谁在自己的少年时代不想去做一番丰功伟绩呢？苏联卫国战争以前，许多青年也都有自己的理想，想当诗人、科学家，但这并没有妨碍他们在战时英勇地拿起武器和敌人斗争，以至为祖国献出生命。为什么我不可以呢？我说了，我想做一个科学家，他们就告诉我，我是一个资产阶级个人主义者，有个人名利思想，而且还相当严重，我也只好相信我是一个坏蛋，在小组会上做检讨。……难道我不想红吗？不，我只是愿意红得更彻底一些，而不是自欺欺人的红。有这样一些人，他看毛选，写心得，然后就觉得自己"红了"，然后通知别人，"我红了"。于是世界上就多了一个"共青团员"。看表面现象，为一样革命的词藻而激动(?)这是很容易的。赫鲁晓夫在战前以至斯大林死后，不是也说过一些好听的而且正确的话吗？你能说他那时只是费尽心机挤那些话的吗？不一定。也许他那时确信自己是一个坚定革命者，也为无产阶级的革命事业而骄傲吧。可是当他"冷静"下来时，就发现自己并不是一个革命者，而且也不愿做一个革命者，结果，就死心塌地的做了一个修正主义者。

可是怎样彻底的红而不只是表面红呢？我还不很明确，但是我会明确的，因为我自己有这个要求。

1965年8月20日

从"海鸥"和"青年近卫军"中，我看了战争时期的苏联人的形象，看到了斯大林时代的苏联青年。看了这些书以后，我坚定了一信念：苏联决不会变成一个资本主义国家的，伟大的苏联人民决不会让这种事情会发生的。他们毕竟是在列宁和斯大林教导下成长起来的。和小说的人物对比，我也对自己作了一番反省，觉得我自己的生活目的还是不太明确。我过去的想法是首先为科学，然后再是共产主义，并且认为为科学工作就是为共产主义而奋斗，其实并不完全是这样。

我很想成为一个无产阶级革命者，我幻想有一天我能够自豪地说："我是光荣的无产阶级的一员"（我对许云峰最后说的话感受很深）要做到这一点不是相当困难的。

1965年9月13日

下午听沙校长的报告，谈了一些很严肃的问题。他说毕业后看一个人是不是革命的就看他是不是愿意当社员。

暑假以来，我对我的将来有了新的想法，我很希望到大学去，而实际上这种可能性很小；最大的可能是到新疆去，所以我应该锻炼好身体，学点音乐。

开学几个星期来，日子很平静，但是我想得却很多，想到过去未来和生活。契柯夫说过："我的童年没有童年。"有一天我也许会说："我的青春没有青春"。

1965年10月24日

十多年来，我看了很多的书，它们给了我以无可估量的影响。它们给了我很多好处，也给我灌输了一些不正确的东西，总的来说，好处是比较多的。因为这些书教我去思考。形形色色的书籍，加上我的经历给我的影响，我已经有了自己的世界观。我对一切事物都有我自己的看法。可是我还没有能力把我的世界观整理出来。我开始感到现在是澄清我的世界观的时候了，我就要离开学校进入生活中去了。好好想想吧！

也许书籍给了我一些不好的东西，但是我仍然非常热爱书。读书使我了解了我生活圈子以外的事情,也使我了解了我生活这个时期以前千万年的事情,这样就使我看到未来。

我想,人应该知道他想知道的一切。马克思说过"人所具有的我都具有。""人类的一些在我都不生疏。"我一定要做到这点。我真想为书写一首诗。

1965年11月17日

"……我毕业后可以到农村当社员去,也可以努力干好工作,但我会因为不能做我爱好的工作而感到遗憾。……"

三、 阮ⅩⅩ同学的日记摘抄

1965年9月23日

我究竟能不能毅然下去,甘当农民(甚至有些思想水平还很落后)的服务员、勤务员?我不是希望并相信能考上大学吗?为五亿农民服务的道理我是很明白的,但是所以困难,就是在于跟脑中的怕艰苦的资产阶级思想斗争并不是一件容易的事,所以,首先,做一个农民不简单就在于这一点。现在我清清楚楚地看见家庭对我的影响了,它虽然不给我反动的影响,但这种家庭的生活是生活水平较高的城市生活,我们从来不用在生活上的欠缺忧愁,并且,因为物质太充裕了,给人们造成了一种私人占有的观念,再加上资产阶级贪图舒适的思想的熏染,这种旧势力便成为一种较严重的阻力了。我为什么想上大学?是为了想获得人类所创造的精神财富以后想再为人类创造一些精神财富。那么,我为什么要想获得这些而不是别的?因为我能够承受脑力劳动的艰苦,却不能承受其它劳动的艰苦。换句话说,我只限于做知识分子,而不能做劳动者,再说清楚些,就是用知识做名利的资本。这在日常中,不知觉地体现得最多,比方说,我支持哥哥去新疆,说到新疆是有前途的,我却不赞成哥哥当服务员或小学教师,说没有大意思,我讲的是什么"前途"呢?那是个人前途,到新疆去,将来新疆大发展，哥哥虽然艰苦几年，但以后就有好日子过了，而做小学教师呢？整天跟小孩子打交道，干一辈子也出不了头。新疆是要大发展，但必须不能忘记一旦是，好日子是为了大家，而不是为了自己。像投机分子一样到革命队伍里去，该有多么可耻呀！又比方说，我考不上大学，愿意下农村去，指望的是什么呢？一是考不上的确没办法，二是将来也许能当个干部，一句话，还是想出头，还是不想干一辈子。我真正为自己是多些，而真正想为五亿农民服务，消灭三大差别着实占着不多的地位。

1965年10月4日

我的心目中，有一个崇高的理想（当航空员），这个理想可以说是树立很久并十分顽固的。但是要实现它呢？那只得靠命运的安排，全凭一些偶然的机会，结果呢？绕着这个理想既不能接近它，但是又不能离开它。在我们这个社会里，要想完全按照自己的理想去办事，是不可能的，正像社论里说的那样：走什么道路的问题，这看来是有自由的，但是又没有自由。的确，我必须走无产阶级革命的道路，在这个问题上是无可非议的，必须向真理投降。可怎样投降呢？首先，要把这个所谓崇高的理想推翻，重立一个新的崇高的理想，这对我也许还难，新建是很困难的，同时我也知道，不克服这个困难，不跳过这一障碍，那我就不可能成为一个无产阶级的服务者。

1965年10月15日

听了诉苦大会，每当他们讲到过去的种种苦楚时，我感动得哭了。

现在我在想，自己是一时的激动吗？我没受过苦，体会不到贫下中农的感情，这是肯定的，但我相信它只是暂时的。

广大贫下中农欢迎我们加入他们的队伍，但自己究竟能不能加入，而得靠自己去"挤"，"挤"字有两个意思，一是要挤掉剥削阶级的思想和意识，挤掉资产阶级个人名利和私欲；二是要用劲挤，不是轻而易举的事。

晚上全班与庙庄的新农民座谈，脑子里想得很多，可大部分是愿意下来的，我感到农民、广大贫下中农是真正可爱的，如果献身这一项伟大的革命事业，不就是一种幸福吗？但这思想肯定是不稳定的，因为这一天给我的教育意义是很多也很大的，也许会产生一些冲动。其实，我也正需要这样多冲动几次才行。

1965年10月19日

我对整个人生是怎样看待的？我应当把自己毕生的精力贡献给谁，个人的东西常常出来捣蛋，希望自己出名啦，得奖啦，过得舒适啦等等。正确的东西也常常出来拉我，希望我把自己融于整体，艰苦奋斗，为无产阶级创业，我现在知道什么是对，什么是错，也知道什么是大，什么是小，可由于我在感情上对错的东西还有着缕缕联系，除非长期地培养起另一种感情，才能把它们真正甩开。

我在想，我们的革命是一种自我牺牲吗？

第6章
一堂数学讨论课

12月23日我们听了高二X一堂三角课,这堂课是在同学自学第三章(两角和、两角差、倍角、半角的三角函数)的基础上进行的。同学用了12节课学完了这一章,大家都能看懂书,会做书上的题目。这堂课由同学提出问题,大家讨论,共同解决。同学提出两个问题都有一定价值。

一、公式 $\sin(\alpha+\beta)=\sin\alpha\cos\beta+\cos\alpha\sin\beta$ 的证明,除了书上的办法,还有其他办法吗?

黄XX的证法如下:

设 $\angle BAC=\alpha$,$\angle ACB=\beta$,$\angle FBC=\theta$,

∴ $\theta=\alpha+\beta$ $(0<\alpha+\beta<\pi)$,

$\sin\theta=\dfrac{CE}{BC}$ ($\because CE\cdot AB=BD\cdot AC$,∴ $CE=\dfrac{BD\cdot AC}{AB}$)

$=\dfrac{BD\cdot AC}{AB\cdot BC}=\dfrac{BD(AD+CD)}{AB\cdot BC}=\dfrac{BD}{AB}\cdot\dfrac{CD}{BC}+\dfrac{BD}{BC}\cdot\dfrac{AD}{AB}$

$=\sin\alpha\cos\beta+\sin\beta\cos\alpha$

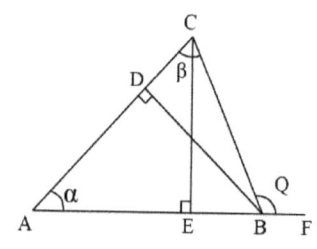

王ＸＸ的证法如下：

设∠ABD=α，∠DBC=β，AC⊥BD，（α，β均为锐角）

$\therefore \frac{1}{2} AB \cdot BC \sin(α+β) = \frac{1}{2} BD(AD+DC)$

$\therefore \sin(α+β) = \dfrac{BD(AD+DC)}{AB \cdot BC} = \dfrac{BD}{AB} \cdot \dfrac{CD}{BC} + \dfrac{AD}{AB} \cdot \dfrac{BD}{BC}$

$\qquad\qquad\quad = \cos α \sin β + \sin α \cos β$

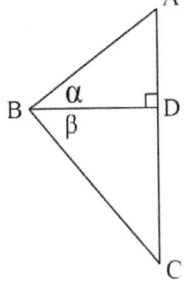

又有人提出α，β两个是钝角或一个是钝角一个是锐角，也可以用王ＸＸ的方法证明。

如果 $90° < α < 180°$，$90° < β < 180°$

A 点与 D 点重合，AB 与 DE 重合后，在 BA 的延长线上任找一点 P，过 P 作 PM⊥AP 交 AC 于 M，交 AF 于 N，

$S_{\triangle AMN} = \frac{1}{2} AM \cdot AN \sin(360° - α - β)$

$\qquad\quad = \dfrac{-1}{2} AM \cdot AN \sin(α+β).$

$S_{\triangle AMP} + S_{\triangle ANP} = \frac{1}{2} AP(AM \sin α + AN \sin β),$

$\therefore \sin(α+β) = -\sin α \cdot \dfrac{AP}{AN} - \sin β \cdot \dfrac{AP}{AM}$

$\qquad\qquad\quad = -\sin α \cos(180° - β) - \sin β \cos(180° - α)$

$\qquad\qquad\quad = \sin α \cos β + \sin β \cos α$

这两种方法不仅都正确，并且条件比书所给的条件

（$0 < α < \frac{π}{2}$，$0 < β < \frac{π}{2}$，且 $0 < α+β < \frac{π}{2}$）还要宽一些。尤其是王ＸＸ的方法更加新颖，应用到三角形面积公式，不仅简单更能活学活用所学过的知识。

课后还有同学向老师提出，公式

$\sin(\alpha+\beta)=\sin\alpha\cos\beta+\cos\alpha\sin\beta$ 的证明，还有别的方法，利用圆内接四边形进行证明，因为这种方法是从别的书上看到的，不是自己想出来的，所以主课上没有提。这说明同学们看书多，想得多，学得活，风格高。

二、同学提出：书上讲"$\sin(\alpha+\beta)$一般地不等于$\sin\alpha+\sin\beta$"，究竟在什么条件下$\sin\alpha+\sin\beta=\sin(\alpha+\beta)$？在什么条件下$\sin\alpha+\sin\beta>\sin(\alpha+\beta)$？在什么条件下$\sin\alpha+\sin\beta<\sin(\alpha+\beta)$？

（1）有个女同学的解法如下：

很明显 CE+EF>CD, BH>EF,

∴BH+CE>CD,

也就是 $\sin\alpha+\sin\beta>\sin(\alpha+\beta)$
（α，β，α+β 均为正锐角）

这个方法是正确的，但不完全。

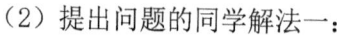

（2）提出问题的同学解法一：

$\sin\alpha+\sin\beta-\sin(\alpha+\beta)=\sin\alpha(1-\cos\beta)+\sin\beta(1-\cos\alpha)$

∵$1-\cos\beta\geq 0$, $1-\cos\alpha\geq 0$,

在α，β不都为零的情况下，

α，β在一、二象限，$\sin\alpha+\sin\beta>\sin(\alpha+\beta)$,

α，β在三、四象限，$\sin\alpha+\sin\beta<\sin(\alpha+\beta)$。

这个方法较好，但还是不完全的。

（3）提出人的解法二：

$\sin\alpha+\sin\beta-\sin(\alpha+\beta)=2\sin\dfrac{\alpha+\beta}{2}\cos\dfrac{\alpha-\beta}{2}-2\sin\dfrac{\alpha+\beta}{2}\cos\dfrac{\alpha+\beta}{2}$

$=2\sin\dfrac{\alpha+\beta}{2}(\cos\dfrac{\alpha-\beta}{2}-\cos\dfrac{\alpha+\beta}{2})$

$=4\sin\dfrac{\alpha+\beta}{2}\sin\dfrac{\alpha}{2}\sin\dfrac{\beta}{2}$

讨论：

① $0<\alpha<\pi$，$0<\beta<\pi$，$\sin\alpha+\sin\beta>\sin(\alpha+\beta)$

② $\pi<\alpha<2\pi$，$\pi<\beta<2\pi$，$\sin\alpha+\sin\beta<\sin(\alpha+\beta)$

这个方法也很好，但讨论还不完全。

总之，从这堂讨论课来看，教材全章下放给同学阅读后，同学的自学能力提高了，学得更活了。这种方法肯定是好的。

几点建议：

1. 这堂讨论课，教师并不了解学生可能提出哪些问题，心中无数。如果教师事前在同学中进行了解，收集整理，有计划地进行讨论，那么会讨论得更好。

2. 同年级可以交流。听说高二X讨论得比X班还好，而其他两班没有组织过这样的讨论。如果把各班同学有创见的问题收集起来，在教师的启发下，分班上讨论课，会更加丰富和生动。

3. 在讨论课后把讨论的内容、结论整理出来，张贴在教室内，巩固和发展讨论课的成果，使同学对问题理解得更深刻，并激发他们学习的积极性。

4. 可把第二个问题进一步讨论下去，使问题讨论得更全面。我个人的解法如下，仅供参考：

设 $0\leq\alpha<2\pi$，$0\leq\beta<2\pi$，

$$\sin\alpha+\sin\beta-\sin(\alpha+\beta)=4\sin\frac{\alpha+\beta}{2}\sin\frac{\alpha}{2}\sin\frac{\beta}{2}$$

讨论：

一. 如 $\sin\frac{\alpha}{2}=0$，即 $\alpha=0$，

或 $\sin\frac{\beta}{2}=0$，即 $\beta=0$；或 $\sin\frac{\alpha+\beta}{2}=0$，即 $\alpha+\beta=0$

由于 $0\leq\alpha<2\pi$，$0\leq\beta<2\pi$，我们得到

$\alpha=0$ 或 $\beta=0$ 时，$\sin(\alpha+\beta)=\sin\alpha+\sin\beta$

二. $\because \sin\frac{\alpha}{2}>0$, $\sin\frac{\beta}{2}>0$,（α≠0，β，0）

如果 $\sin\frac{\alpha+\beta}{2}<0$，即 $\pi<\frac{\alpha+\beta}{2}<2\pi$，

也就是 $2\pi<\alpha+\beta<4\pi$ 时，$\sin\alpha+\sin\beta<\sin(\alpha+\beta)$

如果 $\sin\frac{\alpha+\beta}{2}>0$，即 $0<\frac{\alpha+\beta}{2}<\pi$，

也就是 $0<\alpha+\beta<2\pi$ 时，$\sin\alpha+\sin\beta>\sin(\alpha+\beta)$

综上所述，我们得到结论：

一．α=0 或 β=0 时，$\sin(\alpha+\beta)=\sin\alpha+\sin\beta$；

二．$2\pi<\alpha+\beta<4\pi$ 时，$\sin(\alpha+\beta)>\sin\alpha+\sin\beta$；

三．$0<\alpha+\beta<2\pi$ 时，$\sin(\alpha+\beta)<\sin\alpha+\sin\beta$。

【注】以上是就 $0\leq\alpha<2\pi$ 和 $0\leq\beta<2\pi$ 的情况下讨论的，如果扩大 α 和 β 的范围也可如上讨论，但结论比较复杂一些。

沈ＸＸ　整理
1965.12.24

第7章
怎样理解教师的主导作用

南师附中 高一 聂ＸＸ 谢Ｘ

"教改后,同学们都感到自学能力强了。"我们谈到这一体会时,中文系的同学就感到有问题。他们问:"这样学生不是不需要老师了吗?""老师又有什么主导作用呢?"随着,又提出了一些具体问题:"中心意思,段落大意不教,学生考试咋办?""就算不考试吧,那么,学生能理解其中意思吗?"等等。听了这些问题我们觉得这里面有个怎样对待主导作用问题。

学生自学能力强了,是否就不需要老师了呢?从亲身体会中,我们感到:不是,我们需要教师。我们需要老师按照党的教育方针,把我们引导到为人民服务,做革命接班人的道路上去。老师的主导作用,首先就表现在这一点上。例如:党教育我们要做无产阶级接班人,就必须和工农相结合,到农村中去培养贫下中农的阶级感情,但,到底如何培养呢?我们就 是带着这个问题到农场来的。开始,我们认为培养贫下中农阶级感情只有听家史,否则就没有收获、就不能培养贫下中农阶级感情,因此我们就专门要贫下中农为我们讲家史。但实践告诉我们,这样行不通。贫下中农反而和我们疏远了。这时,老师就用为人民服务的观点给我们指出:什么是真正的最大的收获?能认识到为贫下中农挑一担水是为人民服务,就是最大收获。从这以后,我们就按主席说的,和贫下中农一块儿劳动,不惜从一切小事做起,贫下中农感到我们真心实意为他们服务。因此也愿意和我们接近了。我们也感到和贫下中农心靠得更紧了。我们觉得这样的老师才是真正的好老师。要做好这样的老师就必须加强自我改造,自己首先学好为人民服务,才能把学生引导到正确的道路上去。毛主席说过:"知识分子如果不把自己头脑中的不恰当的东西去掉,就不能担负起教育别人的任务。"老师要培养别人成为无产阶级接班人,自己首先当好接班人。

要培养我们成为无产阶级革命接班人,不仅要使我们政治思想上经得住三大革命斗争的风雨的考验,而且要使我们业务上能适应三大革命运动的需要。因此,在业务上老师的主导作用也很重要,毛主席教导我们:"唯物辩证法认为外因是变化的条件,内因是变化的根据,外因通过内因而起作用。"我们觉得老师的主导作用和我们的主动性,也是外因和内因的关系,老师的主导作用要通过我们的主动性而起作用。过去,老师的"满堂灌"的"主导作用",不符合主席思想,我们主观能动性发挥不出来。因此,我们都成为书本的奴隶。而现在启发式的主导作用,使我们发挥了主观能动作用,我们成了书本的主人。拿学古文来说,过去是老师讲、我们听,老师认为是精华,我们不会说是糟粕,这样一来,我们就没有一点分析能力。而现在,老师启发我们自学,启发我们用毛主席的思想去分析。就拿文天祥这课来说,我们运用工具书,课文基本上自己能解释了,老师只要帮我们解决一些还不理解的字句就行了,文天祥在历史上基本上是被肯定的,但老师指导我们用主席思想分析这个人,使我们认识到,文天祥虽然是个民族英雄,但他是有局限性的。后来当报纸上出现"海瑞罢官"的讨论时,我们就能用阶级观点,从他的阶级本质来分析海瑞这个人了。这能说老师不起主导作用吗?

写到这里,我们想到一件事,有一天晚上,我们到生产队去,正好碰到师院的同学在为社员讲"为人民服务",整篇文章都是他个人讲,可讲到最后,社员还不懂。比如在解释"死得其所"时,他说:"就是死得恰到好处。"社员们不懂,他又想了半天说:"就是死到点子上去了。"社员们更不懂了。最后,社员们都不愿再听他的解释了。这位同学讲完后,社员问了他一个问题,"张思德是什么地方的人?"他说:"我没有查过,不知道。"老师讲了半天课,"学生"不能理解老师的话,而"学生"提出的问题,老师不能解答。这到底是什么回事呢?难道这就算发挥了老师的主导作用吗?主席教导我们说:"共产党员如果真想做宣传,就要看对象,就要想一想自己的文章、演说、谈话、写字是给什么人看,给什么人听,否则就等于下决心不要人看，不要人听。"要发挥主导作用就要先看对象，调查研究，还要像主席说的那样："首先要当好学生。"所以我们觉得在教贫下中农之前，首先要了解贫下中农需要什么，要虚心像贫下中农学习为革命种田的精神，然后再来教贫下中农"为人民服务。"就会受到贫下中农的欢迎。

我们说要发挥老师的主导作用，并不是说老师处处都要比学生强，主席一直都是提倡教学相长的，提倡"官教兵、兵教官，兵教兵"。教改后，老师听了主席的话，放下架子，教和学也就能很好地互相促进了。比如，我们有个同学写了一篇作文，老师认为很好，评价很高，然而实际上这位同学夸大了事实，有些吹嘘。我们给老师提了出来，老师接受了我们的意见。但这不能说老师就没有发挥主导作用，老师这样做就能够更好地调动学生的积极性，也就是老师很好地发挥了主导作用。

师院同学为什么一再生怕学生不需要老师了，生怕学生的知识比自己多了，生怕学生不崇拜自己了呢？归根到底是因为立足点在"我"字上，没有考虑到革命的需要，革命的利益。毛主席教导我们："我们应当相信群众，我们应当相信党，这是两条根本的原理。如果怀疑这两条原理，那就什么事情也做不成了。"现在党给我们指出了教改这条道路，为的是防修反修，把我们培养成为无产阶级革命接班人，难道我们还能对教改采取怀疑的态度吗？说老实话，当我们听到大哥哥大姐姐的言论后，我们非常气愤！假若带着这些思想去教育学生，岂不是革命大旗举不到底了吗？！我们是学生，希望老师相信我们，我们要做革命接班人。

我们非常需要老师，但是我们不需要教改前的那种"满堂灌"的老师，我们需要的是能培养我们为人民服务的老师，是能使我们脱离老师后有独立分析问题和解决问题的能力的革命的老师。

第8章
为什么顾虑重重

南师附中高一　宋ＸＸ

　　无意中听到师院中文系两位同学的谈话，觉得他们有一种情绪：过去，成天关在教室里，钻在文学史、古文堆里，心里觉得很"实在"，觉得"一天干了不少事"。现在，刚搞了几天教改少翻几天文学史、古文，去学习毛选，进行大辩论、大闹革命，去教民校，去搞实践，反而觉得"空虚"了，"一天干不了多少事""把文学史、古文丢光了"，因而顾虑重重。

　　这种心情我们也有过，有些体会。

　　当时，我们是初三，正是复习功课迎接升学考试，看到别的学校发讲义，发复习提纲，我们学校啥也没有。大家一边复习功课，一边在讨论、争论问题，搞实践、搞理论联系实际，一边觉得心中无底、怕得很，怕自己没背课本、没背讲义，没背复习提纲，可能考不过人家，考不上高中，这时我们也是顾虑重重。

　　后来，我们逐渐认识到不搞讲义、提纲那一套是为了真正掌握知识，去展开讨论，进行争论，搞理论联系实际，这是完全正确的。这样学到的是活知识，是实际知识，是能用的，是能为贫下中农服务的，我们做的是对的，走的道路是对的，但为什么要怕呢？要有顾虑呢？主席说："知识分子在其未和群众的革命斗争打成一片，在其未下决心为群众利益服务并与群众相结合的时候，往往带有主观主义和个人主义倾向，他们的思想往往是空虚的，他们的行动往往是动摇的"主要问题就在于我们有个人主义，总是离不开"我"字，学习就是为了自己，考学校、进高中、上大学，做个"高人一等"的"知识分子"而不是为工农、为人民、为革命。

南师这两位同学的问题是不是也在这里呢？学毛选、教民校、学习马克思主义，又去实践，走和工农相结合的道路，还觉得空虚，还觉得没干多少事，那么，什么才叫"实在"，才叫"干了事"呢？这里是不是有个问题：是把政治摆在第一位呢，还是把自己的文学史摆在第一位？是主席著作，毛泽东思想占的位置大呢？还是自己的古文占的位置大？学习毛泽东思想，去和工农结合，是本行呢，还是负担？！另外，我们是要走革命的道路呢，走和工农相结合的道路，还是资产阶级知识分子的道路呢？既然要走革命的大道，那为什么还怕自己最心爱、最拿手的文学史丢了呢？难道就不怕围着"我"字团团转，就不怕资产阶级思想在自己身上泛滥吗？

这是一场严峻的意识形态上的阶级斗争，我们应当牢牢记住主席的教导："阶级斗争是主科"。我们一定要在这场斗争中经受考验，在阶级斗争的风浪中锻炼自己成为可靠的革命接班人。

第9章
我们要大喝一声

南师附中高一　袁X

南师学生正轰轰烈烈地搞教改，展开了讨论。我们这次到分院来，也零零碎碎地听到一些。为了共同把教改搞好，我们也想参加这场讨论，谈一点自己的看法。

一到这里，我们就听到师院同学在议论，有的认为在教改中，我们是"牺牲品"，有的认为"我们不是牺牲品，而是试验品，不管怎样，我们毕业出来一定是成品，不能当教师，至少能当工人，就是不能当工人起码也能当农民。

听了这些话，我们认为这是"唯有读书高"的思想的流露，是轻视体力劳动，轻视工人，特别是轻视农民思想的流露。这是剥削阶级思想的严重的反映，我们听了都十分气愤。新农民听了这样的话也一定气得不得了。

千百年来，一切剥削阶级从来都是轻视体力劳动的，读书人是高等人，工人农民是下贱人，他们认为是"劳心者治人，劳力者治于人""唯有读书高""学而优则仕"。脑力劳动和体力劳动从阶级产生起就分离了，脑力劳动者从来就是统治体力劳动者的。现在，社会制度变了，劳动人民作了主人，但，这种习惯势力依旧顽固地存在。同时国际上还存在帝国主义和修正主义，他们无时不以各式各样的糖衣炮弹侵蚀我们的思想。正如毛主席指出的："帝国主义者和国内反动派决不甘心于他们的失败，他们还要作最后的挣扎。在全国平定以后，他们也还会以各种方式从事破坏和捣乱，他们将每日每时企图在中国复辟，这是必然的，毫无疑义的，我们务必不要松懈自己的警惕。"如果不警惕资产阶级思想的侵蚀，轻视体力劳动，我们将会沿着什么道路滑下去呢?所以有这种思想除了社会根源以外,也由于我们自己长期脱离体力劳动,脱离实践,长期重视理论,轻视实践的结果。我们大多数人都生长在城市,即使不在城市,也已在学校读了十几年书,长期不接触劳动人民,缺乏劳动人民的阶级感情,不懂得为贫下中农服务,更不知道贫下中农需要什么东西,自以为最有知识,自以为比任何工人农民都高明,其实正如主席说的:"……许多所谓知识分子,其实是比较的最无知识的,工农分子的知识有时倒比他们多一点。"那些人,如果不回过头来,最后终究会和工农越离越远,完全和主席的教导相违背。主席说:"看一个青年是不是革命的,拿什么做标准呢?拿什么去辨别他呢?只有一个标准,这就是看他愿意不愿意,并且实行不实行和工农群众结合在一块。"有许多革命的青年遵循主席的教导,到农村成了革命的"闯将",方X就是其中一个。她抛弃了城市舒适生活,挣脱了家庭束缚,到农村安家落户。有洋房不住,宁愿住茅屋,有柏油马路不走,宁愿走泥泞的小路。像方X这样的革命青年,走出了书本的圈子,在广阔的农村锻炼成长,她就将成为最有知识的人。我们认为走出课堂,到实践中去,到贫下中农那里去,才是唯一的革命的道路。

把当农民看作一条后路也是错误的,我们党早就说过,上山下乡当社员是关系到反修防修的问题,是移风易俗的革命行动,是历史必然要走的道路。愿不愿上山下乡当社员的问题就是愿不愿意为绝大多数人服务的问题,是一个世界观的问题。不仅中学生要能当社员,而且大学生也要能当社员,这是我们的方向。如果每个人都把当农民当作一条后路,那么修正主义肯定在我们身上发生。

归根到底,轻视体力劳动,只想从事脑力劳动,不愿当工人、当农民,唯有读书高的思想是阶级斗争在学校的具体表现,是两条道路斗争的具体表现。为谁学习,走哪条道路,是摆在我们面前最严重的问题。在这样尖锐的阶级斗争中,能不能站稳无产阶级立场,能不能获得最后胜利,这就是我们能不能听毛主席的教导,走和工农相结合的道路,和工农变为一体。如果我们按照主席的话去做,我们一定能够成为革命接班人,保证党和国家永远革命,永不变质。

第 10 章
小将们的声音

"初一小同学能不能学习毛主席著作?""他们在想些什么?""教学改革在他们身上有那些反映?"我带着这样一些问题,翻阅了初一乙班部分同学的日记,获得了一个深刻的印象。感到"小将们在向我们挑战"的那句意义深长的话,在这些日记中,闪发着灿烂的光芒。

方ＸＸ整理

一、 毛主席的话就是我精神上的食粮

4月6日

雷锋叔叔说:"人不吃饭不行,打仗没有武器不行,开汽车没有方向盘不行,干革命"不学习毛主席著作不行!"廖初江叔叔说:"毛泽东思想是我做人的依据,生命的灵魂,力量的源泉,行动的指针,战斗的武器,革命的根本!"

雷锋叔叔和廖初江叔叔把毛主席著作看得这么重要,现在,我也确实深深地体会到毛主席的著作就是我精神上的粮食。

初一上,学校组织大家去看了廖初江、丰福生、黄祖示学习毛主席著作的展览会。当我看到他们如饥如渴地读毛主席著作,运用毛主席著作解决了一系列的困难时,从心眼里感到惊讶,同时也很感动。我想:毛主席的著作竟有这么大的作用,对于一个人来说竟是这么重要,我也应该去学一学,帮助我进步。

第10章 小将们的声音

回到学校，我开始学《为人民服务》，但是由于我没有掌握学习方法，仍然与自己联不起来，我有些沮丧，忽然，我想起他们的学习方法来。我把他们的学习方法和自己一比，恍然大悟，自己没有掌握正确的学习方法，当然看不懂，我学习了他们的方法在老师的指引下把《为人民服务》又学了一遍，果然有所收获，只觉得毛主席的话像明灯一样照亮了我的心。毛主席说："我们这个队伍完全是为着解放人民的，是彻底地为人民的利益工作的……我们都是来自五湖四海，为了一个共同的革命目标，走到一起来了。……"过去，我对人为什么要活着这个问题一点也不清楚，稀里糊涂地过日子，学习目的也不明确，做一天和尚撞一天钟。现在毛主席的话像灯塔一样给我指出了前进的方向，我想：人活着是为了干革命，为了让别人过得更美好，我要做革命队伍中的一员战士，做一个有利于人民的人！"从此，我觉得头脑像充实了不少，学习劲头大了，兴趣也高了。同时，我也深深体会到毛主席著作的重要性，更加起劲地学起来。

当我学习《反对自由主义》的时候，只觉得越学越着急，越学越担心。把自己和自由主义一对照，几乎条条都犯了。怎么办？改正！我在《为人民服务》中找到了答案。毛主席说："只要我们为人民利益坚持好的，为人民利益改正错的，我们这个队伍就一定会兴旺起来。"我想：我既然犯了，就必须改正，这样才有利于人民。在未学毛选以前，我总觉得自己蛮不错，可是一读毛选，和毛选上的要求一对照，感到十分惭愧，自己差远了。读了毛主席著作给我增长了上进心，我想：班上五十四位同学，如果我把他们的优点归纳起来不就全面了吗？于是我就和ＸＸＸ同学订了一张表，在主动发展方面向ＸＸ学习，在艰苦朴素方面向ＸＸＸ学……我照表上写的向同学找差距，果真有所进步。我很高兴，越读越热爱毛主席著作。

学了一个时期，我的思想认识提高了，但行动上还未跟上，我想："光学不行，还要学以致用啊！"往后，我每做一件事就努力地联想到毛选，就考虑一下这对人民是否有利，如果有利，我就做。如果没有利，我就不做，同时还要制止别人做。有一天，刮风下雪，我遇见一个盲人在泥泞的路上走，我想起了《为人民服务》中的话：我们这个队伍完全是为着解放人民的，是彻底地为人民利益而工作的……

我立刻和同学一起把他送回家。

毛主席在《在两类不同性质的矛盾》中教导我们对人民内部的矛盾要采取团结——批评——团结这个方法。我过去没有按照这个方法去做，有一次上课时，有两个同学讲话，我不管三七二十一就狠狠地批评了他们。他们不但不听，反而和我吵起来了。后来我提醒自己要从团结的愿望出发，耐心地讲道理，他们终于听了，不再讲话了。

有一次，滑梯上掉了一块木板，我就把它钉上去。有一个钉子怎么也钉不进去，我简直有点泄气了。但我想到《愚公移山》这篇文章，就对自己说：愚公能移掉两座大山，难道我连一根钉子也钉不下去吗？不，一定能。我一点一点地钉，终于钉下去了。

学了《关心群众生活，注意工作方法》后，我立刻拿了个小本子，把同学们的困难记下来，帮助他们解决。朱××有一双脏袜子没有空洗，我记下来以后，就找了一个中午帮她洗了。

看了电影《雷锋》以后，我十分感动，立刻买了三本团章、四本毛选单行本送给同学。同时也找了个盒子，把拾到的钉子、铁丝等装进去，准备给大家用。毛主席著作使我在行动中也有了进步，我更加热爱毛主席著作了。

我学毛选的方法主要是带着问题学，急用先学，可以是多篇一用，也可以是一篇多用。比如说，我有一回和×××同学吵了架，事后我还不知道谁是谁非。我立刻学了《共产党员在民族战争中的模范作用》，毛主席说："……那种只有自己好别人都不行的想法是完全不对的……"我不正是这样吗？我认识了错误立刻和她和好了。过去，我怕别人给我提意见，很爱面子。我学《为人民服务》以后，就改变了过去的态度，主动征求别人意见，同时还备个本子记录下来，看看是否改正了，如果别人提错了，就抱着"有则改之，无则加勉"的态度来和别人解释清楚。

有一次，选三好生没有选到我，我有些悲观失望了，我就学习《放下包袱，开动机器》这篇文章，思想就开朗了。过去，我和群众搞不好关系，我就学习《关心群众生活，注意工作方法》，这样我的群众关系也比以前好了。

第 10 章 小将们的声音

我先后学习了《为人民服务》《反对自由主义》《关心群众生活，注意工作方法》《纪念白求恩》《共产党员在民族战争中的模范作用》《青年运动的方向》《放下包袱，开动机器》《两类不同性质的矛盾》《人的正确思想是从哪里来的？》一共九篇文章。这九篇毛选帮助我解决了很多工作问题和思想问题。我越读越有劲，越来越热爱毛主席。我深深地体会到，干革命没有毛泽东思想引路，到哪里也行不通，到哪里也会碰壁、栽跟头。我们必须用毛泽东思想来武装自己，才不会迷失方向。

（吴ＸＸ）

二、 活学活用毛选，改变了对待同学的态度

5月16日

我以前认为李Ｘ是民办小学毕业的，又爱吹（以前是这样，现在好多了）；认为自己是公立小学毕业出来的，成绩比她好。就这样，由于自己高高在上，不愿理她，所以，她与我的关系很不好。

在学习主席的《为人民服务》这篇文章时，主席说："我们都是来自五湖四海，为了一个共同的革命目标，走到一起来了。……一切革命队伍的人都要互相关心，互相爱护，互相帮助。"我想，我和李Ｘ都是从学校毕业出来，来到这儿学习，都是为了将来更好地建设社会主义。既然我们目标相同，但有为什么要闹分歧呢？我们现在连"团结"这两个字都做不到，又怎能做到"互相关心，互相爱护，互相帮助"呢？

带着这个问题我学习了《关心群众生活，注意工作方法》，主席说："如果我们单单动员人民进行战争，一点别的工作也不做，能不能达到战胜敌人的目的呢？当然不能，我们要胜利，一定要做很多的工作。……那么，就得和群众在一起，就得去发动群众的积极性，就得关心群众的痛痒，就得真心实意地为群众谋利益……解决群众的一切问题。"我自己是否照主席说的那样去做了呢？没有，恰恰相反。自己有时也想和她好，但是只单纯地想和她好，对于她学习上的困

难，思想中的问题都从未关心过，帮助过。主席说如果这样，我们就不可能胜利。果然是这样，当时我看李X还不与我好，就干脆算了。

在找到了这个根源后，我又学习了《关于正确处理人民内部矛盾的问题》。主席说："我们找到了一个公式：团结——批评——团结。或者说，惩前毖后，治病救人。"现在，我明确了要和她团结，就应该按照主席所说的那样去做。晚上，我和她谈了很久，我把自己的前后想法都告诉了她，又请她谈了以前对我的看法，后来还和她谈现在她思想上的疙瘩——与小X关系不好的这个问题，问了她学习上存在的困难。

现在，我和她的关系转变了，这都是学习了毛选后得到的结果。我今后还要继续努力，坚持不懈地学毛选。

(朱XX)

三、 关心群众生活，注意工作方法

4月4日

今天我又看了毛选《关心群众生活，注意工作方法》，使我明白了怎样才能团结群众，1.关心群众的一切实际生活问题，帮助群众搞好生活。2.在做工作时要采取实际的具体的工作方法，采取耐心说服的工作方法。

回想以前我做工作很不耐烦，看见别人不对的地方，不管三七二十一的批评一顿，不去关心他，不进行调查研究。帮助了一次不行，我就不耐烦了，对人就生硬了，脑子里想，随你去。读毛主席这篇文章，看看自己的工作真太不行了。我今后一定要努力把主席的工作方法用到实践中去。

今天我和龚嘉宜谈了思想，她说她现在最大的困难是做好小队工作。我觉得这篇毛选我们两人都应当认真学习，我准备送她一本。

(陈X)

四、 张浩同学在进步

4月23日

我感觉到我们小队每一个人都在不断进步,张Ｘ就是其中的一个。

过去我认为张Ｘ野蛮、粗暴、随便,把他看得一钱不值,一点优点也没有。现在通过学习毛主席关于不断总结经验的指示,深深感到一个人是不断前进的,永远不会停止在一个水平上。张Ｘ是有优点的,他最大的优点就是泼辣、大胆,敢说敢做。他最近也改掉了大吵大闹,野蛮粗暴的行为。别人有不对的,他也大胆的批评。看来,张Ｘ的进步是不小的,我一定要更好的做好工作,帮助张Ｘ和全小队并肩前进。

(张ＸＸ)

五、 代数难题不过是纸老虎

5月16日

以前,我很讨厌也很怕代数这门功课,认为这太麻烦,一道难题想半天也想不出,有悲观的论点,认为自己不是学代数的料子,一定学不好。

学了《为人民服务》以后,我觉得,为人民服务就得有本领,先有语文外语还不行,还要有代数,因为代数是为人民服务不可少的,不学好就是对人民对革命不负责任,而且想到,代数难题是个纸老虎,你怕它,它就凶,你不怕它,它就害怕你。也想到学习的能力不是天生的,要靠自己锻炼从实际中培养提高的,因此,我现在学代数就认真起来,不但不怕,而且越做越喜欢,成绩有了进步。当然,我还存在着许多缺点,还须继续改正。

(周ＸＸ)

六、 大家帮助我督促我学好英语

3月22日

最近我检查了以前英语学不好的原因，主要是以前在小学没有养成自觉读书的习惯，老师叫读课文我一般都是不读的，除非是要叫背了，我才读几遍。到了中学可就不同了，老师叫我们背英语、读英语，都不是像小学那样一个一个地检查，所以我在家也就不读英语，不拼单词，有时偶尔想要读，但是又一想以后读还不是一样的。所以就一天拖一天，后来要考试了，心里很着急，这儿抓一把，那儿抓一把，结果是"丢了西瓜，也丢了芝麻"。期中考试后，我还不接受教训，所以期终考试也没考好。

我现在想起来，非常后悔和痛恨自己。为什么不听老师的话？为什么当时不从失败中吸取经验？

我英语不好，全班同学都知道，大家都尽力帮助我学好英语，这时我真正感到全班同学对我的温暖。我们小队的朱ＸＸ每天只要一教了英语单词，她就帮助我读，一直到我会读了为止。任ＸＸ也经常问我学习上有什么困难，时ＸＸ还送给我一本毛选《愚公移山》，并叫我为革命学好英语。姜ＸＸ也说要帮我搞一张国际音标的表，帮助我读和记单词。大家对我这样关心，我如果再不用心学习英语，怎能对得起她们对我的希望呢？

对，我一定要学好英语！为革命而学好英语！

（钟ＸＸ）

七、 装矿石机

5月2日

今天我在家装矿石收音机。由于我们这里江苏台的电波比较强，往往在矿石收音机中不容易收到电波较弱的南京台。我带着这个问题，运用滤波器，自己创造了一个线路，使强电波通过滤波器而消失，因而能收听到南京台了。我的试验顺利成功。

我想，我原来只是盲目的遵照书本上的线路图来装的，所以总收不到南京台，而我现在根据自己具体的情况创造性的装矿石收音机，这是种科学的态度，我要发扬。

（王ⅩⅩ）

八、　正确处理劳动和学习的关系

5月6日

劳动是为了革命，学习也是为了革命，只要是为了革命，我们就一定要把它做好学好，而且现在的劳动是要掌握一定的文化知识的，我们要建设的是现代化的工厂和现代化的农村，这不仅要有好的思想和从事体力劳动的能力，还需要高度的文化科学知识，不然，到我们接班的时候，手中拿着现代化的东西，就会感到无能为力，就会感到惭愧，那时后悔就迟了。那不是我们自己的事，而是共产主义是否能实现的问题。

当然，学习是个艰苦的事情，不下苦功夫，是不会很好掌握文化知识的，这就要看我们的思想是否过得硬。思想好的人，越是艰苦越是要闯，其实这就是对思想的考验。

我现在学习还是不够刻苦，有了困难，常常就为难了。我首先要明确学习是为了革命，然后端正学习态度，把文化知识学到手。

（王ⅩⅩ）

九、　替贫下中农补衣服想起的

4月28日　（在江宁县陆郎公社劳动）

油灯里的火焰一闪一闪地跳动着，我、任ⅩⅩ、李ⅩⅩ、钟ⅩⅩ等在灯下一针一线地补着衣服，衣服已经很破了，破得连原样也认不出来了。看着这几件破衣服,我的脑海在翻腾着,想起了许多……

我们这次到农村来,都是拣自己最不好的衣服穿的,可是到了这儿和农民比一比,还是算很不错了的。虽然我在城市里也穿有补丁的衣服,但还没有穿过一件像这样的衣服,一件衣服是十七个补丁,一件是二十二个补丁。虽然我也补过许多衣服,可是又有哪一件和这几件能相比的呢?……农民一年到头在地里辛勤地劳动,养活我们,吃的穿的还不如我们。可是我们又为贫下中农做了些什么事情呢?要彻底改变这种面貌,要努力缩小这种差别,只有实现共产主义,而实现共产主义要靠我们,要许许多多的知识青年把青春献给祖国,献给农村。我感到身上的担子重得很。我要好好锻炼,准备将来在农村干一辈子。

(朱××)

十、 修厕所

4月21日

今天吃过中饭,不一会就到学校来了,经过厕所,听见里面叮叮当当直响,我伸头一看,原来是我们班的任××、吴××,还有谈××,几个人在修厕所,因大小便蹲的地方,木板下面的砖头没有了,既危险而又不卫生。他们几个人一心一意地用拣来的砖头在垫,一点不嫌脏。我想,这是我们大家的厕所,我也应该和他们一块去修。可是看他们忙得很,我一时插手不上。后来,她们垫一个空隙,没有大小合适的砖头,我就和××一起到金川河旁边去拣来了几块砖,就这样,我们一起修起来。大砖头垫好后,还有一些小空隙,我们就用碎砖块往里塞,在上课前终于垫好了。我虽然来迟了,修的不多,但我心里还是满愉快的。因为这样,可使大家用起来方便,又保证了卫生。

(李××)

十一、过了一个有意义的星期日

4月18日

早晨,我、ＸＸ、ＸＸ、ＸＸ、王ＸＸ和白ＸＸ六人排好队向下关走去。我们想边服务边采访有关阶级斗争的事。

走进下关车站,我们找到了一个"228"号同志,他的态度非常好,对人很和蔼。当我们把来意告诉他后,他高兴地说:"好!"就分配我们擦检票台那一排窗子。然后领我们去拿抹布、梯子。

劳动开始了。我先想这活儿还不便当。哪知道站久了,腿也酸了,脚也麻了。但我想越到这时越要坚持,果然过了一些时间,也不觉得怎样了。在擦窗子的过程中,我们六个人的劳动热情都很高。

擦过窗后,我们把东西归还原处,对那个"228"号同志说:"叔叔,马上从芜湖有一列火车开来,我们做义务列车员好不好?"他答应了我们的要求。来到站台旁,火车还没来,正好看见有几个工人在那里挖铁轨上的石子,我们就下去夺过工人叔叔手中的"武器",开始挖起来。石土粘结得很紧,我费了九牛二虎之力才挖起了一铲,真是平时锻炼得太少了。挖了好一会儿,工人叔叔说:"你们这种精神是好的,不过现在让我们来干吧!"于是他们拿过工具,正好这时火车要来了,我们就爬到上面,不一会,汽笛一声长鸣,火车到站了。我们两人包一个车门,我和任ＸＸ在第三个车门。这时一个老大娘拎着沉重的包裹下了车,我急忙跑上去,正准备帮她拎,这时一个解放军叔叔走过来,对我说:"我和大娘同路,我送吧。"我们帮助旅客下了车,又上车帮助列车员叔叔打扫车廊。任ＸＸ扫地,我、白ＸＸ、王ＸＸ拖地板。在车厢里,我们看到芜湖八中的同学从芜湖坐车到南京来,在车上当义务列车员,然后再随车回芜湖。

中午回家在进挹江门时,我们又帮人推货车,一直推到三牌楼。

今天是我过得最有意义的最快乐的一个星期天。因为雷锋叔叔说过:"为人民服务是我最大的幸福。"

(朱ＸＸ)

……（从车站劳动回来）

我又学习了《为人民服务》，我觉得为人民服务的事只有你认真找、认真做，不然为人民服务的事就是到了你眼前，你也是长着眼睛看不到。当然，我们不能为做好事而做好事。我们应该把做好事看成为人民服务，这也是我们生活中不可缺少的，不然，人活着有啥意义呢？人活着就是为了为人民服务。我们要想全心全意地为人民服务，就要学习毛主席著作，学习一辈子《为人民服务》做一辈子为人民服务的好事。

（王ＸＸ）

十二、 一定要做个小雷锋

4月17日

最近我将"雷锋日记"看了一遍，准备选出几篇着重学习。在这粗看的一遍中，我也得到不少教育，使我懂得雷锋所以能成为伟大的共产主义战士，主要是他能够活学活用毛主席著作，有爱憎分明、坚定不移的立场；能够永不忘本，牢记血泪仇，深知昔日苦，更知今日甜；正因为这样，所以他能听党的话，做人民的勤务员，立志为革命而贡献终生，把有限的生命投入无限的为人民服务中去。

雷锋在日记里常常忆苦思甜，当他得到成绩受到奖励表扬时，能够把功劳归于党、人民、同志，就能戒骄戒躁，再接再厉，成为一个真正的人民子弟兵、有益于人民的人。

我要天天想雷锋，对照自己，一定要做个小雷锋。

（任ＸＸ）

十三、 要做可靠的接班人

5月11日

第 10 章 小将们的声音

　　看到柯庆施同志逝世的消息，我感到很难过，为我们国家少了一名坚强的革命老战士而痛惜。不久报纸上又登出了刘亚楼空军上将逝世的消息，晚上我想了很久，多少革命先辈，有的在敌人屠刀下献出生命，有的被艰苦环境折磨，拖坏了身体而又忘我的工作，献出了生命。他们的去世对革命事业有多大损失啊！我有个幼稚的想法，如果好人不会死就好了，但这不符合自然规律，将来老一辈总要死的，那么革命事业靠谁呢？就靠我们。我们不仅要感到难过、惋惜，更重要的是要感到担子重。我们能不能挑得动呢？要加强锻炼，从现在开始就要为接班作准备，烈士夏明翰说过：

"砍头不要紧，只要主义真，

杀了夏明翰，还有后来人。"

后来人就是我们，我们一定要做可靠的革命接班人！

（时ＸＸ）

十四、 自勉

4 月 21 日

父母为革命，流血又流汗，

解放受苦人，拼死上战场，

烈士为我们，愿把牢坐穿。

江山已打下，怎样保卫它？

革命接班人，肩负千斤担。

自己怎么办？主席思想来武装，

做一个，老一辈放心得下的接班人！

摘录：革命到底，光荣到底！

　　　永不骄傲，永不褪色！

（朱ＸＸ）

十五、 要自觉保护视力

5月13日

今天中午,我午睡时,睡着看书,张ＸＸ提醒我不要看,可是我没听她的,继续看。下午,我觉得浑身不好受,眼睛也有点痛了。这时,我才觉得后悔了。不该不听别人的劝告,最后自己受了损失,严重点讲也就是国家受了损失。我从小就不爱护自己的眼睛,将来也就不能更好地为人民服务。开学初,学校对我们视力抓得紧,我对视力也抓得紧,自觉的做眼保健操,做作业的姿势也端正了,视力随着也有好转。现在学校抓得不太紧了,我也放松下来了,这都说明我做事离开老师就不行。这样从小就有依赖性,将来就不能独立生活和工作。我要从小培养独立工作和生活的能力,也要加强视力保护,要有一双优良的眼睛和一颗赤诚的心,将来更好地建设社会主义,更好地为人民服务。

(刘ＸＸ)

第11章
我对教改的体会

教改好！我拥护它、赞颂它。这场教育革命不仅在革资产阶级教育思想的命，同时也救了我，救了不少像我一样的青年学生。教改前后的我，回忆起来判若两人：一个是萎靡不振，身体瘦弱，思想糊涂的人，另一个是生气勃勃，混身是劲，要求进步的青年。我深深体会到毛泽东思想的伟大与正确，深深体会到教改是培养无产阶级接班人的一项重要措施。必须教改，只有完全彻底地革除资产阶级的教育思想，才能够培养更多的德智体全面发展的有社会主义觉悟的有文化的劳动者，无产阶级革命事业的接班人。

教改前我的思想很懒。在小学、初中时，年龄比较小，考虑的事情不多，个人主义也不多。随着年龄的增长，人越大，思想越坏。升入高一后，功课加重，作业加多，成绩明显下降，考试老不及格，这时个人主义一古脑儿涌出来了，整天哭哭涕涕，老是想啊想，后悔啊后悔。想什么呢？后悔什么呢？我想自己成绩这么差，能考取大学吗？原来我想上北京医大学医，现在理想成了泡影。后悔当初考技校就好了，真不该考附中。坏思想一多，人就变得萎靡不振，毫无生气。活动不想参加，工作尽量推辞，报纸不看了，政治书籍没翻头了，党的教育也是一个耳朵进一个耳朵出，不好好思考，不好好接受。好话听不进，坏话也不批判，整天只想着将来考大学的事，整天钻在课本，作业堆里啃。你看！那时我变成什么样的人了。这种人能成为革命接班人吗？能保住红旗不倒，世代相传吗？

毛主席说话了，来拯救我们了。教改来了。课时减少，作业负担减轻，把我从作业堆里解放出来。有了自由支配的时间，便可以看报纸，看政治书籍，看毛选，与同学交谈思想，联系实践，接触广大贫下中农，得到艰苦环境的考验。思想渐渐开了窍，党和毛主席的话、指示，有空好好想想，好好消化，好好接受了。这时对做革命接班人的问题也想得多了。尤其是在盱眙劳动时，在艰苦的劳动、生活、学习环境中，与贫下中农、新农民在一起，听到柯伯伯、刘伯伯相继逝世的消息，我打心里体会到做一个革命接班人的重要性，明白了革命重任已放在我们这一代人的面前，要我们来承担。同时也发现自己思想上的许多坏东西。我决心要改，进步的愿望迫切了。这时我开始认真联系自己的思想学习毛主席著作。从中我懂得了不少道理。我又跟同学交流思想，同学提出我的阶级感情不够。我想了想，觉得这方面自己确实差得很。怎么办呢？一定要找出我的根源，才好根本解决。于是整整一个星期，每天晚上我都抽一堂课的时间学习毛主席的有关著作。看看，对照自己想想，终于找出了根源——家庭影响。

对于家庭影响，过去我从不承认。心想：地主、资本家的家庭才会对子女有坏影响，我爸爸妈妈都是老师，又不是剥削阶级，他们对我能起什么坏影响？

现在经过反复思考，我开始明白了，爸爸妈妈是旧社会来的人，说的做的有些是不符合革命和党的利益的，这对于从小生长在这个家庭的我不可能不潜移默化地受到影响。我回想起，我这个家庭并不像老革命干部、工农家庭那样充满着对毛主席、共产党的热爱。爸爸妈妈关心的是我们的学习，很少教导我们要热爱毛主席，听毛主席的话，跟毛主席走。他们不能深刻体会到党对知识分子的恩情。他们的阶级出身、他们的经济地位决定了他们的阶级感情。我从小与父母生活在一起，能说对我没有影响吗？记得有一次，我在学校看了好多忆苦思甜的书，也想了解一下家庭的苦与甜，以便提高自己的阶级觉悟。我回家问爸妈，解放前有没有受过苦和压迫，今昔相比有什么变化？他们的回答是：过去和现在差不多，只是生活安定了。一次家里午饭吃鸡，弟弟说："爸爸，你讲讲过去受的苦，好吗？"爸爸说："我没苦。"弟弟比喻着说："比如吃鸡，过去是不是能吃到了。"爸爸回答："吃鸡，过去我也经常吃，而且比现在吃得还多。

知识分子其实忆不出苦来。像我，解放前后都差不多，解放前薪水也相当高。现在也没好到哪里去。最苦还是解放初期，那时孩子多，薪水少，院系调整后加了工资才好些。现在不过比过去钞票值钱些，生活安定些。……"对这番话，当时我没听出什么毛病，即使听出什么也没时间去想，因为那时是整个人都在书堆里呀！现在再回想起这些话就觉得不对，难道党和毛主席对知识分子的恩情不大吗？我看了主席的《中国社会各阶级的分析》中对小资产阶级的分析，知道了以爸爸当时的经济地位来看应当属于小资产阶级的右翼。但是，当时他毫无政治地位，钞票虽多，也是愈来愈不值钱，生活是有所下降的。尤其是生活不安定，每天到处奔波，找职业，多挣钱。我记得爸爸曾经讲过他为了挣钱，到处代课，甚至"代"到无锡去了。一星期内从南京到无锡两头跑着教书。我想在旧社会，他们的前途将越来越无望，生活也将会越来越坏，幸亏毛主席、共产党解放了中国，使他们摆脱了这种状况。

现在他拿的钱，数量上看来少于解放前，但那时的钞票只能当草纸用。现在呢？我家七个姐妹都上学，五个大学毕业了（均是解放后上大学的），两个上中学。政治上也有了一定的地位，爸爸被选为人民代表，一些团体、学会的负责人。这难道不是党和毛主席的恩情吗？但是爸爸过去的经济地位和他的阶级出身，使他不能强烈地体会到这点，对毛主席和共产党的感情自然淡薄得很。这能不影响我吗？过去我还真以为劳动人民解放后确实翻了身，而知识分子前后差别不大。爸爸妈妈还讲过这类话：教书匠在哪个社会都是最穷。过去蒋介石时军人有钱，挺神气。现在干部也挺舒服，待遇高，照顾多。教书呢？在哪个社会都不过如此。

这种政治偏见，对我有很大影响。因此，党提出阶级路线时，我就有抵触情绪：①觉得自己出身不好，不是依靠对象，前途无望了。②觉得不合理，我与工农、革命干部子女不是同样生在红旗下，长在红旗下，受党教育的吗？党为什么光依靠他们，两样对待呢？家庭出身又不是人为的，他们生在那种家庭就那么快活，我生在这种家庭，就这么倒楣！我想，这一代好算家庭成份，后几代怎么算？我们长大了走上工作岗位，许多人还不都是知识分子？能说他们的子女成份不好吗？这些想法都是因为我对党和毛主席没有深厚的感情，受了家庭的影响。我怎么这样糊涂？怎么不想想，党的阶级路线是对人民、对革命、对共产主义事业有利的。不依靠工农、革命干部子弟难道依靠我这样毫无阶级感情，从资产阶级立场出发，处处为自己打算的人，能保住红旗不倒，能保证不出修正主义吗？家庭影响不可否认，一个人的阶级出身使他染上不同阶级的烙印。党的路线不贯彻阶级路线怎么能行？我太自私了。

对毛主席、共产党的阶级感情差，对老一辈革命者我的阶级感情也差！我不从党的利益出发深深地爱我们革命的长辈，而是从资产阶级的利益出发，爱那些对我好的人。爸妈对我好，关心我，我爱他们的感情厚于其他人。记得我听到林彪同志生病时，反映并不是很激动，只是轻描淡写地叹息几句。但是在盱眙时，听说爸爸病了，要开刀，我就急得变了脸色，甚至不顾自己的革命任务，想回家。比比爸爸和林彪同志，他们是不同阶级的人，我却对他们有不同阶级的感情，就可见我具有什么样的感情。我分析爸爸，他出身于地主家庭，是靠剥削人民的血汗长大，读到大学，出国留洋，回国后又替资产阶级服务。

在学生时代，爸爸就不问政治，妈妈以前说过：别人参加学生运动了，爸爸很少去，甚至溜到图书馆看书。做事后也不管政治。人家拉他加入国民党、哥老会都被他躲过。抗战时期，爸爸没有参加抗日救国运动，却跟中央大学逃到重庆。解放后，他仍是很注重业务，喜欢的学生多半是功课好，政治思想不一定好的，他的一个得意门生甚至在毕业后，反右斗争中成为右派被开除团籍。爸爸那个研究室，好多人都是只专不红，结果人心不齐，哪儿有名利就想往哪儿跑，爸爸现在挺苦恼，有了些认识，但这是他只重专不重红的后果。爸爸工作挺负责，但他资产阶级思想相当浓，急需改造。虽然他也参加了革命工作，但是怎么能够与林彪同志及所有的革命先辈比呢？我却对他怀着极其深厚的感情。

在盱眙时，老师没让我回家，陈老师跟我谈话时，我很为爸爸担心，认为他年老多病，开刀危险性大，还哭了呢！其实党想得更周到，对他照顾得更好。校党委和统战部特为派人到上海联系医院，派人送他，坐软卧车去上海看病，开刀治病全是国家的钱。开刀时还派同志去看护。为了照顾我们留在家的小姐弟俩，照看家，特交给一个共青团员任务，不下林场劳动住在我家。这不亏了共产党和毛主席吗？这不是党对知识分子的莫大恩情吗？不能够忘记。当时鞠老师找我谈话，她替我分析了情况，指出爸爸能得到照顾。还说：我们这次下来是干革命的，没有特别急的事情最好别提前回去。这话提醒了我，党多年的教育没白费。我想到了干革命，一切个人利益难道不能为其抛弃吗？因此没闹情绪，照常劳动、学习到结束。我想爸爸如果不幸，对党的事业有损失，但是多么微小，沧海中之一粟。而罗帅、刘叔叔、柯伯伯他们的逝世对革命是多么大的损失呀！但我的反映却截然不同。什么原因呢？归根结蒂是我缺乏无产阶级感情，不是从党的利益、革命的利益出发，不为革命着想，我考虑较多的是个人的私利。

我想想身上所沾染的资产阶级坏东西，我不想也不能够否认家庭的影响。我从小在家庭里受到的完全不是什么革命的教育，是资产阶级的教育。妈妈从小就爱对我们回忆起她的童年生活，怎么玩的，怎么吃穿。我也受了她的影响，对这种生活跟着留恋，养成了好逸恶劳、娇气、任性、虚荣、好享受的坏习气。爸妈还老跟我们说：爷爷奶奶、外公外婆虽然是地主，但他们不同一般地主，是开明的善良的。说他们从不向农民硬逼租，农民都说他们好，荒年也不向农民要债，还送东西给农民。爸爸说，这样做是为了让农民自觉交租。如果逼狠了，农民必定到别处借高利贷，那么以后就只能顾着还高利贷，顾不上交租了。以前我听了一直认为我爷爷大伯（解放前已死）与别的地主不同，是好人。虽然受了党的教育，我恨地主、恨资本家，却不恨我的爷爷大伯。这说明我被爸妈掩盖阶级压迫、剥削的话迷惑住了。这次仔细学习主席对地主的分析：地主阶级完全是国际资产阶级的附庸，其生存和发展，是依附于帝国主义的。这个阶级代表了中国最落后和最反动的生产关系，阻碍中国生产力的发展。他们和中国革命的目的完全不相容，特别是大地主、大买办阶级，他们始终站在帝国主义一边，是极端的反革命派。

以前我学过这段文章，但体会不深；这次自己带着问题学，体会深刻得多，我开始认清了大地主的本质。在《谈谈阶级立场和阶级观点》一书上这样讲："……（地主的）另一手是"软的"，例如搞些小恩小惠，假仁假义……他们知道一味对农民凶，势必更易激起农民强烈的反抗，那么他们很快就会统治不下去；但如果软硬兼施，麻痹农民的阶级意识，瓦解农民的革命意志，这就会对维持他们的反动统治更有利些。……他们过节请农民吃酒，灾荒年间施粥舍饭……那些表面上看起来像个"善人"的地主，不仅不善，而且更坏，更可恶！因为他们明明喝了农民的血，却还要农民对他们感恩戴德，把他们当作"善人"！我们可以进一步懂得，世界上根本不存在什么"善"地主，只要是地主，就统统是恶的。"我想想这段话，再分析一下爷爷大伯的所作所为，便什么都明白了。他们正是用这些手段迷惑农民，麻痹农民的反抗精神，让农民自觉地甘心地为他们当奴隶。我过去是太糊涂了，被这些表面假象迷惑住了。

爸爸妈妈还给我灌输资产阶级的处世哲学，什么"知人知面不知心。""少说话，少惹事"，他们让我跟人说话"调皮些"，不能对人"太老实"。我本来什么话都愿跟人家说，想到什么说什么，妈妈因此老骂我"太幼稚""天真""要吃亏的"。他们说什么"衣服是新的好，人是老的好""再亲亲不过一家人"！说："你生病困难时，别人才不会像爸妈这样关心你，照顾你。"他们想用亲人关系来模糊阶级关系。他们处处用身教言教来影响我们接受资产阶级的一套处世哲学。

另外，爸爸常常从他的立场出发，用他的观点来分析国际国内大事。比如原子弹，爸爸表示人家还有更厉害的呢！对美国总统竞选，他认为约翰逊上台比戈德华特好些。他说：戈是战争疯子，约翰逊比较不太热衷于战争。所以在盱眙劳动时，有一次同学让我分析肯尼迪，我就说：他坏，但与戈德华特比较起来还不太热衷于战争。多么糊涂的看法，简直分不清是非！后来，看了毛主席有关帝国主义是纸老虎的文章，特别是《丢掉幻想，准备斗争》一文后，我知道了帝国主义的本性。再加上看报纸、与同学议论，从越南、多米尼加、刚果（利）、古巴等等事件中，更明白自己是错了，而且是立场观点的错误。约翰逊、肯尼迪、戈德华特是同样的本质，只不过他们使用的手法不同，有的公开，有的隐蔽，但归根结蒂侵略本性不会变，狼是改不掉吃人的兽性的。

我想看人看事不能从现象上看,而应该透过现象看本质。爸爸的阶级立场限制了他,使他只能这样看问题,而他又影响了我。这类的事情很多,讲也讲不完。我这么一想一分析,觉得自己再也不能糊涂下去了,我应该认清这种家庭的本质,认清家庭在政治立场、生活方式、思想感情方面对我的资产阶级影响,认清家庭影响是我之所以对阶级敌人的恨和对无产阶级的爱都不如工农、干部子弟,对党的政策方针有从资产阶级立场出发的阶级偏见的根源。我必须认清它,正视它,下决心真正根除它。只有这样,我才能成为革命接班人,才能像雷锋一样为党的事业贡献自己的一生。

我想,如果没有教改,我可能从作业中抬头、可能认真学习毛选改造自己吗?像我过去思想那样糊涂的人能成为革命接班人吗?在资产阶级思想的长期影响下,我大概只能变成资产阶级的接班人,这不是正中了资产阶级额心怀吗?对亏了党和毛主席救了我,给了我新的政治生命,使我提高了觉悟,使我有志成为无产阶级的接班人。

再谈谈学习上的进步吧!高一时,我成绩差极了,老想着考大学,学习目的极不明确,成绩不好,也没有学习的动力和努力上进的决心。只是沉于幻想,想有一天功课突然好了,考取大学了。有时啃一通书,没有立竿见影的效果,便又灰心丧气了。虽然每天啃书啃到十一、二点,有一点空都花在学习上,但是目的不明确,自卑感又重,不是积极对待困难,老是打被动仗,作业完不成,今天的拖到明天,明天的推到后天。上到英语课特别担心,头低着,恨不得钻到抽屉里,老师讲什么不敢听不敢想,只怕老师提问,抽考,回答问题时声音像蚊子哼。我声音真小吗?不,现在声音可大啦!那时因为心虚害怕不愿意说,声音又怎么敢放大呢?碰到老师头不敢抬,有问题不敢请教,老打听:"这堂课考不考?"这样学习怎么能提高?时间花得虽多,都没有花在刀口上,浪费了呀!成绩越来越差,记忆力坏到透顶,我简直不想学了,只盼望快混完高中,甚至消极怠工,考试复习没有劲,偷着去睡觉。考试下来不及格还是不及格,考试完毕毫无收获,只是哭,只是和同学一起算考分。这样的考试得到些什么呢?什么也没有。只能一次又一次地失去了好的思想。塞进了为分数而死啃,为分数而消极悲观的情绪。

多亏教改呀！我解放了，从书堆中解放了，从多如牛毛的作业中解放了。现在我有空看中国青年，报刊的社论，联系实际，与同学议论"为谁而学"的问题。尤其是在盱眙的一月劳动，开始使我懂得了要为贫下中农服务必须有本钱，必须好好学习。学习目的稍微明确了，思想解放了，学习也有劲头了，脑子开窍了。我经常学《愚公移山》，甚至写一个"小愚公"夹在书里面，有了取之不竭、用之不尽的精神源泉，我就试着去打主动仗。后来，同学们和我交谈，说：学习目的性还应该进一步明确，眼光放远大些，看看世界上三分之二的人民，要为他们而学习。于是，我就经常看报纸，关心越南、多米尼加的人民，时时想着他们，努力学习，用实际行动支援他们。这样，我的学习劲头更大了，一切机会都不想放过。外语不好，我就硬花时间归纳词组，加以背诵，多跟同学讲外语，多做英语作文，多看课外读物。目的一明确，胆子也大了，在会上我也敢用英语发言了，不怕人家笑了。我想老怕老错，不怕错误反而少了。现在我的英语听说能力有所提高，上课基本上能听懂老师用外语讲课，从盱眙回来写了五篇英语作文，错误较过去少，而且用不着先写中文后写英文了。记得过去考试，我根本答不出题目；第一次公开考试，比过去好些，但还是依靠老师、同学帮助完成的，有点收获，不过当时是急哭了。这次考试更好了，都自己做的。物理我不但做出了，还自己动手作了实验，研究了锅炉，还提出了小小的建议。这在过去是想也不敢想的，只求做出题目了事。教改好，我的学习有了进步，能够真正理解知识，到工作岗位上才能做个有用的人，不然，学了就忘，将来能干什么呢！总不能一边工作，还带许多书，还带顾问吧！

再说说身体吧！我现在身体多好！小时调皮、爱玩，身体挺好；越大，作业越多，身体越差。回想高一时，我那副病鬼样子，真有点害怕。过去死背书，白天不休息，不锻炼，整天做作业，天天搞到十一、二点。身体垮了，脑子整天像灌了铅一样，看书头痛，什么也记不得，脑子似乎僵化了。整天昏昏沉沉，想睡，睡又睡不着。爸爸带我去精神病院看病，说是神经衰弱症，给了药吃，没用，反而更加厉害。晚上睡得迟，早上起不来，老迟到，同学都笑我。难道我不愿意遵守制度吗？不，实在是困得没法呀！记得高一上时，到太平村劳动，走 11 里路累得够呛，脸盆、背包都是同学帮我拿的。几天劳动只是拔拔草，还生了一场病，回家又生病。高二下到盱眙去劳动，爸妈就担心我回来还要生病。但事实怎样呢？盱眙生活很艰苦，一个月没吃肉，劳动较重，挑河泥，天气变化很大，忽冷忽热，我病倒了没有？没有。回来也没有生病。回到家，我不但洗净自己的衣物，还将所有房间打扫一遍，精神照样好极了，直到现在还是挺好，没生病。过去两个人抬一桶水累得够呛，现在我一个人就提两个大半桶水。过去我 400 米都跑不下来，这次从盱眙回来后不几天，我和弟弟背着书包、行李从广州路家里一直跑步到校。人家都说我胖了。神经衰弱症早没影子了，我想药物不能治好我的身体；但教改后，精神愉快了，又受到了劳动的锻炼，病却自然而然地好了。对病，药物治疗是次要的，最主要的是思想治疗。我想，不教改一天到晚死啃书，死做作业，我身体能不垮吗？如果不教改，我恐怕早成了资产阶级教育思想的牺牲品了。身体这么坏，还谈什么接班，谈什么将革命大旗保住，传下，谈什么为人民服务呢？

我拥护教改，赞颂教改。是毛主席、共产党提出的教育革命挽救了我。它救了我的生命，更救了我的思想。不然，发展下去我保险是个极端的个人主义者。我感谢党，感谢教改。我想，我的进步，有自己的努力，但最根本的还是党和毛主席的教导，还是革命大好形势的影响，是教改的结果。

高二 X 班　李 X

编者注：此处原件页码 252-273 的内容与 242-251 页码的内容相同。本书采用 242-251 页码的定稿内容。

第 12 章
几个学生的变化

现送上几个学生的材料。这几个学生出身不同,一年来,他们都有很大的变化,从几份材料中,我能深感我校教改的必要。这几份材料,作为密件印出,供领导参考。

×××(剥削阶级家庭出身)思想汇报。

李×(高级知识分子家庭出身)对教改的体会。

李××(高级干部子弟)的几封信。该生一年前,学习差,跟班学习有困难,对自己要求不严格。现在,他不仅思想觉悟有较显著的提高,而且学习也有很大进步。学习成绩:两门优秀,三门良好;并评为三好学生,优秀团员,当选为班主委。

编者注:以上三位学生的文章内容请分别参照卷二第 4 章第 6 节;第 15 章;第 4 章第 5 节。

第13章
劳动锻炼文选

南师附中
1965.12.

一、 喝塘水

在林场劳动时，我们喝的是塘水。初喝时，看见饭盆里的水很浑浊，无数渣滓在水中打着转转，不一会儿饭盒底就积了一层渣滓，心里不由暗暗的叫苦。这水会不会有细菌啊？吃了会不会生病啊？我胡思乱想起来。这时我自然而然地想起了城里的自来水：龙头一拧，清凉的水就流了出来。在家里时，水稍微有些脏都不愿喝，到这儿来真是活受洋罪。哎，要是从城里带一壶水来多好啊！就是少喝一次塘水也是好的。但我马上意识到，自己的思想是不对的，是怕苦的表现，不能让生活这道关难住我。这时我想：五亿农民天天生活在农村，天天喝塘水，为什么他们不嫌脏呢？自己不是常常说要向贫下中农学习吗？可是在实际问题面前就退缩了。

我们到农村来，就是为了锻炼自己的。经过锻炼，长大了才能上山下乡当社员。这点苦都不能克服，长大怎么能上山下乡当社员呢！我忘记了贫下中农的思想感情，无形中我和贫下中农之间就隔了一堵看不见的墙。我应该有勇气冲破这堵墙，把我的心和贫下中农的心紧紧联在一起。我又想起《上甘岭》电影，志愿军叔叔打仗时没水喝，嘴唇都干裂了，但照样打败了美国强盗。今天我们有水喝还分好坏，太不应该了。想到这里，我端起水来一饮而尽，觉得这水并不比自来水差。在林场劳动的十天里，我们喝的都是塘水，但我不觉得苦，而觉得很快乐，因为我和贫下中农喝的是一样的水！

初一 顾ＸＸ

二、 初一X班小组座谈纪要

林X——初来时,塘水用不惯,觉得很脏。但后来看见大家都用塘水,贫下中农也用,我想:"贫下中农能用,难道我不用能吗?不用塘水是怕艰苦的表现,应该锻炼锻炼。"思想通了,现在我用塘水也用得惯了。

朱X——今天因为下雨提早收工了。回来时,一路上看见很多林场工人还在劳动呢!我们要向工人们学习,更好地锻炼。

王X——拿我们的生活和贫下中农、林场工人比起来,真是好多了。林场职工家属用的扫把和铲子很坏了还在用,吃的是棒子面和稀饭,而我们顿顿吃白米饭,有的同学还要拣菜吃,嫌萝卜苦,浪费很多。这太不应该了。我们的生活太好了,以后一定要学习工人们艰苦朴素的思想。

於XX——这一次下乡前,妈妈叫我带一件有几个补丁的衣服,我心里不乐意,但也不好说,只好带来了,却一次也没穿过。这几天看见林场工人家属、林场职工、领导同志,都穿着补丁的衣服,我深深感到自己不对了。我们是革命的后代,要学习工农群众艰苦朴素的作风,决不能让资产阶级的糖衣炮弹打中!从明天起,我就穿上那件有补丁的衣服。

杨XX——以前我在家里经常和哥哥抬桶,劳动较多,我就以为自己用不着锻炼了。下农村以来,我抬了几次桑叶,肩膀很疼,我才知道自己锻炼很不够,还要继续锻炼。

王X整理

三、 剥青蔴

今天下午,我们剥青蔴。青蔴在塘水里泡过好几天,很臭,剥了一个下午,熏得人头脑发昏。"明天还干这个吗?我真不想干了。要是分配我去种萝卜就好了,累点儿我情愿。想来想去我总想逃避这项劳动。一个农工对我说：'蔴泡了很多，再不剥要烂了，我们人手少，剥不及，请你们帮忙。'我又想：为什么不叫南师的大学生来剥呢？"

下工后，我在想，为什么老想逃避这项劳动？是什么思想在作怪？找毛主席著作，主席在《纪念白求恩》一文中说："不少的人对工作不负责，拈轻怕重，把重担子推给人家，自己挑轻的。一事当前先替自己打算，然后再替别人打算。"这说的不是别人，就是我，是个人利益在作怪，它叫我把困难推给别人，把方便留给自己，在困难面前做逃兵。主席说："工作就是斗争。"对！现在的劳动就是和臭、和思想上的敌人作斗争。"那些地方有困难，有问题，需要我们去解决。我们是为着解决困难去工作去斗争。"农场人手不够，蔴泡久了不剥要烂，国家财产要受损失。这是困难，再说我怕臭怕脏也是问题，需要在劳动中锻炼解决。为了解决生活中的困难和问题，为了改造思想，我来农场劳动。"越是困难的地方越要去，这才是好同志。"这是叫我们迎着困难上，和困难作斗争，解决困难，而不是做逃兵。劳动越艰苦，越要干，越要锻炼。坚持的革命后代应该自觉锻炼，敢于拣重担子挑！在与困难作斗争中磨练自己！

初三 杨ＸＸ
1965.9.8

四、 蚕室里的劳动锻炼了我

早晨，我们到养蚕室帮助工人捡老蚕（将要结茧的蚕），喂桑叶，扫地。因为这几天是大忙季节，所以，我们一到蚕房就投入了紧张的劳动。

蚕房的工人告诉我们："蚕丝在国际市场上可换取外汇，对我们的经济建设很有贡献。一个蚕茧的丝，可以做一个手榴弹的引线。我们要爱护每一条蚕！"我们明白了养蚕的重要性，干活的积极性更高了。

我们的任务是清除蚕沙（蚕粪）。房里堆有半人高的蚕沙，有一股难闻的味道。脚一踏上去，鞋底上就粘上很多蚕沙。蚕沙里还夹杂有一条条的死蚕。看了这些情况，心里确实有些"异怪"的感觉。但是，我知道这种想法不对，很快就竭力克制自己。心想："我到林场来锻炼，应该向劳动人民学习那种不怕脏、不怕累的品质。他们外表好像不太干净，但他们的内心却最干净。我外表虽然比较干净，但内心却有脏东西。"于是，我起劲地把蚕沙一锹一锹地向外倒，渐渐就习惯了，也闻不到什么怪味道了。越干越热，汗水顺着脸往下滴，衣服被汗水浸湿了，但我很高兴，这劳动的汗水在冲刷着我内心的脏东西。

初二 赵ＸＸ

五、 听毛主席的话，鼓足劲干下去

今天，老师分配我们劳动的任务，是采桑叶和抬桑叶；我分配到的是抬桑叶。我高兴极了！我看见职工一边抬着满筐的桑叶，一边有说有笑，十分轻松。我想：这劳动太轻松了，太容易了。

轮到我抬桑叶时，我得意洋洋地拿起筐就想走。哪知刚拎起筐，两脚就站不稳，心蹦蹦跳，生怕把桑叶泼出来。下山时，筐直朝下坠，我两脚不停地直往下冲，收不住脚步。一不小心，踩在粪上了，我挺生气。又想：我不干这工作就好了。正在这时，毛主席的话就在我的耳边响起来了："最干净的还是工人、农民，尽管他们手是黑的，脚上有牛屎，还是比资产阶级和小资产阶级知识分子都干净。"我想：我下乡来是劳动锻炼改造思想的，我不应该怕脏。于是我抬着筐，勇敢地向前进。抬了大半路，手被筐扣得又红又痛，汗水不住地从脸上滴下来。我一步一步艰难地走着，只想停下来休息休息。正在这时，毛主席的话又在我耳边响起来了："艰苦的工作就像担子，摆在我们的面前，看我们敢不敢承担。担子有轻有重，把重担子摊给人家，自己拣轻的挑，这就不是好的态度。"我鼓足劲，终于把筐抬到了目的地。

这次劳动，我深深地体会到，劳动并不比学习容易，我们只有在劳动中自觉锻炼才能挖去资产阶级思想的根。

初二 陈 X

六、 访问韩大妈

　　一号那天,我们访问了贫农韩大妈。韩大妈身上穿着粗布衣,脚上穿的是自己打的草鞋。她对劳动果实非常珍惜。我们帮她摘毛豆的时候,她就叫我们把老的瘪的豆子都堆在一块儿拿回去吃。我看到这些情况,觉得自己惭愧。农民伯伯辛辛苦苦把庄稼种出来,他们在吃、穿等方面都不如我们,他们不忍丢掉一颗老瘪的毛豆,而我们却这不吃,那不吃。尽管伙房老师千方百计地把萝卜烧得好吃些,可是我们还是嫌它苦,不愿意吃。他们终年劳累,穿粗布衣服和草鞋,而我们什么都没有生产,却有几套布衣服,或是灯芯绒衣服,毛线衣裤,棉裤棉袄,布鞋、球鞋和胶鞋凉鞋,等等。可是我们还不满足,好像自己的生活还不是顶好的。他们的生活水平虽然低,他们却很满足。韩大妈说:"现在,我们这儿家家都安上了小喇叭,解放前哪有茅草房里能听上广播的呀?那是地主家才有的东西。这些都是毛主席和政府给我们的好处呀!粗布衣服穿在身上只要暖和就行,解放前咱们穷人家连这号衣服还没有呢!"

初二 周 X X

七、 贫下中农是公社的顶梁柱

——看对联有感——

　　我们到合作三队去参观的时候,看到了两副对联。看了这两副对联,感触很深。一副是贫农家的对联:听毛主席话,跟共产党走。另一户中农家的对联却是:大门外清风明月,家庭内人口平安。

　　这两副对联是完全不同的。贫农家的对联虽然很简单,只有十个字,可是这十个字却十分朴素,这十个字抒发了贫下中农热爱党、永远听毛主席的话、永远跟共产党走、永远干革命的革命感情。他们懂得是谁解放了他们，使他们翻了身，过上了幸福生活。而中农，他们只看到自己家一块小小的天地，只希望过上平安无事的生活就行。他们在解放前没有贫下中农受的苦多，所以他们和贫下中农的感情也是不同的。

这两副对联使我受到很深的教育，使我认识到只有贫下中农才是人民公社的真正的顶梁柱！

初一 刘ＸＸ

八、 谁养活了我

谁养活了我？过去我一直认为，是爸爸妈妈养活了我。爸爸供我吃穿，供我上学，妈妈呢？她把我从小抚养到这么大，吃的、穿的，多费心啦！当然是爸妈养活了我。

这次下乡劳动，我们听了兴卫四队贫协组长杨叔叔的讲话，又到社员家去访问，从中感到，不是爸妈养活了我，而是贫下中农养活了我。

贫下中农，成天在地里干活，生产粮食，而一个月的口粮定量只有二十三斤，我们呢，年纪小，读书不干活，却一个月吃三十二斤，这相差多远啊！他们吃的是杂粮，什么小米啦，高粱啦，而我们吃的都是大米饭，他们穿的衣服补了又补，而我们穿的却相当好，打过补丁的衣服很少穿。这样一比，很明显地可以看出是贫下中农养活了我们。我们吃的大米饭不是从天上掉下来的，而是贫下中农用劳动的汗水换来的呀！如果没有贫下中农生产粮食，我们吃什么呀？是贫下中农养活了我们，将来，我们要为贫下中农服务。

初一 邢ＸＸ

九、　小手绢补在贫下中农的衣服上

十一日上午,我们来到贫农孙大娘家,帮她剥毛豆、摘辣椒,然后就替她补衣服。孙大娘说:"破衣服倒有,可是没有布补啊!"我就想我还有一块小手绢可以用,可我又觉得挺可惜的。这时,我又想到,贫下中农成天在地里干活,种出粮食来养活我们,难道我连一块小手绢都舍不得吗?我就拿起一件破小褂,按照破洞的大小把小手绢剪成三块,一针针地缝上去。这件衣服原来就有十几块大小、颜色不同的补丁,现在又加上我的绿色小手绢剪成的三块。我心里感到,手绢虽小,作用不小,它补好了贫下中农的衣服上的破洞,就是补上了我思想上对贫下中农的一点认识,和贫下中农在感情上接近了一步。

初一　于ＸＸ

十、　劳动中大有学问

劳动中有没有学问?经过劳动我找到了答案。我懂得了在每一件平凡的劳动中有学问,有很多是书本上所没有的知识。例如:割牛草,我起先认为这劳动还不容易吗?但是在实践中就觉得没有那么容易,我割了半天才割了一点儿,而在旁边的农工只挥动几下镰刀,就割下了一大捆。这时,我想起了毛主席的话:"必须明白,群众是真正的英雄,而我们自己则往往是幼稚可笑的,不了解这一点,就不能得到起码的知识。"毛主席还说:"许多东西单从书本上学是不成的,要向生产者学习,向工人学习,向贫下中农学习。"我想在劳动上我只是一个小学生,应该向农工学习。因此我就问旁边的农工,他告诉我,割的时候镰刀要放平,要贴在地面割,才能又快又好。我按着他的话去做,果然效果比较以前好。

初三　刘ＸＸ

十一、 实践中可以学到知识

通过这次劳动锻炼，我深刻地体会到实践的重要性。毛主席在《实践论》一文中教导我们，要我们把所学的理论知识，到三大革命运动中去反复实践，通过实践证明，变为自己真正的知识。本来我总是认为，自己看的书也不少，这些知识都是前辈通过实践得出的结论，反正都有一定道理，自己不实践也没关系。正像主席所说的："世界上最可笑的是那些知识里手，有了道听途说的一知半解，便自封为'天下第一'适足见其不自量而已。"我在劳动实践中，不但觉得自己知识太肤浅，而且还出了许多笑话。我们上植物课时，棉花、麻，这些都学过了，由于没有实践，联系不到实际，棉花为什么有的开黄花，有的开红花，什么样的棉花可以摘，什么样的棉花不可摘，这些我根本不知道。剥麻时我才第一次见到麻是这个样子。麻绳、麻袋的麻不是一根根的吗？怎么剥下来的麻却是一块块的麻皮呢？在劳动实践中，我体会到：不但能把书本上学得的知识变为自己真正的知识，而且还可以学到更多的新知识。

初三 江Ｘ

十二、 三点体会

1. 在与工农相结合的道路上前进了一步

在林场劳动的日子里，天气不怎么好，经常刮风下雨，有人责怪天气，埋怨老天，说这样一来就不好锻炼了。我想，天晴固然能锻炼我们，但是不好的天气却更能磨练我们的意志。下过雨后，路非常滑，很不好走，一不小心就要滑倒。十二日那天，路更不好走了。我们采桑叶归来时，都互相搀扶着，小心翼翼地往前走。我们随便谈谈，就谈到了当年红军二万五千里长征的时候，条件比我们艰苦多了，哪像我们这样轻松呢？再说，五亿农民走的还不是这条路？我们在城市里，走的是柏油马路，可是在农村里，广大农民一年四季，风里雨里走的都是这条路。为了社会主义建设,为了别人,为了后世子孙,他们走这条路不觉得什么,我们对祖国没什么贡献,走这条路还要挑挑拣拣那还像什么话?走小道也就说明革命的道路不是平坦的,是曲折的,是崎岖不平的,贪生怕死、投机取巧、胆小无能的人是过不去的,只有那勤勤恳恳不畏劳苦的人才能过去。我们口头上说要和工农结合,但是我们只能走柏油马路,而不能走农民走的泥路,能和工农结合起来吗?不能!所以,今天走小道,就是为了明天走大路。这条路敢不敢走、愿不愿走就是敢不敢革命、要不要革命的问题。这样一想,走这条路不但不觉得难走,而且觉得好走,充满了信心,感到自豪和光荣,因为我们和工农群众走的是一条路。

2. 懂得了必须在实践中才能好好锻炼自己

在农村,我们经常能闻到粪臭。起先我觉得难闻,后来看到农民伯伯却一点儿也不在乎,还站到尿粪中去,我就觉着自己思想不对头了。我想,农民伯伯一年到头辛勤劳动,不论赤日炎炎的盛夏,还是大雪纷飞的寒冬,他们头顶烈日、面迎风霜、脚踏实地、不怕脏、不怕累,争取为革命多打粮食。而我,为什么怕脏呢?因为我还缺少劳动人民的思想感情。毛主席在《延安文艺座谈会上的讲话》里说过:"拿未曾改造的知识分子和工人农民比较,就觉得知识分子不干净了,最干净的还是工人农民,尽管他们手是黑的,脚上有牛屎,还是比资产阶级和小资产阶级知识分子都干净。"而我恰恰是主席所说的这种人,我要把自己的思想感情来个变化,来番改造。这件事使我懂得了,自己要革命化,就一定要清除自己的资产阶级思想。

3. 想到了要把十天和一辈子联系起来

这次下乡只有十天,不算太长。我们在劳动时,衣服搞脏了,鞋子搞脏了,我就想:管它呢!反正十天过后就要回家了,到家再洗也不迟。看了高二陈ⅩⅩ写的一篇文章后,就联系起十天和一辈子的关系来了。我想,如果要我在农村锻炼不是十天,而是一辈子该怎么办?十天里,我能吃粗茶淡饭,能喝塘水,用煤油灯,睡稻草地铺,如果要叫我在农村住一辈子的话，那我将会抱什么态度呢？是啊，十天在人的一生中，只是个很短的瞬间，但是，如果你能在这十天中有所认识，正确处理十天和一辈子的关系，那么，这十天对你今后的工作就起了个打基础的作用。不能轻看这十天啊！

初二 朱ＸＸ

十三、 我的思想得到了锻炼

1. 在平凡劳动中锻炼自己

我们小队在青麻地劳动了五、六天，最后几天是拾麻籽。看起来这容易得很，我心里也没看得起这活儿。但是干久了，腰也酸，腿也酸了。这时我就感到，平凡劳动就是这么平凡，拾麻籽，三岁小孩也会，可是要坚持下去，并不简单。我又想到，如果我是一个社员，一辈子就要干这平凡的劳动，我能行吗？麻籽虽小，用处可不小，如果大家都不干这活儿，那怎么行呢？农民伯伯们是不会看轻平凡的劳动的，我也应当这样。任何平凡的劳动都不平凡，没有这些平凡的劳动，哪有伟大的成就！我觉得自己对"平凡孕育着伟大"这句话理解得深了，干活劲头也大了。在最平凡的劳动中，自己能够多想问题，劳动中有了动力，眼光看远了，这就是收获。

2. 爱惜劳动果实

我们每天吃的饱、穿的暖，不是一伸手就得来的，一颗芝麻，一根麻绳，都要花许多的劳动的。我们打芝麻，打了又打，堆起来还得打两三遍，打后还得筛扬，吃上一粒芝麻是多么不容易！我自己实践了，懂得了劳动果实来之不易，看到地上的芝麻，扫了又扫，恨不得把每一粒全部捡起来。我们拾棉花时，从心里懂得身上的衣服来的不容易，想到我们国家棉花还没过关，种一株棉花得费多少工。这样，我拾起花来就特别小心，掉在地上的拾起来，成熟了的棉桃也决不让它漏掉。能关心农业了，我觉得自己初步有了些劳动人民的感情。场上的芝麻有的没晒好没打好，洒了一地。一下雨，准要浪费不少，真叫人心疼。过去下过几次乡，回城市后刮风、下雨，有时也想到：农村需要雨吗？刮风影响庄稼吗？等等。可是，自己并不懂得各个季节干些什么，所以想也想的不多，也不怎么着急。这次比过去好多了，我和大家一起，怕劳动果实浪费掉，想多干一会儿，好多打一些芝麻，就希望不要下雨。

3. 为人民服务

在学校里会说为人民服务，到底什么才是为人民服务？只是单纯地做几件好事吗？不是，应该确立起为人民服务的思想。我们和贫下中农、农场职工一起劳动，同他们联欢，为他们服务，我感到由衷地高兴，因为我在实践为人民服务了。五亿农民养活了我们，为他们服务是革命行动，是我们应该做的。这次在农场劳动虽只十五天，但我要把这十五天看作是准备在农村干一辈子的起点，确立为人民服务思想的起点。已往下乡，头脑里有个期限框住了自己，觉得反正是要回家的，思想锻炼就注意得不够。这次下乡来想的多了，想到把自己放在农村中，这样锻炼就自觉起来，不让期限"十五天"框住自己，就没有熬日子、数日子的感觉了。我第一次想到了在农村干一辈子的问题，我知道，这个问题是不可能在短时间内根本解决的，但我决心要加紧思想改造，学习毛主席著作，思想上多"打架"，让新思想战胜旧思想，真真树立起一辈子为人民服务，在农村干一辈子的思想。

初三　冯 X

十四、十五天的收获

1. 平凡的劳动也能锻炼人

这次到农场来，没干什么重活，一般都是轻体力劳动。有的人认为这些活不能锻炼人，没有意思。起初，我也有过这种想法，但经过这些天的劳动实践，我否定了过去这种错误的看法。我们干的活是剥麻削麻、摘苘麻籽、摘棉花、打芝麻，等等。这些活看来很平凡，但通过实践，我体会到这些平凡的劳动也能锻炼人。第一天到第四天我们劳动都是割麻、削麻、捆麻、收麻籽。这些活，虽不算重也不算难，但我却觉得要真正做好这些活儿也不容易。首先，砍麻的时候，要注意不要砍的太高了，地里还留下一大截而造成浪费；削麻时要小心以免削破手造成工伤事故，不但自己疼痛还影响劳动、影响别人的情绪。这时候，就要锻炼我们对工作的责任心和对国家财产的主人翁的态度。再以剥麻来说，干这个活比较脏，还有臭味，麻杆抓在手里觉得挺别扭，但一想到这麻是经过辛辛苦苦种植得来的，来之不易，没有麻哪有麻绳麻袋；再说农民成天和粪打交道也不怕臭和脏，我们劳动锻炼向工农学习还怕什么脏呢！所以说，平凡的劳动照样能锻炼人。锻炼主要靠自己，自己有锻炼的决心，在任何平凡的劳动中，不断想问题，做个有心人，就能把自己锻炼成红色的革命接班人。如果自己没有锻炼的要求，我看就是再伟大的劳动也无济无事。

2. 有了在农村干一辈子革命的思想准备

我这次带到农场来的问题是：我能在农场或农村干一辈子革命吗？开头几天我老是回避它，一想到这个问题，我就有意岔开思路。什么原因呢？我想了想，觉得自己还留恋城市生活，认为在农村干不出惊天动地的大事来。针对着自己的思想问题，我学习了《为人民服务》，心想张思德同志是个烧炭的，但他有着一颗为人民服务的红心，勤勤恳恳地为党工作，他并没有做出一番轰轰烈烈的大事来，却无声无息地为人民利益贡献了自己年轻的生命。这一点正是我所缺少的。以后，又听了张大爷的报告，这对我来说又是一个震动。张大爷为革命出过力，流过汗，照理，应该去享几天清福了，可他没有向党伸手，却到农场来安了家。一年四季不分昼夜一心一意地做好农场保卫工作，他这样认真工作正如他说的那样："我干革命不是为了自己享福，也不是为了老婆孩子；为的啥？为的全世界受苦人都得到解放。"再读了《为人民服务》，毛主席说："我们这个队伍完全是为着解放人民的，是彻底地为人民的利益工作的。"我的心忽地亮了，对，因为他们心里有"完全""彻底"四个字，他们所做的就是完全彻底的为人民服务。我又想到了董加耕黄桂玉他们,他们能把青春献给农村的社会主义建设,这同样体现了"完全、彻底"为人民服务的革命精神。我应当向他们学习,毛主席说:"农村是个广阔的天地,青年在那里是大有作为的。"我应该像主席所说的那样,投身到农村这个大学里去锻炼锻炼,我现在已经想好了,明年我如考不取高中,我一定听党的话,党叫干啥就干啥,一颗红心多种准备,好儿女志在四方!

3. 要永不忘阶级苦,永远为贫下中农服务

在农场十五天,接触了农工,听了张大爷的家史报告,罗同志给我们报告了当地四清运动情况,参观了阶级教育展览会。通过这些活动,给我上了一堂深刻的阶级斗争课,从中受到了很大教育,使我看清了社会主义时期阶级斗争的复杂性,被打倒的地富反坏还找机会搞破坏活动,一个瞎了眼的地主婆子还想倒算,企图再欺压剥削贫下中农。正如当地农民说的,被打倒的阶级敌人像是屋檐下的洋葱头,皮枯心不死。我们要牢记过去的阶级苦,永不忘记阶级斗争。中秋节的晚上我们与贫下中农联欢,会前,大队党支书语重心长地讲了话,希望我们读毛主席的书,听毛主席的话,当好革命接班人,牢牢保住革命前辈流血挥汗用枪杆子打下来的江山,把祖国建设得繁荣富强。这就是广大贫下中农对我们的期望。我一定牢记住贫下中农对我们的教导,准备为贫下中农服务。我已做好准备,一旦祖国号召,我一定奔向农业第一线,和广大贫下中农并肩建设社会主义的新农村。

初三 徐 X

十五、 劳动锻炼随感

1. 走路

从江宁镇到六郎镇路很长,走着走着,我左肩疼痛起来,右肩也酸得很,我就想坐下来休息,不想走了。但想到红军长征,走了二万五千里,爬雪山过草地,前有拦阻,后有追击,可是红军就是用这两

只脚走下来的。我又想起了主席的话:"我们的同志在困难的时候,要看到成绩,看到光明,要提高我们的勇气。"这样,再走我就不觉得路很长了。一边走一边努力找个目标,一座房子、一棵树、一座桥、一个小山头都成了我的目标,咬咬牙,坚持下去。终于一里一里走了下来,到达了目的地,这次行军,我知道了一个道理:在遇到困难的时候,想想革命前辈的艰苦,想想毛主席的教导,想想肩负的重担,就不怕困难了。

2. 为五亿农民学好珠算

有一天上午,我们捆草,后来社员们分草,要我们把各捆草的重量加一下。有的同学用算盘打,有的用笔算,有的心算。结果答案不一样,算盘打错了,笔算也错了。我惭愧极了,感到自己过去轻视珠算是不对的。今天在农村,算盘是会计算帐的有力工具。我们学生毕业后要参加农业生产劳动,可是连算盘都不会打,怎样能为五亿农民服务呢?所以,我们青年学生必须学会使用算盘。

3. 从搓草绳想起的

一次在农民家搓草绳,随口问了一句:"草绳多少钱一丈?""五分五一斤。"当时我大吃一惊,又问:"你一天能搓多少?""能搓两斤左右。"两斤草绳只能卖一角一分,我想起平时用起钱来大手大脚,买一个三极管就要三、四块钱,那要农民搓多少草绳啊!农民种的粮食、棉花哪儿去啦?不是养活了我们吗?我们吃的是农民种的,穿的也是农民种的。过去我之所以看不起贫下中农,就是因为我不了解贫下中农,心中还没有贫下中农的形象。

4. 和贫下中农比生活

在十几天的劳动中,我和贫下中农比生活,思想上有不少提高。贫下中农是住草房,喝塘水,穿草鞋,用煤油灯……我是住瓦房,喝自来水,穿布鞋、球鞋,下雨天穿胶鞋,用电灯,还有收音机、自行车……不比不知道,一比吓一跳,贫下中农的生活比我们差多了。

和贫下中农比生活,使我更尊敬和热爱贫下中农。他们为人民、为革命种田,成年累月地干,生活很艰苦,但毫无一句怨言;自己吃了一点苦就受不了,这怎么能做贫下中农的接班人呢?

我想到我们肩上的重担,我们担的是缩小以至逐步消灭三大差别的重担,因此,在生活上应该向贫下中农看齐,在思想上也要向贫下中农学习。

5. 让思想中肮脏的东西见见阳光

读了某同学的一封信,我感到有许多话应该说出来,许多包袱应该放下来,不然积累多了,就会像火山爆发一样,那时就晚了。

在我头脑中,"唯有读书高"的思想还在作怪,考上高中后,听有人说,考大学要看祖孙三代成分。我想,爷爷是右派,组织上一定不会让我考上大学的。考不上大学就要到农村劳动,早知道如此,考技校多好!那样就可以不下农村了。

别人入团我妒忌,感到自己如果不入团,就考不上大学,就要在农村度过自己的青春。

这些问题有的在劳动中解决了,有的还未解决。多参加劳动,多学毛主席著作,培养贫下中农思想感情是我当前最重要的任务。

高一 孙ⅩⅩ

十六、 一家人

演完了节目,夜已很深了,我拖着疲乏的脚步,慢慢地朝"家"走。

走到了"家"门口,大妈——我们居住的那一户贫农,为我开了门,热情关切地对我说:"累了吧!快!进来吧!外面多冷!"我立即感到有一阵暖流通遍全身,心里热呼呼的。大妈又从里屋端来一盆热水,笑着道:"快洗洗脸吧!"我推辞着,不肯要。然而大妈忽然"板起"面孔，说："你再不要，我要生气了，一家人嘛！何必这样客气呢！"我接了下来，大妈又从旁递给我一条手巾，说了声："洗吧！"转身回屋去了。

我望着大妈的身影进了屋子，低下头来，正要把毛巾放入水中，目光忽然触上了那条发黑的洗脸巾，心内不禁一阵发毛，这是什么样的洗脸巾呢？如同一块抹布一般。用它来洗脸，真"脏"呵！我犹豫着，真不愿用这块毛巾来洗脸。但眼前骤然出现了大妈和蔼慈祥的笑脸，她在对我说："一家人嘛，何必这样客气呢！……"想着、想着，脸上不禁一阵阵发烧，贫下中农拿我们当一家人看待，而自己呢？总嫌他们脏，无形中与他们中间隔了一道沟。什么思想在作怪呢？自己虽和贫下中农接触了近十天，但脑子里为什么存在着轻视贫下中农的怪物呢？我想起了毛主席在《青年运动的方向》一文中说："革命的或不革命的或反革命的知识分子的最后分界，看其是否愿意并且实行和工农民众相结合。"对照对照自己，嫌他们嫌，怎么能和他们结成一体呢？怎么能够团结这支主力军，去争取革命的最后的胜利呢？

想着想着，我不知从哪儿来了一股勇气，愉快地用那条毛巾洗了起来。这时，我觉得心里很舒畅，身上很轻松，因为毛巾抹去了脸上的灰。

高一 沈ＸＸ

十七、 我找到了真正的家

以前，在下乡的日子里，我总想着城里的家，在那里有舒适的床褥，有明亮的台灯，有适合口味的饭菜，还有父母亲问寒问暖亲切的话音。这一切都是那样地吸引着我，以至于半夜里醒来，触着冰冷的墙壁时，也会感到莫大的委曲。

然而我现在想得多的却是乡里的家，那带有江南乡村风味的小茅屋，和茅屋的主人——可亲可爱的贫农李大伯、大婶以及他们那三个逗人喜欢的孩子。

什么原因使我的感情起了这样的变化？是贫下中农那朴实的行动教育了我。

我觉得爸爸妈妈待我好，可大伯大婶待我更好。这不只是在生活上照顾我，更可贵的是给我丰富的思想上的养料。

随便举一个例子吧，在大婶硬往我们碗里夹菜的时候，是这样说的："吃吧，吃吧！你们吃好了，为社里出大力干活，我们才高兴哪！"这不禁使我想起了考高中那天早上，妈妈在准备丰富的早餐时说的话："多吃点，吃好了有劲考试！"看！同样出于爱护的话，然而其中的含意是多么迥然不同啊！

晚上，每当我们围坐在一起，促膝谈心的时候，他们那种对党和毛主席深厚的感情，总是那么强烈地感染着我。还有那充满着血和泪的历史，又是多么生动地为我补上了必要的一课。想一想，这都是我在城里的那个家里所不可能得到的啊！于是，我又加深了对乡里这个家的感情。

说到这里，又使我想起了一天早上上工时的情景：我正握着锄，低着头，学着身边的女社员，一个劲儿地往前锄的时候，猛听着一声吆喝："你锄的不好！土块大大小小的，连旁边沟里的土也没有扒上来，这怎么能种出好庄稼呢？"我扭头一看，原来是老贫农大伯在指责一个工作组老师锄地不合格。说话间，他已经把一堆土疙瘩搬到地心，帮助那个老师"呼呼"地砸了起来。就是现在，想起那坦率的一喝，还在激动着我呢！它使我能毫无惧色地向错误行为作斗争，这可贵的品质难道又是爸爸妈妈所能给我的吗？

以前，一旦我接触到当社员的问题，就心虚，因为那时我实在还是有决心把我的一生献给农业。然而现在只要一想起乡村里那更亲的家，更亲的人，想到城市里的家只能给我一点表面上的温暖，而更多的却是资产阶级思想时，我还有什么权利再支支唔唔的呢！？

高一　王ＸＸ

十八、 我和李大妈同睡了十天

这次下乡劳动,我是带着培养贫下中农感情,树立一颗愿意上山下乡当社员的红心这个问题下来的。

在这次下乡劳动以前,我也到过农村六、七次了,但是,我从来没有和农民建立过什么感情。在农村时,我不喜欢和农民说笑,和农民接触,我觉得在我和农民之间有一道深深的鸿沟。到底是什么原因,我自己也说不清楚,而且,通过一次次的下农村,我就很害怕一辈子住在农村,那黑暗的小茅屋,那臭得熏人的猪圈,生活的穷困,使我产生了住在农村一辈子是不堪设想的想法。

这次下来,开始时我在很多地方还是很不习惯,有时甚至感到厌恶。例如:当我在做功课的时候,巧娣穿着满是油污的衣服站在我的旁边,我就很讨厌;到厨房去,经过猪圈旁边时,就恨不得一步跳过去;看到农民的床,就想如果要我去睡的话,实在不情愿,等等。后来,我读了毛主席的《在延安文艺座谈会上的讲话》一文。毛主席说,他在学校里的时候,"觉得世界上干净的人只有知识分子,工人农民总是比较脏的。"我现在不正是具有这样的感情吗?毛主席告诉我,这是资产阶级和小资产阶级感情。毛主席说,要了解工农,必须到工农群众中去。这时,我就产生了和农民睡一个床的想法。但是,我因为怕"痛",一时决心还下不下来。有天晚上,我和几个同学到五保户李ⅩⅩ大妈家里去访问,李ⅩⅩ大妈向我们叙述了她解放前的悲痛生活,给我们上了一堂生动的阶级教育的课。她当过童养媳,后来又被以三十石米卖给了一户贫农;她曾经有三个孩子因病无钱医疗,在一个星期以内死掉了;她要过饭;她还曾经被日本鬼子追过,差一点要倒楣等等。当她谈到解放以后的生活时,总是连声不断地激动说:"感谢共产党!感谢毛主席!"虽然她现在的生活在我们看来还是很差很差的,但是她还是说:"现在生活好,够好了。"

通过访问,我比较地了解她了。我对她解放前的悲惨遭遇非常同情,通过这个活生生的教育,我更加痛恨万恶的旧社会了。同时,我也被她那对党对毛主席真挚的爱而深深地感动。我问自己:"能不能和李ＸＸ大妈睡在一起呢？"但是，当我想到大妈那又黑又小的茅屋，想到大妈那漆黑的帐子，那黑黑的床时，我又有点动摇了。这时又想："要培养贫下中农感情，难道一定要和农民睡一张床吗？"后来，我对老师说："怕睡农民的床，最好就去睡睡。"那时，我心里很矛盾，非常希望老师说："要睡就两个人去睡，不许一个人到农民家去住。"可是老师没有说什么，我自己也就想马马虎虎算了。两天后，我和同学们一起到大队部开思想交流会。会上很多同学的发言，使我很感动。特别是有些同学坚决地抛弃个人主义，和贫下中农相结合的事例，引起了我的深思。当唐ＸＸ讲到他开始连李ＸＸ大妈的床都不愿意坐，嫌它脏时，我的思想斗争得厉害。我想到无数革命先烈为了革命事业，献出了他们宝贵的生命，现在需要我们和贫下中农相结合，来改变农村的面貌，为五亿六千万农民服务，和农民睡一张床，有什么不可以呢？我又想到世界上三分之二未解放的人民，他们正在巴望着我们，希望我们帮助他们从贫困中解放出来。我感到羞愧，为我连和农民睡一张床的勇气都没有而感到羞愧，我决定到李ＸＸ大妈家里去住。特别听到唐ＸＸ讲李ＸＸ大妈的床怎么脏的时候，我的决心就更加坚定了。我想，在革命化的大道上，自己越是怕做的事情，就越要去做。

回来后，我和老师谈了我的想法，老师立刻就同意了。晚上，我就抱着被子和书本到李ＸＸ大妈家里。大妈听说我要到她家来住，很高兴。她说："你不嫌我脏，就来睡吧。"大妈一转眼，看到我抱着一床被子，就连声说："不要带被子。我一床大被子，你摸摸看多厚！盖两床被子还热死了呢。"这时，我心里七上八下，矛盾极了："睡农民的被子呢，还是睡我带来的吕ＸＸ的被子呢？睡在大妈的床上，是我下了很大的决心才来的，现在又叫我盖大妈的被子，和大妈睡一个被筒，这个决心实在下不下。"我看看农民的被子，又看看吕ＸＸ的被子，心里猛地一愣，又想到了毛主席的话："那时，我觉得世界上干净的人只有知识分子，工人农民总是比较脏的，知识分子的衣服，别人的我可以穿，以为是干净的；工人农民的衣服，我就不愿意穿，以为是脏的。"我现在不正是这样的吗？吕ＸＸ的被子我很愿意盖，以为是干净的；农民的被子就不愿意盖，以为是脏的。这是一种什么感情呢？这是资产阶级的感情。毛主席说，要使感情起变化，"你要群众了解你，你要和群众打成一片，就得下决心，经过长期的甚至是痛苦的磨练。"我想到，我到这儿的目的，是为了培养贫下中农感情，为了树立一颗上山下乡当社员的心来的。现在连农民的被子都不愿意盖，感情怎么能起变化？一颗红心怎么树立起来呢？和个人主义、资产阶级的思想作斗争是痛苦的，但是没有这样一时的痛苦，以后怎么能成为一个革命者呢？想到了这些，我反而为我有这样一个难逢的机会而感到高兴了。我把被子抱了回去，决心和大妈睡在一起了。

第一天晚上，我和大妈睡了。那床被子特别硬，要想使它弯一弯都不容易，睡觉时怎么样也塞不紧，不是背后透风，就是脚底透风。第二天早晨，我就想把我的被子抱来了，不想睡大妈的被子了。后来，我想：大妈的被子固然没有我的被子好，可是大妈有这样一床被子已经算不错了。目前，农村还很穷很白，农民的生活还是比较艰苦的。作为一个革命青年，眼看着这一切，应该想到的是决心改变农村的穷白面貌，改善农民的生活，我怎么首先想到的是自己，碰到困难、碰到苦，就想后退、逃避了呢？被子硬是我和农民住遇到的第一个问题，是对我的第一个考验，第一个考验都经受不住，上山下乡当社员从何而谈起！第一个考验都经受不住，还谈什么和工农相结合！被子硬，才是我了解农民生活的微不足道的一小部分，农民的生活到底如何，我还是不很了解的，了解的还是很不深的。要想农民了解我，要想经受住考验，我决心坚持到底。就这样，我和李××大妈一共睡了十个晚上。最初几天，我是不太习惯的，晚上睡得不舒服，可是到了后来，每个晚上我都睡得很香，被子硬的问题已经成为不成问题的问题了。

和大妈睡的第三个晚上，天已经亮了，我刚起来不久，雨越下越大，房子开始漏水了。大妈赶快把帐子上铺上纸头，并且把她唯一的一个小破脸盆也放到帐子上去了，但是被子已经被淋湿了一小部分。大妈叫我赶快把被子抱起来，她自己又赶快把垫被卷起来。这时，房子里几个地方都漏水了。我坐在粪桶上解大便，雨水就一滴一滴地滴在我的裤子上，怎么让也让不掉。我问大妈，晚上睡觉时漏了怎么办？大妈回答说："晚上漏了，就把铺抱到地上来睡。"可是我看看连床那么大一块不漏水的地方也没有。这样的情况，我在家里可能遇到吗？不可能。在学校可能遇到吗？也不可能。革命不是一句空话，就是要把阶级斗争进行到底，就是要改变这些情况，就是要消灭三大差别。面对着这样的情况，我心里很激动，我觉得：如果马上要我当一名社员，在农村干一辈子，我是心甘情愿的，这时什么个人的名利地位，个人的得失，都讲不出来了，而且我也不愿意再讲了。

我和李ＸＸ大妈一共住了十天。在这十天里，我只见大妈漱过一次口。她是怎么漱口的呢？她把唯一的一个脸盆盛了一点水放在膝盖上，用洗脸手巾——一条又破又黑的毛巾蘸着水，包着食指，伸到嘴里去擦。看到这些，我想：农民并不是不想讲卫生，而是没有条件。这次到农村来，我掉了一把牙刷，马上就到小店里买了一把。四角多钱对于我来讲是很容易的，可是对于一个农民又谈何容易呢！住在大妈家里，看见她的鞋底破了一个大洞，她仍然在穿；晚上我在煤油灯下看书，风从四面墙上的大大小小的洞吹进来，我感到很冷，可是大妈成年累月就住在这样的屋子里。

总之，这次和李ＸＸ大妈住在一起，使我对农村的一穷二白的面貌有了进一步的了解。是不是害怕了呢？我觉得我不但没有害怕，而且初步树立了上山下乡当社员的红心。我要决心为改变农村的面貌而奋斗。通过这次下农村，我比较清楚地知道今后革命的重要战场是在这广阔的农村。我对改变农村的面貌，建设一个社会主义的新农村充满了信心和决心，对于知识青年下农村不再认为是没有前途的了。通过这次下农村，我对自我革命，革自己个人主义的命有所体会：就是不要怕"痛"，要敢想、敢说、敢为。自己越是怕"痛"的事情，就越是要大胆去试。只有这样，才能不断地革命，不断地有所前进。思想斗争是反反复复的，只要自己想想毛主席的话，比比贫下中农，想想世界上三分之二的人，忆忆革命老前辈，坚持好的，改掉坏的，就会有所收获，有所前进。思想斗争不是一劳永逸的，要坚持到底，不断斗争才行。

高三　徐Ｘ

十九、做一个全心全意为绝大多数人服务的革命者

一个月的时间是十分短的,但是这一个月的收获是很大的,这一个月的生活是令人向往的,我将永远记住这一个月。

在下乡前几天,我看了同学们在盱眙写的文章,读了毛主席的书,检查对照了身上的弱点,找到了四个问题,于是便带了这四个问题下了乡。这四个问题就是:第一,要立下愿意上山下乡当社员的志愿;第二,在劳动实践中,活学活用毛主席著作,把住一切"关口",决不放松;第三,通过与贫下中农的接触,培养贫下中农的感情;第四,在劳动、思想斗争的实践中进一步树立起为世界和中国的绝大多数人服务的思想。最后一点是这次下乡的总目的,又是第三条的目的,只有做到了前三条,才能做到最后一条。

在这一个月里,我是怎样做的呢?

1. 正确认识贫下中农

毛主席说过,知识分子要为贫下中农服务,就必须首先懂得农民,熟悉他们的生活、工作和思想,就得和他们感情一致起来,就得站在无产阶级立场上,伟大的社会主义教育运动给我们真正熟悉贫下中农创造了一个很好的条件。

正像毛主席讲的:"广大农民有一种走社会主义道路的积极性。"在清经济的具体斗争中,是不难看到这一点的。贫下中农对"四不清"干部的揭发很积极,他们毫不留情地对那些干部进行了面对面的斗争。他们说:"我们不会写字,但是四不清干部做的坏事,我们都刻在心上。"他们还说:"如果没有党和毛主席的英明政策,我们一个人打一下也把他们揍死了。"贫下中农为什么积极参加"四清"运动,为什么如此痛恨"四不清"干部呢?这件事促使我想了一想,原来他们所反对的不是这些干部本人,而他们的资本主义思想,是他们走的资本主义道路。广大贫下中农不愿意再吃二遍苦,不愿意走资本主义回头路,因此,他们就非常严肃地、热情地帮助干部放包袱。为什么他们有着走社会主义道路的积极性呢?毛主席说过:"……广大农民

的生活,虽然在土地改革以后,比较以前有所改善,或者大为改善,但是他们中间的许多人仍然有困难,许多人仍然不富裕,富裕的农民只占比较的少数,因此大多数农民有一种走社会主义道路的积极性。……对于他们说来,除了社会主义,再无别的出路。"广大农村今天仍然是"一穷二白",农民的生活还不富裕,他们希望自己的生活更好,希望能够上学识字,希望能点电灯,希望有电影看,……总之,他们希望生产一天比一天提高,这就必须走社会主义道路,改变一穷二白的面貌。

在乡村中,一向苦战奋斗的主要力量是贫农。在过去,在战争时期,在土地革命时期,他们是这样,在今天的社会主义革命和社会主义建设时期,他们仍然是革命的主力军。他们最听党的话,深深地热爱着党和毛主席。他们什么时候都坚信党的政策是对的,许多贫下中农都说:"解放十六年,共产党和毛主席讲的话,有错的吗?没有!"从这句话里,我们就可以清楚地看到广大贫下中农是坚定不移地相信党,听党和毛主席的话的。参加二级干部会议的贫下中农积极分子,尖锐地和资产阶级思想作斗争,他们无所畏惧,不怕报复。留在队里生产的贫下中农对他们说:"你们参加会议,要把会开好,我们留在家里的,把生产搞好,这才对得起党和毛主席啊!"虽然劳力少了,但是他们不怕困难,积极地完成了三麦秋种的任务,而且秋种质量比往年要高。

在当前农村的革命斗争中,广大贫下中农还是一支苦战奋斗的主要力量。因为有了他们,才能真正解决一些干部的"四不清"问题,进而团结95%的干部;因为有了他们,才能有效地镇压和改造一切敌对分子,才能击破资本主义的进攻;因为有了他们,才能更快地发展农业生产,巩固集体经济。

但是,贫下中农也还是存在着缺点的,"在没有实现农村的全民所有制以前,农民总还是农民,他们在社会主义的道路上总还有一定的两面性。"有些人存在着自发的资本主义倾向,例如他们养了许多鸡,有的人把鸡放到了田里去,吃队里的稻子;有的人用集体的耕牛去犁自留地等等。但这不是主要的。如果我们忽视了贫下中农的优点，就会不了解他们，就谈不上和农民相结合；但如果我们只看见他们的优点，不看见他们自发的资本主义倾向，同样不是真正了解农民，那我们就会降低对自己的要求，忘记或者否认知识青年下乡传播马列主义、毛泽东思想的革命责任。只有看到两面，真正了解了贫下中农，我们才能从心里热爱他们，愿意和他们结合，为他们服务，并且满腔热情地去帮助他们。

2. 和贫下中农有了初步的感情

由于比较全面认识了贫下中农，我和贫下中农开始有了"共同的语言"。

有一天，生产队里送公粮，社员很晚没有回来，这天社房钥匙是在我这儿的，我一直等到天黑，他们仍然没有回来。起初我只想，这钥匙怎么处理呢？后来，猛然想起在称稻子的时候，看见社房里有一张床，那时想过，大概是看仓库的人睡的。可是今天哪里有人呢？社员都送公粮还没有回来。于是，我就叫陈Ｘ和我一道去看仓库。那天晚上，天很冷，虽然我穿上同学的一件棉衣，但腿上仍旧很冷，可是一想起贫下中农，心里头就热乎乎的了。

三麦秋种的大忙时节，队里的几个强劳动力参加了二级干部会议，队里的生产更忙了，社员都很紧张，早晨一早就上工，中午吃完饭又去下田，整天没有空余时间，不要说是搞自留地，就是烧饭也没有时间。看到这些，想起毛主席的教导："就得真心实意地为群众谋利益，解决群众的生产和生活问题，……解决群众的一切问题。"现在，农业生产很忙，我们房东（贫农）回来烧饭都是匆匆忙忙的乘休息的那一会儿时间，只煮一点饭，菜也不烧。这怎么能行呢？他们一边要生产，一边还要回家来烧饭，又误生产，又吃不好。看到这种情况，我心里很难过和不安，我就主动地向房东要求帮助他们烧饭。这样，我上午学习时少休息或者不休息，抽出时间来为他们做饭，既帮助了房东，让他们安心生产，又不妨碍自己的学习任务。每当他们来家吃饭时，他们就说："你真好，帮我们烧好饭，一歇工就有饭吃。"

为了更好地培养贫下中农感情，我从17日起就和马ＸＸ（贫农儿子）睡在一起，我们两人同铺一床被，同盖一床被，我们的感情进一步地得到了发展。但这次同床睡觉是经过一些思想斗争的。那天晚上，虽然是我主动提出睡在一起的，但我想的不是同盖一床被，而是你盖你的，我盖我的。而马ＸＸ却把我的被铺在下面，让我们俩一起盖他的被。晚上，他早已睡着了，可是我还睁着眼睛，脑子里在不停地想着。那时候，我真有点后悔了，后悔自己不该提出同床睡觉，尤其后悔的是同盖一床被。看他睡觉时也不洗脚，睡着了鼻子里还呼噜呼噜地作响，再看看被子也是黑的，就仿佛觉得他身上一定脏得很，心里觉得很别扭。没有办法，我只好靠边睡睡，好离开他远些。但床也只有那末一点大，于是我又责怪：床为什么只有这么一点大呢！这一天晚上，我脑子里胡思乱想，身上受凉，当然没有睡好。次日早上学毛选，我感到昨天怎么会糊里糊涂地想这样一些脏东西的呢？这时我头脑才开始清醒了。我重新学习了毛主席《在延安文艺座谈会上的讲话》，这一次比过去任何一次体会都深刻、都亲切。毛主席说："知识分子的衣服，别人的我可以穿，以为是干净的；工人农民的衣服，我就不愿意穿，以为是脏的。"这真是一针见血戳到了我的心里，我不正是这样吗？和田Ｘ睡，我很高兴，但和马ＸＸ睡，我就后悔了。这是什么原因呢？这是因为我觉得世界上干净的只有知识分子，工人农民总是比较脏的。但事实上，究竟是怎样呢？毛主席说："拿未曾改造过的知识分子和工人农民比较，就觉得知识分子不干净了，最干净的还是工人农民，尽管他们的手是黑的，脚上有牛屎，还是比资产阶级和小资产阶级的知识分子都干净。"这样看来，最根本的原因，还是自己的思想感情和贫下中农不完全一致，自己的思想还没有得到彻底的改造。这以后，我就越发严格地要求自己，更迫切地要求树立贫下中农的感情了。后来，我仍然和他睡在一起，这时便不再觉得他脏了，反而觉得和他睡在一起是再好没有的了。和贫下中农睡在一起，可以使我的思想感情更和他们靠近一步，可以使我更好地向他们学习，可以更快地促进自己革命化，一句话，可以使我坚定地树立无产阶级的世界观。这时，我仍然是靠边睡睡，但这是为了让他多盖一些被，不要因为我而使他睡得不舒服甚至受凉。

从第一次"靠边睡睡"到第二次"靠边睡睡"，我的思想感情开始了第一次飞跃。这时，拿对整个贫下中农的认识来想问题，我就觉得有些离不开他们的感觉了，仿佛一离开他们，心里就失去了什么似的。

我们快要走的时候，房东跟我说："你走了以后，我们真要想死你了。以后常来玩啊！"贫农对我们多亲热啊，他们把我们当作自己的儿女。他们发现我鞋子破了，就一定要替我补，当我坚持自己补时，他们又送来了顶针和针线。我不仅从这方面觉得贫下中农可敬可爱，更主要的是觉得在政治思想上，在三大革命运动中，我离不开他们。快要走了，我多么想再多呆一些时间啊！哪怕一个小时也是好的。听说乘车的人迟一天走，我真高兴死了。但是后来我们反而比步行的人先走一小时，心里真依依不舍。吃完中饭，我一个人坐在灶旁，心里真不是个味。走出村口，我不时回头望望我们的村庄，直到望不见。这时，我的眼泪只差没有掉下来了。我心里想：以后我一定要来的，一定和贫下中农住在一起的！

3. 认识到消灭三大差别主要在农村

开始，我对农业的认识是很粗浅的，还不清楚它是消灭三大差别的战略要地。

下乡了，最初的一个感觉就是农村生活不如城市，这儿既没有电灯，也没有自来水，没有电影院，又没有篮球场，农民的文化娱乐确实很少。但是将来要怎样改造呢？它与建设共产主义有何关系呢？我没有去想。

再看看，农民的子女是否都上学了？没有！农民有多少人能自己看报、写信呢？很少。以后怎么办？光停留在观察到的现象上吗？下文如何，我不清楚。观察到的现象多了，我就想广大贫下中农，现在在政治上翻了身，可是他们在经济上还有困难，文化上还没有翻身，他们仍然受着大自然的压迫，老天爷还在很大程度上束缚着生产力的发展。他们的生活比城市要苦，他们还没有城市那样的方便，既无电话，也无自来水；有些地方还没有公路，更不要说乘汽车了，这种情况应当改变。但是我并没有把这个问题同缩小和消灭三大差别的斗争联起来。因为过去我对于实现共产主义的感觉是抽象的、空洞的，嘴里说实现共产主义而奋斗也是无力的。

来到农村一月后，我慢慢感觉到要缩小以至消灭三大差别，实现共产主义的斗争就在身边，就在脚下，就在广大农村。逐步缩小以至消灭三大差别，主要应该是在农村，农村比城市落后，农村在许多方面都比不上城市。看一看我家旁边的"朱林小学"，桌子是用土基、木板搭起来的；板凳是残缺不全的。再看看学生，全都是男孩，没有一个女孩。这是什么原因呢？农民整天劳动，劳动量很大，可是他们的收益却抵不上城市工人，尤其是抵不上脑力劳动者。这又是什么原因呢？这就是工农差别、城乡差别、脑力劳动和体力劳动的差别。差别大的那一方在哪里呢？主要的是在农村。因此，要建设共产主义，就得大大发展和建设农村。

这次下乡的重要收获之一，就是具体地懂得了建成社会主义，实现共产主义，在现在和将来都必须把主要精力落实到提高发展农村上去，实现农业的四个现代化。

4. 为五亿农民服务，当一辈子社员

我是个共青团员，在我的入团誓词中，就有这样一句："为在我国建成社会主义和在将来实现共产主义而奋斗到底！要实现共产主义就得逐步缩小和消灭三大差别，不把农村这个基础打好，建成社会主义和实现共产主义就要落空。我，作为一个共青团员，要为建成社会主义和实现共产主义而奋斗，就要到农村去，去改变农村的穷白面貌，去为消灭三大差别而贡献自己的一生。

在工人阶级的领导下，贫下中农是革命的主力军，他们是我们在三大革命运动中最好的老师，从这一个月里，我深深感到我们要革命，就不能离开贫下中农；要革命，就要诚心诚意地为五亿农民服务。

这儿写的，全是"大道理"，但这些"大道理"是我在一个月的劳动实践中，在接触贫下中农的过程中得到的，它决不会成为空话。我坚信，我所写的大道理必定会回到我自己的实践中去。我要坚决为

五亿农民服务一辈子，我愿意上山下乡当社员。

高三 陶ＸＸ

二十、 我愿意当一个新农民

这次下乡的收获不同于往常，不是仅仅限于表面上认识了"谁养活了我？""贫下中农有哪些优秀品质？"而是接触到了根本问题：愿不愿意当社员。

下乡之前，自己也打算解决一个学习目的问题，但是没有同"愿否当社员"紧密联系起来，解决问题的着眼点还不是明确地放在"愿否当社员"上，学习《抓紧学习目的教育》一文，觉得这个问题很重要，决定锻炼期间多花些精力来考虑它。

来到井塘，这里比城市差的生活条件、劳动条件反映到脑子里，就把"当社员"的想法给堵住了。接连几天斩田，单调得很，就想："这样一锄一锄地斩一辈子？"接连几天看不到报纸，又想："一辈子蹲在文化闭塞的农村？"访问小姑塘新农民，知道他们一年来主要是过劳动关，其它工作做得少，脑子里又出现了一个念头："就这样平平凡凡，碌碌无为地当新农民？"看看井塘，再想想苏北农村，不敢在当社员的问题上想下去。

这时，学习了《为人民服务》，好好地想了主席的教导。主席要求我们完全、彻底地为人民服务，我到底是到安逸的地方去为"自己"服务呢？还是到艰苦的农村去为全国大多数——五亿农民服务？看来，"愿意当社员"就是为大多数人服务的世界观的具体化。平时说听毛主席的话，那么"为人民服务"就不能成为一句空话、一句假话，就应该落实到愿意当社员上。

这时，我才深感为大多数人服务是多么不容易，这是过去所没有过的认识。平时总认为自己愿意为大多数人服务，而且将来也肯定会为大多数人服务，无可非议。但是走到实践中，具体到当社员上，情况就变了。问题在哪里？过去是在个人主义的幌子下谈为人民服务。

既要"为人民服务",又要个人舒适,似乎是两者兼顾,实质就是为个人。濮家新农民朱ＸＸ下来之前为什么思想斗争那么激烈？发展的过程那么曲折？就是个人主义在作怪。所以,要树立为大多数人服务的世界观,愿意为五亿农民服务,就得和个人主义作斗争,敢于舍弃个人利益。只有彻底打破个人主义的坛坛罐罐,能迈开双腿走到农村来,扎根。

愿否当社员的问题,是青年一代如何防修,如何成为革命接班人的问题。ＸＸＸ为什么会成为与党离心离德的人？就是因为他不愿抛掉个人得失去为五亿农民服务。设想,我如果不解决这个问题,像过去一样在个人主义招牌下去"为人民服务",不很有成为ＸＸＸ那样的人的可能吗？而新农民则不,他们从事的是艰苦的劳动;做到的是如何改变农村一穷二白的面貌,为贫下中农服务;抛弃的是个人主义。今后只要他们坚持革命,不就可能成为可靠的革命接班人吗？

知识青年上山下乡当社员,对改变农村一穷二白的面貌、缩小三大差别,起着重要的作用。过去,我会讲：今天知识青年上山下乡同当年革命前辈打起背包上延安一样。而实际上对知识青年当社员的作用的理解并未达到这一程度。在实践中,才看到建设社会主义、实现共产主义,改造农村是一个关键。三大差别低的一头都在农村,要提高它,仅仅依靠老农民的力量是不够的。仅从我们所在的这个离大城市近,比较富裕的井塘就可以看出。这儿生产上人手不够;贫下中农想看革命戏,听革命歌,没人演唱;青年想学毛选,学文化、读报,能帮助的人太少;医疗卫生条件差,许多人有眼病,都得不到医治;妇女占总人数的大半,可是未组织起来;封建的迷信思想,风俗习惯害死人,没人破除。……这一切的一切都需要新农民。井塘尚且如此,更贫困偏僻的苏北的某些农村……又该是怎样的呢？从全国的农村来看,那就不是需要一个两个新农民,而是千百万个,千百万个啊！

认识到这些问题,从大处远处看当社员这个问题,对井塘、对农村的感情就变了。对斩田的单调,几天看不到报纸的闭塞,整天劳动的平凡,不是害怕,而是觉得自己有责任改造它,想改造它。听毛主席的话,向革命前辈学习,向英雄人物学习,这些都不能成为空话。我要当一个新农民,在艰苦的农村中通过平凡的劳动,为缩小以至消灭三大差别,为实现共产主义贡献力量,真正地为人民服务一生。

高二 石ＸＸ

二十一、 考虑问题的出发点

一个月的劳动锻炼,使我认识到,愿不愿意上山下乡当社员的关键在于你考虑问题的出发点是个人还是五亿农民。

下乡前,我是准备好好锻炼自己的,可是下乡后,一接触实际问题,我的思想又发生了变化。开始的几天,劳动是斩田。老是一锄一锄地斩,看着那一大片田野,我真有点害怕,难道我将一辈子在这儿斩田吗?这样下去多没意思,不是把我的青春和前途都斩掉了吗?现在还好,我们班的同学都在这儿,人多力量大,一会儿能斩一大片,要是将来我当了社员,和十多个社员一起劳动,这大块大块的土地要斩到哪天?而且,现在每天只劳动四小时,当了社员就忙了,除了整天参加劳动,还要种自留地,烧锅弄饭,还要学习,一天下来不累死了?再说,整年整月都重复这种工作,既单调,又默默无闻。明知这种思想不对,可就是不知如何克服,上山下乡当社员的决心就是下不下来。

访问新农民给了我很大的帮助。我把自己和新农民比比,觉得自己想的太窄了,光想到自己,忘记了贫下中农。六郎贫下中农的生活比起来是较好的,可是比起我们城里的生活,就差得远;再想想盱眙的贫下中农的生活则更为艰苦。难道我把这些都忘记了吗?忘记了我离开盱眙时立志改变农村一穷二白面貌的决心了吗?贫下中农成年累月辛勤地劳动,养活了我,可我光想到要自己享福,要自己快活。平时在学校里,看了一本书,看了一部电影,激动得不得了,下决心要像革命前辈那样把自己的一生贡献给人民。可是,一到农村来,我就不敢想象一辈子在农村干的问题了。觉得到农村来会无所作为,默默无闻,可我就没有想到我们国家的前途需要我们无数青年来奋斗；改变祖国一穷二白的面貌，消灭三大差别。这其实是最大的作为。我害怕默默无闻，可我忘了为了中国革命的胜利，无数革命先烈牺牲了自己的生命，他们当中千千万万都没有留下姓名；忘记了没有五亿农民默默无闻的劳动，就没有我们的吃穿，没有祖国的欣欣向荣。要完成共产主义大业，需要有无数的人牺牲个人利益，默默无闻地作出贡献，而且，这样的人是非常多的，为什么我不愿意成为这样一个人呢？我嫌农村单调，可就没想到贫下中农的生活更单调，如果我想到农村来，就能把文化带下乡来，使贫下中农的文化生活丰富起来。

农村的生活、劳动都比城市要艰苦得多，可是，没有苦，哪来的甜呢？毛主席说："要使全体青年懂得，我们的国家现在还是一个很穷的国家，并且不可能在短时间内根本改变这种状态，全靠青年和全体人民在几十年时间内艰苦奋斗，用自己的双手创造一个富强的国家。社会主义制度的建立给我们开辟了一条到达理想境界的道路，而理想境界的实现还要靠我们的辛勤劳动。"这就是说，到农村来肯定是艰苦的，问题是怎样对待艰苦。在这点上，新农民给我作出了极好的榜样。我觉得新农民是处处找苦吃，迎着艰苦上，把艰苦当作锻炼自己、考验自己的最好的东西。我有怕苦思想，针对此问题给自己树立对立面，到农村来锻炼就是最好的方法。毛主席已经清楚地给我们指出了：要改变祖国一穷二白的面貌，全靠青年和人民的艰苦奋斗。这个重担子已经交给我们了，难道我们能不勇敢地担当起来吗？

总之，遇到矛盾时，想到自己，就只能在个人主义的圈子里打转转，出不来；但想到祖国，想到人民，就有了力量，矛盾就能解决。毛主席在《为人民服务》中有一段话给我印象很深，"中国人民正在受难，我们有责任解救他们，我们要努力奋斗。要奋斗就会有牺牲，死人的事是经常发生的，但是我们想到人民的利益，想到大多数人民的痛苦，我们为人民而死，就是死得其所。"我想，只要我时时记住毛主席的话，并且扎扎实实比照这段话去做，愿意下乡当社员的问题一定能解决，在农村干一辈子革命的问题一定能解决。

高二 张ＸＸ

二十二、要自觉革命

这次到农村来锻炼一个月，冲击了我个人的最根本的东西，对"愿意不愿意上山下乡当社员"的问题有所体会，感到自觉革命、自觉改造是关键，"愿意不愿意"的问题，就是自觉不自觉革命的问题。

在四清运动中，看到贪污的会计，我很气愤。心想，你学了一些知识，就欺骗、剥削贫下中农？但是，仔细想想，我们学了知识，就想把它作为本钱，一心只想考大学，吃好穿好，不劳动，这难道不可恨吗？会计贪污，有明摆着的事实，而我们的"学而优则仕"，不愿下农村，想脱离体力劳动的思想实质，和他又有什么不同呢？

我们学的知识是从什么地方来的？不劳动就不可能有知识，因为知识就是生产劳动和阶级斗争经验的积累，而使我们能够学到文化科学知识的，则是贫下中农辛勤劳动的果实。拿我和贫农的女儿石××比吧，我从没种出过一粒粮食，可是却吃得饱、穿得暖，念了十几年书，学了一大堆知识；而她呢？终年丢了钉耙拿铁锹，同泥土打交道，今年十七岁了，和我同年，却连江宁镇都没去过，陆郎镇也只到过一次！没有她们的这种劳动，我们怎么可能在城里读书呢？他们养活了我们，自己过着艰苦的生活，可是，我们在城里读书时，却只想升大学，想都不想到他们。这是最大的忘本啊！想想我们十几年来都被别人养着，读书的费用更是贫下中农给的，学的知识到农村来，一部分暂时还用不上，我们又有什么权利说"屈材"呢？我们的个人利益稍有损害，就大喊委屈，想想贫下中农，如果我们是他们，还不知要多么"委屈"呢！为什么我们尽跟大学生比而不跟农民比呢？根本原因是眼里没有农民，看不到这个大多数，从个人出发，而不是从革命利益、从大多数人的利益出发。

接触了新农民，感到他们真是先进。从新农民身上看到了我们这一代人的责任。我们这一代不但有用枪炮打天下的任务，还要逐步消灭三大差别，为过渡到共产主义创造条件。三大差别中就数农村这一头低，要消灭三大差别却不愿到农村来，岂不是空话！新农民的实际行动说明了，只要敢于牺牲个人利益，把革命放在第一位，就能为实现共产主义作出贡献。

在国内国外尖锐复杂的阶级斗争面前，我感到我们成为什么样的接班人的问题，不是个人的事，它关系到中国的前途、世界的革命。如果我们不解决学了知识干什么的问题，毕业后个个都只想升大学，找轻松事干，图名利，把个人利益放在第一位，忘掉了贫下中农，丢掉了世界革命，那还谈什么接革命的班呢？革命战争中的叛徒是最可恶的，而现在我们面临着的事业的叛徒同样可恨。只看到个人利益，丢掉革命，忘记世界大多数人的人，就是叛徒！如果在用枪炮打天下时，我们贪生怕死，成了甫志高那样的叛徒，在缩小三大差别的斗争中，我们贪图享乐，当了艰苦事业的逃兵，我们将会辜负老一辈革命者对我们的莫大的期望！我们如果只看到个人，就有可能出修正主义，就有可能把革命先烈流血牺牲打下来的江山断送掉。不，我们决不做革命的叛徒，我要争气啊，争革命的气，争大多数人的气！我要革命，就必须铲除个人主义，投身到革命中来，投身到缩小三大差别的斗争中来，到一穷二白的农村中来。

看你革命不革命，就看你愿意不愿意到农村来当个社员，就看你愿不愿意当工人、农民。每当我想到要实现共产主义，想到农村的一穷二白，想到广大贫下中农，想到革命的前途时，就敢下决心到农村来，一想到反面的东西，就犹豫，头脑中斗争得很厉害。我觉得现在的思想斗争已接触到我思想中根本的东西，这是一场彻底抛弃个人主义与否的斗争，是一场解决立场问题的斗争。

通过这次劳动，我自觉革命的决心加强了，感到了我们这一代担负的重任，也抓到了自己思想上的主要矛盾。现在，我当社员的决心还不够坚定，回去后，要更加紧学毛选，和贫下中农多联系，多劳动，多吃苦，不放松思想斗争，从大多数人的立场出发干一切事，把感情变到贫下中农这一边来。总之，要坚持自觉革命。

高二 麦ＸＸ

二十三、　克服三个"怕"，甘愿当社员！

这次下乡劳动锻炼一个月，我觉得收获比以往四次都大，因为我基本上解决了一个重要的问题，那就是愿意上山下乡当社员的问题。

这个学期刚开学不久，我发现自己在暑假里思想回潮很厉害，感到这样发展下去很危险，因此，也很着急，很想解决这个问题。在未下乡前，同学们互相暴露了思想，使我进一步认清了问题的严重性。学习了《抓紧学习目的教育》《走历史要走的道路》两篇文章，要求解决一颗红心，愿意上山下乡当社员这问题的心就更加迫切了。因此，在农村的每一天，我都在想，思想都在斗争。毛主席说："事物发展的根本原因，不是在事物的外部而是在事物的内部，在于事物内部的矛盾性。"解决问题，根本上要靠自己主观上的努力。学校在劳动、生活、学习的安排上也给我们创造了很好的条件，使我们有充分的时间学习毛主席著作，参加实践，加强思想斗争。此外，又看了五封校友的来信，学校领导同学又亲自深入小组，参加讨论会，进行启发教育。这些外部条件，通过自己迫切要求解决问题的主观愿望也都起了作用。

我跟不少同学一样，不愿到农村当社员有"三怕"，一怕农村苦；二怕农村生活单调，没有丰富多彩的文化生活；三怕平庸无奇，默默无闻。

七号到了生产队，八号上午我们小组大部分同学就去陆郎拿书包、买粮食。从黄头生产队到陆郎镇一直是田埂小道，弯弯曲曲的，来回二十里路。走到陆郎已够呛了，脚上起了泡，回来挑三四十斤重的担子，两个人轮换着挑还累得浑身冒汗。那时想，将来当了新农民要和农民一样送公粮，那不知要累成什么样呢？心里真怕。三四天过去了，老天爷又下起雨来，心里感到真窝囊。特别是挑水很困难，一步三滑，老要跌跤。我想，在农村连吃一顿饭都是不容易的，要是在城里，别说可以不挑水，即使家里没饭了，也可以上街买两个烧饼饱肚子。可农村呢？不挑水就是不行。这时读了《关于重庆谈判》一文，主席说："我们是为着解决困难去工作、去斗争的。越是困难的地方越是要去,这才是好同志。……艰苦的工作的就像担子,摆在我们的面前,看我们敢不敢承担。"党号召我们知识青年上山下乡,就是为着解决农村的穷白面貌,为了缩小三大差别的。越是苦,我们越是要去,这才是好同志。革命接班人必须是不怕苦不怕死的。在团小组会上,大家谈到了中印边界反击战中解放军不怕苦、不怕死的动人事迹,我们还读了《怕艰苦就是和平演变的开始》的文章,这时我对苦有了进一步的认识。苦,也是相对而言的,我们现在说的农村的苦,跟解放前千千万万贫下中农、广大劳动人民受的苦比,跟革命先辈闹革命时所受的苦比,根本算不了什么。志愿军战士在朝鲜作战时,蹲在山洞里,吃一口炒面一口雪。有人问他,你不觉得苦吗?你蹲在这山洞里,不觉得憋得慌吗?他说:"我在这儿吃苦,就是为着祖国人民和朝鲜人民不吃苦,我在这儿蹲山洞,就是为了使祖国的人民能在大马路上自由自在地走来走去。"我们也应该这样想,在农村当新农民吃苦,就是为着改变祖国一穷二白的面貌,为了使千千万万的人们都能过幸福的生活。主席说:"要使全体青年们懂得,我们的国家现在是一个很穷的国家,并且不可能在短时间内根本改变这种状态,全靠青年和全体人民在几十年时间内,团结奋斗,用自己的双手创造出一个富强的国家。……理想境界的实现,还要靠我们辛勤的劳动。"以后,社员问我:"你们下来苦不苦啊?"我就说:"苦是苦一点,只要值得就行。"

开始,我老觉得农村生活单调,没有星期天,一年也不知能否看上一场电影,一天到晚是上工、下工,吃饭睡觉,枯燥无味,生活一点也不丰富多彩。一个月下来,我不再感到农村是我想象的那样单调了,每一天,我都很快活,很有乐趣,特别是四清运动的开展,社员们都组织起来了,贫协筹备小组、民兵活动、青年小组搞得热火朝天。这时,我就想,说单调又不单调,说不单调又单调,看你是怎样来对待的。一天到晚上学,不单调?天天上班不单调?为什么这些都不感到什么,而偏嫌农村单调呢?文化生活,在农村的确暂时还是很少的。可是,没有农村劳动人民辛勤的劳动,没有农村"单调"的生活,就没有城市丰富多彩的生活。

再一个问题是,我不愿平庸无奇,默默无闻。人说:生命是最宝贵的，应该使它放射出灿烂的火花，一定要干出轰轰烈烈的大事来。刚下来时，我感到这么广大的落后的地方，短时期内还不可能很快改变面貌，天天拿锄头、钉耙，整天和扁担、大粪打交道，无声无息的，真没意思，何况我是读了十二年书的人哪！这样过一辈子，岂不是埋没了一生吗？后来仔细想想，为什么我不愿默默无闻呢？是想锋芒毕露，出人头地，不可一世，要名要利！好像这样就是生命的火花，就没有埋没一生。这是最可耻的想法！广大劳动人民辛勤劳动，祖祖辈辈默默无闻地劳动，为社会创造了财富，他们没有丝毫怨言，他们用血汗供养我们读书，可我们呢？却不愿像他们那样勤恳劳动，他们培养我们是为的什么呀！

　　×××的那封信和学校领导的教育，使我比较深刻地认识到不愿上山下乡当社员，怕苦，要名要利的严重危害。×××就是个人主义发展到狂妄的地步，成了可耻的"逃兵"。设想一下，假如全班、全校、全市、全省以至全国的青年都像×××一样怕艰苦，不愿下农村，那么中国将会变成什么样子呢？这样下去，中国不就要变颜色了吗？不就要像苏联那样出修正主义吗？不就要走上资本主义的老路上去吗？千千万万的劳动人民不就要重新过那种悲惨的生活吗？那将会又出现多少个杨白劳、喜儿！想想，心里很不是个滋味。这是个关系到国家前途的严重问题，这是个值得深思的大问题啊！这时，我发觉自己考虑问题都是从个人的角度出发的，把贫下中农、广大劳动人民，全部丢在一边了。想到这些，我下决心抛开个人的一切，坚决听党的话。考不取大学，要高高兴兴地到农村来当社员；即使考取了大学，最终也要回到广大劳动人民当中去！

　　有了正确的思想，考虑问题的角度就改变了。看到贫下中农进行繁重的体力劳动，沉重的担子压在他们的双肩，听到他们哎哟哎哟的号子声就想，什么时候才能改变这种状况呢？什么时候才能丢掉扁担呢？要把广大贫下中农从繁重的体力劳动中解放出来，就得有大批知识青年跟他们结合起来，共同奋斗。一次，一个农民生病了，我和新农民去看他，他躺在床上，紧锁眉头，说头像炸开了似地痛，我们在旁边没办法，只给他两片解热止痛片。我想，要是一个生产队都有一个卫生员，就好了。我们打算回校后，多学学《农村实用手册》，学会治些小伤小病,将来到农村,白天劳动,空闲时当个卫生员,为贫下中农治病。看问题,考虑问题的角度一变,感情也就和过去不同了,处处想把自己当个新农民来看,想和农民一样,赤脚、穿草鞋。能细心发现贫下中农的优秀品质,有意识地向他们学习,热心为他们服务,这样我和他们之间的感情逐步加深了。离开农村前,一位婶婶对我说:"我们想留你下来,不要走吧!"我听了这话,真是又高兴又惭愧。这不是一位婶婶对我的希望,这是千千万万贫下中农、广大劳动人民对我们知识青年的希望。我们要回到学校里去了,但是最终我们是要回来的,永远不走,永远和广大劳动人民在一起,在广阔的农村,生根、发芽、开花、结果。

高三 徐ＸＸ

二十四、 在反复斗争中前进

在陆郎公社一个月的劳动锻炼中,我的思想发生了很大转变,可以这么说,我已基本上确立了上山下乡当社员的思想。下面讲讲我的思想是怎么转变的。

刚考上高中时,我就暗暗下了决心,好好学习三年,争取考上大学。那时,下农村的事我想都没想过,我公开表明,现在谈什么下农村是不现实的,高三毕业以后再说。我一直埋头在书本中。高一下学期,有些同学写家史,我回家也要妈妈给我讲讲。妈妈告诉我,爷爷和外祖父家里都很穷,父亲上学向人家借钱,因为还不起账只好失学了。提到过去,妈妈就对我讲:"你要好好学习,你哥哥读到高三去参军了,假如你考上大学,你就成了我们家第一个大学生。"从此,"我们家第一个大学生"这句话在我的头脑里就一直起着作用,我觉得,像我这样的人就应该上大学,应该在文化上"翻一翻身"。

学习董加耕、黄ＸＸ,使我受到很大的教育,我开始对下农村有了一些想法。特别是教改以后,通过一次又一次的下乡锻炼,我对农村、对贫下中农产生了一些感情,开始有了参加农业劳动改造自己的愿望,但升学观点还是占上风的。上学期结束,我很想在暑假里到农村去锻炼一个月，但又想到我明年就要考大学了，假如这个暑假不好好复习功课，以后就没有这么好的机会了。一想到升大学，我犹豫不定了，不过最后还是下乡去了。

　　一个月的农业劳动，使我对农业产生了极大的兴趣，我想，要是我将来在农村，我就可以搞科学实验。现在水稻的白叶枯病、山芋黑斑病都还没有什么特效药，眼看着农业受损失。要是我能找到根治它们的药多好啊！那时，我几乎完全肯定，我将来一定下农村，即使考大学也一定要考农业大学。父母对我的态度显然是不满意的，他们表面上不反对，却从侧面影响我。有时我干活干得很累回到家里，父亲就对我讲："这还是轻活，你就这么累，重活更吃不消了，农业这碗饭可不是好吃的！"对于父母的这些话，我一顶就顶回去了，他们拿我无可奈何。

　　从农村回来的途中，遇到十级台风，轮船停泊在一个小镇旁，因为无事可干，我和许多人都认识了。大概因为我马上就要升入高三了，许多人对我发生了兴趣。一位大学教师，挺关心地对我说："你马上就要考大学了，考大学前，你要找个熟悉大学情况的人谈谈，千万不要乱填表！"他又问我喜欢哪一门学科，他向我介绍了十几个大学，从南到北，从东到西，某某大学名教授多，某某大学设备好，某某大学又是怎么样，等等。那时，教改在我身上还是起作用的，我对这位大学教师始终保持着警惕性。后来，两个大学生也问我毕业以后干什么，我告诉他们，我既想下农村，又想升大学。他们听说我想下农村，就问我："你知道农村很艰苦吗？你了解农村吗？"我说："我下过好几次农村，我知道农村很艰苦。"他笑笑对我讲："我从小生长在农村，可以这么说，我还了解农村。"停了一会儿，他又说"你，热情很高这很好，但不知道农村的情况，凭着一时的热情下去了，是经受不了那些苦的。我真想叫你看看我的家乡，一个劳动力担负十几亩田，生活非常苦。"后来我实在听不下去了，就对他说："你是想用农村的苦来吓唬我吗？"他连忙说："不、不，我是想让你了解了解农村的情况。"在轮船上，我就这样碰到了许多"义务教员"，他们公开地对上山下乡当社员的思想进行挑战。对这些反面教员，一开始我还有力量抵抗，后来听得多了，再加上我的思想原来就不很坚定，慢慢地也就倾向他们了。回到家里,看到有些同学已经复习了许多功课,而我一点也没看,心里不由得着急起来,我想,这个暑假算是浪费了。

一开学,我就拼命看立体几何、三角,谁知学校贯彻"七·三"指示,开学不久就提出第七节课后提倡参加体育锻炼,一般不看书,我很不满,感到它打破了我的升学计划,使我升学的希望破灭了。我一横心:不考大学了!我想,自古到今,许多名人都没有上过什么大学,就拿今天来说,水稻专家陈永康也没上过什么大学,还不是成了名,成了家?这时,我把升大学和下农村进行了对比,要是能把五年上大学的时间用来劳动锻炼,也可以学会好多农活,可以进行科学实验,几乎也可以成名成家了。越想我对农业越有"感情",越想我对书本越不感兴趣了。

这次下乡,学校要求我们每个人带着问题下去,我觉得自己下乡没有什么问题,是"心甘情愿"的,我认为我最主要的问题是培养贫下中农的感情。

下乡后,因为环境变了,升大学的影响几乎没有了,我的脑子顿时变得平静和清醒了。我自己也觉得很奇怪,怎么一下子想的全是上山下乡当社员的事了?同学们向我指出:"现在你在农村想的是下农村,等回到城市又要想升大学了。"经他们一点,使我明白了,现在,我当社员的思想并不是牢固的。环境一改变,马上思想就可以变的,主要原因是:我没有真正把脑子里深处的错误的片面升学思想挖出来,只是在片面升学思想上蒙了一层当社员的思想,微风一吹就可以把这一层浮皮掀走的。

怎么树立上山下乡当社员的思想呢?一开始我采用闭门学毛选的办法,并没有接触到自己的思想实质。这时,理性上懂得,衡量一个青年是否革命,要看他愿意不愿意,并且实行不实行和工农群众相结合,也明白要全心全意为人民服务。但是,总觉得这些话都很玄,很难和自己联系起来。后来,我改变了学毛选的方法。首先把自己的错误思想统统挖出来,并把它产生的根源、发展的过程都整理了一下。这一步对我来说是很困难的,但是我想,坏思想不挖出来,新思想就不能树立。假如连暴露自己的思想都不敢，那还谈得上什么改造自己呢？思想暴露不等于解决问题，下一步我又去学习《人的正确思想是从哪里来的？》这篇文章，主席在这里回答了我的问题，"人的正确思想只能从社会实践中来，只能从社会的生产斗争、阶级斗争和科学实验这三项实践中来。"这时，我就照主席的话去做。主动接触贫下中农，和贫下中农建立感情，克服自己的个人主义思想。和贫下中农劳动、生活在一起，我发现他们有些优点真是我所缺少的。他们整年整月默默无闻地劳动，把劳动当成习惯，他们很厌恶那种不劳动、贪图享乐的人；他们从不想成名成家，安于做一个普通的劳动者，兢兢业业为社会主义建设事业贡献自己的一份力量。而我呢，还未劳动就想成名成家了！有一次，我问一位贫农："你想不想在城里工作？"他回答我说："都到城里去工作，粮食哪个生产？"听了他的回答，我很惭愧。从此以后只要我想到什么成名成家，我就想起了这位贫农的回答。贫下中农的形象，他们的行动使我认识到在我们的国家里，一个革命者只应考虑怎么去对人民对祖国作出更大的贡献，不应当妄想什么成名成家！

从这以后，我就常和贫下中农在一起学毛选，谈心得；帮他们缝被子、补袜子，他们也对我亲如家人。贫下中农常对我说："陈行乔，你留下来给我们队当会计吧！别人当会计我们不放心，除非新农民来当。"这时，我更体会到农村的确需要一大批有社会主义觉悟有文化的知识青年，贫下中农对我们寄予莫大的希望。生活在农村，生活在贫下中农之中，使我的感情发生了转变，我觉得我和他们之间的距离缩短了。特别是在四清运动中，听到许多贫下中农对四不清干部说："社会主义教育运动并不是要你们几斤粮、几块钱，而是要挖掉你脑子里的资本主义思想。"我就很受感动，贫下中农确实深明大义，公而忘私，相比之下，我觉得自己气量太小，目光短浅。在劳动之余，当许多不识字的农村青年要我们读毛选给他们听时，我心里就感到难过，他们不识字，没有机会上学，是他们把上学机会让给了我们。他们为培养我们而牺牲了自己，但毫无怨言，而我却在那里大想什么做一个"我们家的第一个大学生"想个人的"文化翻身"！接触了贫下中农，我觉得自己站得高了，看得远了，不再在"我"字上打转转了，逐步克服了错误的片面升学思想。

　　这次下乡，我经历了一次激烈的思想斗争，我很高兴，在这阶段里我取得了胜利。但我一定要牢牢记住共产主义战士赵梦桃说过的一句话："红旗扛起来容易，把它举到底就难了。"现在还只是开头，以后，当毕业临近时，面临的思想斗争将会更激烈，我一定要把红旗扛到底。

高三　陈ＸＸ

二十五、　继承父母遗志，将革命进行到底！

　　下乡一月，我思想上提高很大，在建立共产主义人生观这个问题上，这一次比以往任何一次下乡都要解决得深刻，想为贫下中农服务的愿望也比以前要强烈得多。除了其它客观条件之外，这一次思想暴露得彻底是促进我进步的重要因素。我第一次尝到了暴露思想的甜头，回校后我一定要坚持这样做。这次下乡读到的五封信，每封信都给我很大启发，使我获益不少。

　　我脑子里的个人主义思想不少，而它们都集中体现在我想成名成家这一点上，这个问题长期以来没能彻底解决，这次由于自己暴露了它，并且和它作了艰苦的斗争，因此解决得比较好。下乡来，和贫下中农朝夕相处，拿自己和他们比较，真是问心有愧，他们平均每人一年要交一千多斤公粮，对国家的贡献真不算小，生活水平呢，尽管比解放前好了不知多少倍，但仍然比我们差得多。一个对国家毫无贡献的人过着比对国家有贡献的人优越得多的生活，这是极大的不合理。我从小父母就逝世了，我所有的一切，都是党和人民给予的，我完全是贫下中农的汗水养大的，我应当比别的同学更强烈地感到这一点，然而我却没有。整天所想的不是怎样为他们服务，而是自己能否留芳千古。这是多么肮脏、渺小的个人主义啊！现在，我真是从心里憎恶这种思想，我一定要彻底抛弃它！

　　看了ＸＸＸ的信，我思想上受到很大的震动，我没有想到一个人的个人主义竟会发展到如此严重的进步。我的父母一生都献给了革命事业，但是如果我不和自己的个人主义思想作彻底的决裂，发展下去，修正主义不就会出在我的身上吗？那我不仅不能把父母的事业继承下来进行到底，还会把他们用毕生精力换来的成果葬送。想起来真令人寒心啊！

　　为了和自己的个人主义作斗争，我经常想着那些先进人物，其中想得最多的是欧阳海和雷锋。雷锋和欧阳海光辉的一生在我心中留下了极深的印象，我一想到他们，心中就无限激动。欧阳海生前曾说过："如果需要为共产主义的思想而牺牲，我们每一个人都应该，也可以做到——脸不变色、心不跳。"他们的心中根本就没有"我"字，他们的思想达到这样高的水平，我也应当达到。要把他们崇高的革命思想学到手，就要彻底抛弃一切个人主义。主席说过："无数革命先烈为了今天的胜利献出了他们的生命，使我们活着的人想起他们就心里难过，难道我们还有什么错误不能改正，还有什么个人利益不能抛弃吗？"先烈们用鲜血换来了今天的胜利，祖国的更加美好的前景正摆在我们的面前，农村的壮丽远景也在面前，就等着革命的人们去开发，我为什么老是看着自己的鼻子尖呢？太没出息了！只有和贫下中农同甘共苦，艰苦奋斗，为通向共产主义铺平道路，为消灭三大差别贡献自己的一生，这样的一生才是壮丽的一生，才是有意义有价值的。一个人吃好穿好不算幸福，只有天下穷苦的人都过上美好的生活，才是真正的幸福。

　　读了王ＸＸ和区ＸＸ的来信，我感到：如果我的成名成家思想不彻底克服，到大学肯定不会坚持教改的方向，我很有可能一头埋进书堆，为科学家的称号而奋斗。这真太危险了。

　　我国的第三个五年计划就要开始了，我多么盼望能立即亲身参加祖国的社会主义建设，多么盼望上山下乡奋斗终身！明天我们就要离开这里，我真不想走。生产队里一个青年陶家友对我说："今天晚上你给我上最后一课了，我一定要多学一点。我真不希望你们走！我们太需要你们这些人来教我们文化了！"听了这话，我心里久久不能平静：一穷二白的农村实在太需要革命的知识青年了！

　　回校以后，我一定要时时记住养活了我的贫下中农，常常回忆这儿的生活，重温在这儿写的文章。坚决抵制一切资产阶级个人主义思想的影响，做到思想不回潮，或者少回潮。我这一辈子一定要像雷锋欧阳海那样度过，沿着父母所走过的道路，将无产阶级世界革命进行到底！

高三 高ＸＸ

二十六、 关键在于一颗红心

这次到农村锻炼一个月，接触了贫下中农，进行了调查研究，参加了劳动实践，通过学习毛主席著作，通过反反复复的思想斗争，解决了当兵与当农民的关系问题。

我这个人当兵思想唯一，只想当兵，不想当农民。想当兵而不想当农民有五个原因：

其一，受家庭和社会影响。父亲是烈士，以前是解放军，母亲也在部队工作过，姐姐现正在部队工作，也有不少亲友是解放军，他们大多希望我以后当兵。这个暑假又到连队当兵三、四十天，战友们也都希望我以后当兵。

其二，思想认识上有片面性。以为建设共产主义就要打消灭帝国主义的一场大仗，既然我们的基点放在"打"字上，我就要去当兵，农民反正有别人去当。

其三，觉得部队是个革命的大熔炉，政治空气浓，有亲切的连长、指导员与战友的帮助，有二百米硬功夫的考验，英雄有用武之地，进步快，入党快。而农村没有部队政治空气浓，跟贫下中农学不到什么东西，整天与锄头打交道，英雄无用武之地。

其四，认为部队文化生活好，电影多，晚会多，精神愉快。农村文化生活差，电影少，晚会少，没意思。

其五，从兴趣出发。心想当兵多快活，打枪投弹真有意思。而农村老一套，整天作一些简单的劳动，太单调。

这样，我的心目中就只有部队，没有农村；只有解放军，没有贫下中农。两次到农村,印象不深,走了以后,全无联系。一次到部队,终日难忘,走了以后,书信来往。一开口就是部队怎么样,解放军怎么样,而没有半个农村怎么样,贫下中农怎么样。

开学以来,自己产生了几个问题:我天天讲为人民服务,到底这"人民"是谁呢?老师讲为贫下中农服务,为什么自己感到很抽象?为什么报纸上天天宣传贫下中农的事迹而自己也两次到过农村但心目中却没有贫下中农的形象?为什么自己劳动嫌粪臭而贫下中农不嫌呢?

当我知道十月份要到农村锻炼时,就决定在这次劳动实践中去接触贫下中农,去调查研究,去劳动锻炼,以解决这一系列的问题,来解决我的人生观问题。

到了农村,接触了贫下中农,进行了调查研究,参加了劳动实践,思想起了变化。

人要吃饭,这是连三岁小孩都知道的,但有许多人对这个简单的道理却往往认识不足。我以前就不懂这个道理。有人要说:"哟!你长这么大,连人要吃饭都不懂哪?"我说:"是的,我确确实实是不懂。"

参加了劳动。一锄一锄地斩田,一个下午几个小时就感到累了,手上又起了水泡,生疼的。心想人要吃饭真不容易啊!五亿农民一年到头一犁一锄地劳动,不正是为了大家要吃饭么?

我以为自己去当兵,农民反正有人当,其实不然。这次读了某人的一封信后,全班同学都暴露了思想,四十九个同学一个也不愿当农民。我不愿意当,你不愿意当,他也不愿意当,大家都不愿意当农民。大家都不愿意当农民,都去当解放军,都去当工人,都去当科学家、当医生,那我们以后吃什么?恐怕啥也吃不到。

"欲穷千里目,更上一层楼。"放假那一天,我登了白头山,居高临下,方圆一百多里的景色皆历历在目。村庄、田野、池塘与蓝天构成了一个广阔的天地。西北面是银带一般的扬子江水,东北方的远处隐约可见南京的城廓;然而它和眼前一片广阔的农村比起来是多么小啊!西面丘陵中的马鞍山与广大的农村比起来又是多么小啊!看看在广阔天地里辛勤劳动的人们，再看看南京城廓和马鞍山的烟囱，使我想到没有农民的劳动，哪会有城市？哪会有工业？哪会有国防？哪会有科学文化？五亿农民一年三百六十五天的辛勤劳动正是因为人们要吃饭啊！回来的路上，看到农村的每一块田地、每一个池塘、每一个村庄都觉得亲切、可爱。然而更值得敬爱的是主宰这广阔天地的贫下中农。

人说站得高，看得远，到了一趟白头山，觉得确实是这样的。但革命接班人光看到方圆一百多里的地方还不够，还要看得更大些，要看到全国、全世界。"牢骚太盛防肠断，风物长宜放眼量。"我想当兵有好的一面，也有不好的一面，考虑到个人利益、个人兴趣而不愿当农民这就不对了。

贫下中农成天都在一犁一锄地劳动，他们的生活状况却比我们、比部队差得多。我们在学校住的大楼、瓦房，用的是自来水、电灯，穿盖不缺，每月吃上卅二斤白米，一天几个菜，常开荤。我们在这样好的条件下读书，还可以经常看戏看电影，过年过节有假期，每星期有一天休息，可谓舒适了。部队呢？战士们训练是很苦的，但他们的物质、文化生活是比农村好的。我暑假所在的那个部队，住的用的也和我们差不多，穿的盖的每人一床被子，一顶蚊帐，定期发军装；吃的每月四十五斤米。战士们在部队还可以学文化，常有晚会、电影，星期六有休息。而贫下中农住的是草房，用的是油灯、塘水。我们生产队有位老贫农，房子坏了，但没钱修，有时连煤油都没钱买，家里两个人合盖一床破棉絮。一般贫下中农都是几人一床被子，甚至一家只有一床被，他们的衣服都比我们破，有人全部的衣服还没有我们一人带去的衣服多。许多小孩因要参加劳动而不能上学，很少看到电影；大队里放电影，一起去看，别的大队放电影，也有人跑远路去看。想想我们的条件，真比贫下中农好上多少倍！

我以为跟贫下中农学不到什么东西，实践一下，对比一下，就不以为然了。贫下中农不忘阶级苦，在社会主义教育运动中站稳立场，坚决与地富反坏作斗争，坚决与资本主义道路作斗争，坚决跟着党和毛主席走社会主义道路，将革命进行到底的精神不正是我应该学习的吗？贫下中农把辛勤劳动的果实交给国家、支援国防、支援工业、支援城市、支援中国革命，也支援了世界革命，这不又是我应该学习的吗？贫下中农身为普通劳动雾，每日辛勤劳动，奋发改变农村一穷二白的面貌的愚公精神不也是我应该学习的吗？是的，我要做一个小学生，老老实实地向贫下中农学习。

如此一想，再学《为人民服务》就能解答以前的许多问题了。这样也就不觉得为人民服务这句话抽象了。这个主要的问题一解决，其它问题就迎刃而解了。

为什么我劳动嫌粪臭而贫下中农不嫌呢？这次听到贫下中农与新农民说没有粪臭就没有米香，颇有感受。人要吃饭，社会主义建设要粮食，贫下中农才与臭粪打交道，正因为如此，各行各业才能发展；正因为如此，我们才能每月吃上卅二斤大米。我才劳动一个月，就觉得粮食来得不容易了。想想自己饱食终日，脱离劳动，吃贫下中农的饭，劳动一下就嫌粪臭，感到自己思想太臭了。贫下中农身上的臭味只是衣服上的臭，皮肤上的臭，只要洗把澡，换身衣服，一、两小时就能解决问题的，可是我思想上的臭却臭入内心，臭不可挡，非得痛下决心长期与贫下中农打成一片，长期在劳动中改造自己才能洗掉这臭。我要在与贫下中农的接触中，在劳动中洗掉自己思想上的臭味。

我以为在部队进步才快，在农村进步就慢。看看到农村才一年的新农民变化如此大，他们在三大革命运动中锻炼，开始有了阶级斗争、生产斗争的实际经验，他们勤勤恳恳地劳动，为人民服务，甘心做一辈子社员，谁能讲他们进步慢呢？当然不能！我呢，在学校想的是当兵问题，在部队想的是打仗问题，在农村却反反复复想着敢不敢当社员的问题，想的是如何做一个无产阶级革命事业接班人的问题。怎么能说在农村进步慢呢？当然不能！

我以为农村文化生活差，没意思。这是道道地地的怕苦思想，个人主义！新农民给了我很好的帮助，他们以为农村文化生活差是旧社会造成的，我们现在到农村正是为了使看不到电影的农村变成看得到电影的农村。

我以为军事训练有意思，而农活单调。农村生活单调么？新农民说："农业劳动本身就是一种艺术，就是丰富多彩的。"我这几天才学了斩田、割稻，并且做得很差。别的许多农活如耕田、插秧，等等，我连碰也没碰过，还有什么理由说单调呢？为什么我在部队天天扛线拐子①就不觉得单调呢？这说明我的思想不对头，对劳动、对劳动人民没有感情。

这些问题解决了，我对当兵与当社员的关系就有了新的认识。

中国人民解放军是毛主席一手缔造的全心全意为人民服务的经过了长期革命考验的部队，是非常无产阶级化、非常战斗化的部队。这个部队高举毛泽东思想红旗，坚持四个第一，大兴三八作风，为党、为人民培养了许多革命英雄，如欧阳海、谢臣、雷锋、王杰，等等，是个革命的大熔炉。

中国农村是个广阔的天地，是我国革命的根据地，这里有着占我国人口绝大多数的贫下中农，这是我们服务的主要对象；这里有着复杂尖锐的阶级斗争，革命的知识青年在这里是大有可为的，这里同样是革命的大熔炉。

我们要树立起一个共同的理想：实现共产主义。要实现共产主义，要打一场消灭帝国主义的大仗，也要消灭三大差别。革命事业不但需要知识青年去当兵，也需要广大的知识青年到农村去。

我要在实践中改造自己的思想，勇于当一辈子社员，也要时刻准备响应参军的号召，以履行我保卫祖国的义务。

关键在于一颗红心。

高二 朱ＸＸ

二十七、 要敢于下"愿意当一辈子社员"的决心

过去我对一辈子当社员的问题根本没有认真考虑过，即使说过一些，有时也是一时冲动，讲讲大道理而已，很少进行思想斗争。因为我想：我出身好，思想、成绩也不错，上大学是没有问题的。从小

我的成绩就很好，叔叔阿姨见面就夸，长大些后，看见哥哥姐姐都考上了大学，我也想考大学，当军医，甚至有时连做梦都梦见自己已经当上军医了！后来，看到哥哥姐姐和爸妈的一些老同志的小孩都顺利地考上了大学，我就想，像我这样，还不是稳稳的吗？至于到农村当社员，是轮不到我头上的。抱着这种思想，我就很少展开思想斗争，因此也就挖掘不出思想深处的资产阶级个人主义。

在学习《抓紧学习目的教育》一文时，看到这么一段：一个首长对他的侄子说："如果你将来毕业后愿意上山下乡当社员，就让你考高中；如果你不愿意，就不准你考高中。"开始我不以为然，觉得这句话说得不十分对。为什么一定要愿意当社员呢？当个军医难道不比当一个普通的农民对人民贡献大吗？到了农村以后，我亲眼看到这个广阔的天地很穷，农民生活很苦。不说别的，就拿穿衣来看，他们衣服很少。我们到农村一般只带了较少的衣服，但即比农民一年四季的衣服还要多。吃的，住的，卫生条件等等，农村都比城市里差许多倍。再看看农民一年四季辛勤的劳动，从早到晚，不是用锄头——锄锄地斩田，就是用扁担——担担地挑肥。总之，天天如此，月月如此，年年如此。 我深深感到，一个有志气的中国青年难道能眼看着我国还这样"一穷二白"，能眼看着五亿农民还过着穷苦生活而躺在"安乐窝"里去追求什么个人名利地位吗？我们过去身在福中不知福，忘记了我国还是很穷的国家，忘记了五亿农民，这是多么不好呀！

为什么这位首长要提出知识青年要愿意当社员呢？我现在觉得这是非常正确的了。农民是我国的最大多数，他们的劳动最艰苦，生活水平最低。资产阶级认为农民最没出息，而无产阶级却认为农民是最可靠的同盟军。愿不愿意当社员是资产阶级和无产阶级争夺青少年的一个焦点。资产阶级叫我们成名成家，脱离体力劳动；无产阶级叫我们当个普通的劳动者，全心全意为人民服务。对这两种思想我们容易接受哪一种呢？显然，前一种思想容易被我们接受，因为我们从小没有吃过苦，没有经受过艰苦的磨练，容易身在福中不知福，会产生怕苦思想。资产阶级就是利用我们的怕苦思想来毒害我们，希望我们这一代成为他们的接班人。我们是革命的后代，我们要成为革命的接班人，这是我们这一代人共同的理想。因此，我们就必须听党的话，敢于和怕苦思想作斗争，敢于去吃大苦耐大劳。正因为农民的劳动最艰苦，生活最艰苦，所以我们就要有勇气去当农民，去在艰苦中磨练自己。只有这样，才能抵制住资产阶级糖衣炮弹的攻击，成为真正坚强的革命接班人。如果我们青年学生人人都能下这个决心——愿意当一辈子社员，那么我们不论将来干什么，都会全心全意为人民服务，党需要我们到哪里就到哪里，就会什么苦都能吃，就能将革命进行到底。

我想，我为什么不能下决心当社员呢？主要是怕苦思想在作怪。过去我是躺在"革命干部子弟"上了，认为自己不会犯什么原则性的错误。现在看来，我连一个革命接班人最起码的条件还不够格，就是因为我还没有真正树立愿意当一辈子农民的决心。现在，我想告诉所有的干部子弟，决不可有"自然红"的思想。干部子弟与别人的不同之点，就在于他从小受党的教育多，在革命的摇篮里长大，因此他就要比一般人觉悟更快些，承担的革命责任更重些，而决没有任何其它特殊的权利。我一定要努力加强思想改造，努力学习毛主席著作，时时刻刻用革命接班人的标准来衡量自己，坚决跟怕苦思想斗争到底，把愿意当一辈子社员的决心在思想上扎下根来。

高二　张ＸＸ

二十八、　做坚强的革命后代

毛主席教导我们，无论干什么，干完了，或干了一个阶段，就要总结一下，这样才能有所提高，有所前进。这次到江宁县陆郎公社石圫生产队劳动锻炼了一个月，很有收获，自然也应当总结一下。因感受方面甚多，现在仅写写自己觉得最有体会的两个方面。

一、开始考虑"我能否将无产阶级世界革命进行到底"的问题。过去，我对这个问题的回答十分"干脆"："能。"实际上是存在着严重的"自然红"思想，自认为家庭出身好，"优越感"很强。嘴上也说，阶级斗争复杂、尖锐，有两条道路的问题，即有可能走社会主义道路，也有可能走资本主义道路，但是实际上是只承认自己只会走一条路——社会主义道路，当无产阶级革命事业接班人，根本上排斥了当资产阶级接班人的可能性。所以思想上有些麻痹，大胆暴露思想与自觉改造自己的要求不太强烈。如：刚到农村时，也曾自问："我考不上大学能下乡上山当社员吗？"回答则"简明扼要"："当然！"其实这是回避思想斗争，不愿开动机器。后来，通过劳动，通过毛主席著作的学习，通过参加队里的四清运动，通过对胡ＸＸ信的学习，对自己的错误想法开始有了认识，并注意改正了。"自来红"思想是要不得的，是很危险的。在这个问题上，使我感受最深的是那次参加大队干部放包袱的会。在那次大会上，放包袱的四个人中有三个出身贫农，可是他们在三大革命中立场不稳，贪图享受，忘了本，忘了贫下中农兄弟，走上了错误的道路。他们都是在旧社会受过苦的，还会犯如此大的错误，而我，一个吃蜜糖长大的小青年，没有经过战火的洗礼，又没有"碰"过什么"壁"，如果自己不好好进行思想锻炼，将来还不知自己会成为什么样的人呢！那次发展胡ＸＸ同志入团的团支部大会上也给我很大启发，尤其是朱ＸＸ同志的发言。他说，胡ＸＸ同志出身不好，可他能看清自己的前途，奋发改造自己，进步很快。而我呢？和他恰恰相反。胡ＸＸ的信乃是一份绝妙的反面教材，狠狠给我敲了一计警钟。过去，我不注意思想改造，自以为革命到底没问题，这是非常错误的。我没有见过"大世面"，经历"大风雨"，思想是非常动摇的，富有幻想的，要是真正到了革命的紧要关头，我能干到底吗？过去自以为在农村干一辈子没问题，后来好好想想，这里还是有问题的。过去只满足于到农村来，现在看来这个要求太低了。针对这些问题，我认真学习了毛主席著作，懂得了，必须到工农群众中去，到三大革命运动中去，结合实际，学习毛选，暴露思想，勇于改正错误，培养自己的革命坚定性，将革命进行到底，同时认识到这是一个长期的甚至是一辈子的问题。

二、屁股开始向贫下中农这边移了，开始树立为贫下中农服务一辈子的决心。过去，我对贫下中农高尚风格的了解，除了报纸上说的以外，只亲眼见到了桃园的贫农周ＸＸ同志，他可以算是我脑海中贫下中农的典型了！可这次到石圹队，看见了许许多多周ＸＸ，有的甚至高过老周。贫下中农的革命性、革命风格，使我佩服不已。同时，这次下乡也使我目睹了农村的现状，感到农村的面貌非改变不可，三大差别非消灭不可。回到城里后，心里老想着贫下中农，坐在电车上，就想：什么时候农村里各个村子都有汽车相通？后在第二门诊所钢丝病床上躺了一天，就想：什么时候农村医院中也能让贫下中农睡上钢丝床？自己生病不能吃饭，家里给买了藕粉、肉松，就想：什么时候贫下中农生病也能吃上藕粉、肉松？家里炒菜放不少油，心里就想起贫下中农锅中很少的油；看到家中的日光灯，就想起贫下中农家中用墨水瓶自制成的油灯；看到街上的孩子穿得好，还闹着要吃要抱，就想到贫下中农的孩子没人看管，很小就参加劳动；城里下雨，就担心队上的稻子。……我想，这就是感情开始变化了吧！才到农村，看到小孩头上有癞痢，生怕传染。可是通过一个月的接触，就不这样想了，而感到农村医药卫生条件太差，应当迅速改变，感到自己不劳动还享受公费医疗，很是不平。这时，对主席关于医务人员面向农村的指示真是欢呼不已。从怕贫下中农孩子脏，到心甘情愿地为贫下中农孩子洗有屎的被子，我感到这是自己的感情开始发生了变化。自然，这个变化只是小小的开始罢了，以后的路还很长很长。我决心回校后为贫下中农而发愤学习，准备为他们服务一辈子。我已经初步下定决心：毕业后坚决服从党的分配，党叫我去农村，我一定毫不犹豫地去；党叫我去当兵，我一定去好好干；党叫我上大学，我一定为革命而努力学习。不论干什么，都要为贫下中农直接或间接地服务一辈子。

高二 王ＸＸ

二十九、 放下包袱，自觉革命

我觉得这次在农村的一个月是不平凡的一个月。这是革命气氛浓厚，思想斗争激烈，劳动学习丰富的一月，是革命的一月。在这一个月中，我们参加劳动，和贫下中农接触，和新农民座谈，和同学争论，听了大会诉苦，看了来自农村、新疆、大学的本校毕业生的不同类型的信，进行学习毛选交流，使得我们心胸开阔了，心情舒畅了，思想活泼了，疙瘩解开了。这一个月就好像一把钥匙，使我的思想开了窍，有些问题基本上跳出了个人的小圈子，想得深些了，远些了。如果说盱眙的一月使我看到了祖国的穷白面貌，这次的一月就使我明白了自己的方向。总之，在我前进的道路上，这一个月给我留下了深刻的印象。

这个月中，我觉得自己的最大体会是：培养贫下中农感情就必须去掉资产阶级个人主义，建立无产阶级世界观。它使我比较具体比较深刻地解决了家庭出身和个人自觉革命、愿意上山下乡当农民和做一个为贫下中农服务的大学生这两个问题。

到农村来的头几天，我就发现了自己的感情始终不能和贫下中农融合在一起。当我读了×××的那封信后，我才意识到，没有贫下中农感情是一个非常严重的问题。毛主席具体地指出："和工人农民交朋友，这并不是一件容易的问题。……这中间有一个立场问题或者态度问题，也就是世界观的问题。"通过和贫下中农的接触，通过劳动和学习，我逐步明白了：培养贫下中农感情不是要你忘不掉某个农村、某个贫下中农，而是要永远记住这个阶级，记住广大的贫下中农，记住世界上正处在水深火热中的劳动人民。培养贫下中农感情的问题，就是一个为什么人服务的问题。

这次来到农村，我觉得自己的自觉革命、自觉改造的心迫切了。因为通过和贫下中农、新农民、往届毕业生的比较，我发现自己过去在很大程度上是躺在"干部子弟"上，因此，娇气、傲气，没有强烈的自我革命、自我改造的要求，稀里糊涂的人生观，阻碍了我的前进。在一次诉苦会后，胡老师找我谈了话。话虽不多，却深深地震动了我。我出身于一个无产阶级革命家庭，但和广大的贫下中农感情上格格不入，这意味着什么呢？我的妈妈也出身于贫农家庭，但我只看到她的今天而看不到她的过去，这又意味着什么呢？这天晚上，我的思想斗争激烈极了。我想到了很多问题，特别是上大学还是下农村的问题和自己将会成为什么样的人的问题。我想，我对党的阶级路线有感情，是从什么利益出发的呢？很大程度上，是从个人有利这方面出发的。我愿意做一个大学生,而不愿做一个普普通通的农民,这不正是资产阶级轻视劳动人民、轻视普通农民思想的具体表现吗?这一切,都意味着我忘记了无产阶级的本色,这就是忘本。这时候,我就想到主席曾经说过的这句话:"在一定的条件下,坏的东西可以引出好的结果,好的东西也可以引出坏的结果。"我深深感到,背上了"出身好"的包袱对培养自己成为坚强的革命后代的严重危害性,它正意味着把出身无产阶级家庭这件好事变成了阻碍自己进行自我改造、自我革命而将停滞、落后、变质的坏事。过去,我一向认为,自己成为一个革命者,成为无产阶级可靠的接班人,是不成问题的问题。现在我才认识到,走什么样的道路,做什么样的人,主要不在于一个人的出身,而在于自己的努力。革命后代不只是血肉上的联系,而更重要的是思想和精神上的继承。可以想到,为无产阶级共产主义事业奋斗终身的彭湃烈士是出身于一个大地主家庭,而出身于矿工的赫鲁晓夫却变成了当代共产主义运动中修正主义的大头子。一个人的基本观点、立场,决定了他的一生到底为谁服务、走哪条道路。

　　正因为以前我一直背着"出身好"的包袱,所以对上大学还是下农村的认识也一直不足。我那时想,自己有很大可能考上大学,那时贫下中农感情就不需要了。正因为我是这样想的,所以就培养不出真正的阶级感情,也不愿意在农村干一辈子革命,当一辈子普通的农民。丢掉了这个包袱,我就感到问题明白多了。首先,我真正感到肩上的责任重大,我觉得自己的一生应该是为了广大的贫下中农。眼看着这么大的一穷二白的农村,我有什么理由不来呢?"苦"吓不倒我们的革命前辈,吓不倒劳动人民,难道我作为一个革命后代就被吓倒了吗?"平凡",我们的父兄正是一滴汗、一滴血地干着平凡的革命事业才换得我们的今天,五亿农民和无数的新农民每天正在干着平凡的一锄一耙的劳动,难道我就怕吗?这次我们教小学,看到很多的小朋友在油灯下刻苦认真地学习,我的这种愿望和志向就更坚定了。临走的那一天,他们拉着我叫我留下继续教他们,我心里激动极了,只要贫下中农看得起我,要我为他们服务,我愿意干一辈子。

　　但是另一方面,我也可能不直接在农村为贫下中农服务,我也许要上大学或干其他的事。在这时,我的心中,贫下中农的形象扎得更深。王ХХ、区ХХ等在大学的毕业生的来信，使我深深体会到：过去的那种上大学就不需要贫下中农感情的想法是多么错误，多么危险。实际上，作为一个大学生，他的"为贫下中农服务一辈子"的世界观必须更坚定。这样，他才会永远革命，永远不变质。总之，党要我下农村，我能坚定并且很乐意地兢兢业业地干；党要我升大学，我也要带着"为贫下中农而学"的目的勤勤奋奋地学。一句话，要培养自己成为坚强的革命接班人。

这一个月就要过去了，但我不能忘记这一个月。前进，是巩固成绩的最好方法，我要向更高的要求前进。

高三 周ХХ

三十、 要在艰苦的斗争中锻炼自己

暑假，成绩报告单拿到手，我的好朋友看到我的数学是"良好"，物理是"优秀"，她就对我说："你何必对数理下那么大功夫呢？明年，你反正考文科，你应该集中精力搞文科。这样，有希望考上大学。将来干这一行，底子厚，容易做出成绩，这样对党和国家才有贡献。"听了这话，眼看着成绩报告单，我回想起教改以来，我对数理化的功夫的确不少。我本来不喜欢数理，对它们一点都不努力，只求保持及格水平。但教改以来，老师和校长一直教育我们要为革命学习，要学好各门功课，成为合格的毕业生。我觉得应该听党的话。因此，二年来我对数理学习是相当努力的。

想到这里，我脑子里展开了激烈的思想斗争。今年，是最后的一年了，明年，我想考外语学院，那么，我是不是应该按我的朋友所说的那样去做呢？可是，那样做不是不听党的话了吗？如果，不按照这个意见去做，我可能就会考不上大学，那我就要下农村了。顿时，脑子里出现了两幅图画：一幅是我想象中的外国语学院的教室大楼，林荫道，宽敞的阅览室；另一幅是农村矮小的茅草屋，无边无际的田野，和挑着沉重的担子来来去去的农民。想来想去，还是连见都没见过的外国语学院对我吸引力大，还是想按那朋友的话去做。但毕竟我受了党近十年的教育，毕竟在教改班里还蹲了二年。我想起了平时老师和校长对我们的教导，想起了盱眙那一个月，我又感到惭愧。转念一想："我想考大学，也不是完全为自己的嘛！况且，我又爱好外语，对农业一点爱好也没有。也不一定要干农业才算对国家有贡献，才算听党的话。"这样想，我觉得轻松了，觉得我可以按那同学的话去做了。可是，主席说了，我们这个队伍是彻底地为人民的利益工作的。拿这个"彻底"来衡量一下自己，我又觉得我不能按那同学的话去做。想来想去，想得难分难解。最后，我就想，我不要做个那么彻底的人算了，来个公私合营吧！

开学了，贯彻"七·三"指示，开始没有什么矛盾，当时我想，反正这学期不学都没关系，外语我们已经比别的学校学得多了。但到后来，休息时间增多了，我思想上就有了抵触，想搞些"自留地"，这样就不能彻底地执行主席的指示了。这又关系到，我到底要不要"彻底"这个问题了。到底要做个什么样的人，成了我整天思想斗争的主题。

到农村，给我的第一个触动就是诉苦会。

那天，开完诉苦会后，我心里很难过，想了好多。一听完诉苦会上大爷大婶们所诉的苦，我想起了爸爸给我讲的，我们家在地主剥削压迫下的血泪家史。解放前，我们家没有一亩地、一垄田，世世代代有了这样的规律：男孩小时放牛，长大了就给地主扛长工；女孩子小的时候带孩子、做饭，稍大一点就给人家做童养媳，挨打受骂，没吃没穿。不是跟这些大爷大婶们讲的一样吗？可是后来，革命先辈们在党的领导下闹革命了，南征北战，和反动剥削阶级决一死战，打出了今天的江山。过去的那些放牛娃、小长工、童养媳都翻身了，做了社会的主人，做了穷人天下的掌权者。我又想起了主席的话，我们这个队伍完全是为着解放人民的，是彻底为人民利益工作的。

我想到了世界上还有那么多和这些大叔大婶从前一样和我的爸爸从前一样受苦的人。看看穷人的今天，想想穷人的过去，我不由从心里有了这么一个愿望：想要参加主席所说的那个队伍，去解放所有的受苦人，把我们国家的革命进行到底，使穷人的天下千秋万代。我想到了这个队伍中的许多人,江姐、许云峰、董存瑞、黄继光、邱少云、雷锋、向秀丽、刘文学。他们之所以能顶得住敌人任何的酷刑,所以能把自己的生命置之度外,是因为他们的心里都有一个共同的愿望,就是要解放人民。他们都是彻底地完全地为人民服务的。我到底要不要成为像他们一样的人?成为可以为祖国抛头颅、洒鲜血、献青春的人?我想起了歌剧《江姐》中,江姐临牺牲前对彭云说的一段话:"孩子啊,孩子,革命的后代,祖国的花,别忘了今天啊,别忘了你的爹妈,是他们用鲜血赢来了今天,用生命换来了遍地胜利花。孩子啊!你快成长吧!快接过红旗去打天下,别怕那豺狼虎豹,别怕那风吹雨打,记住那千万代的血泪仇恨,用战斗去迎来新中国。"每当想起这段话,我总是心潮澎湃,思绪万端。这时想起它,我更是分外激动,革命烈士为什么对我们有殷切的希望,因为,他们想,我们是他们的接班人。可是,我这个接班人怎么样呢?我想起我的那个"彻底"问题,"我要做个什么样人的问题",我要怎样不惜代价考上大学的想法,一瞬间全部闪现在我的脑中,使我羞愧交加。

之后,清醒了,什么公私合营,什么考大学不完全是为自己等都是骗人的。我考虑的那个彻底的问题,实质上就是我要不要全心全意为人民服务的问题,就是我将来要做谁的接班人的问题。我口口声声说要做无产阶级的接班人,实质上,我正不知不觉地往做资产阶级接班人的道路上走。我觉得我多么忘本啊!没有党,没有革命先辈,哪来我的今天?我还不是跟我们祖祖辈辈的女孩子一样,做个小童养媳,挨打受欺,不要说上学,就是活到现在,还不知可能不可能。想到许多烈士为了今天,为了我们,牺牲了生命,我觉得,我的生命不是属于我自己的,是属于那许许多多的烈士们的,属于党的。看到劳动人民整年整月辛勤劳动,我就觉得,我所学的知识不是我的,是属于劳动人民的,属于党的。我还有什么理由,不全心全意为人民服务,不把自己的一生献给人民呢?我出身于革命干部家庭,爸爸妈妈都是为革命干了一辈子的,妈妈临死前,昏迷不醒,一有点清醒,就拉住我的手说:"ＸＸ,你要跟党走啊!跟党走到底啊!"我把这一切都忘记了,忘记了穷人千万代的血泪仇恨,忘记了革命烈士,忘记了我的爹妈。我想啊!想啊!想得眼泪直流。有什么话说呢!我决心参加革命的队伍，像我的爸爸妈妈，像所有的革命先辈一样，全心全意为人民服务，为解放所有的受苦的人而奋斗。下定了决心，我又检查了自己：

为什么光想上大学而不想下农村呢？因为，我怕苦，怕农村生活苦，怕体力劳动的苦，而广大人民苦，广大人民累，我就不管。怕苦，就是贪图安逸，贪图个人安逸，贪图个人享受，这就是我想考大学的主要原因。跟老农民比，我觉得我不懂什么叫真正的苦，什么叫真正的甜，我是身在福中不知福。跟新农民比，我觉得我们一颗为人民服务的心，缺少自找苦吃、百炼成钢的决心。我没有感到我们这一代人肩上的重任，没有我们这一代年青人身上应有的气魄。我产生个人主义的根子是什么呢？第一，我没吃过苦，生活一直很舒适。第二，我背家庭包袱，总以为自己是干部子弟，不会差到哪里去。第三，长期不参加体力劳动。这样，有了诉苦会后的思想基础，我就下了决心，要和自己的个人主义一刀两断，下定决心要干一辈子革命。这样，什么苦啊，平凡啊，都不在话下了。

经过这一个月，我感到，我特别需要"苦"。这个苦包括解放前穷人的血泪苦，现在农村生活的艰苦，体力劳动的劳累苦，思想斗争的苦。古人说："天将降大任于斯人也，必先苦其心志，劳其筋骨。"我一定要吃尽各种苦，担起把革命进行到底的大任。

高三 程ＸＸ

三十一、　半天学习能够学得好

在乡下，学习条件显然比城市差，能否学好呢？我认为，只要突出政治，思想领先，一定能学好！

到乡下，我亲眼看见和亲身体验到广大贫下中农艰苦劳动的情景，对比一下自己的生活，深深感到是贫下中农用血汗养了我们，如不发奋学习，真于心不安。

我想，党和劳动人民给我们创造了这么好的学习条件，再不好好学习,就对不起抛头颅、洒热血为我们打江山的革命先烈,对不起辛勤劳动的贫下中农。我决不能忘记过去,决不能辜负党和人民对我的期望。我应该为党,为五亿农民,为全国、全世界绝大多数劳动人民而努力学习。

有几天早晨,由于天冷,我读不下书去,真想回屋里去听广播。但我一想到:"我是贫下中农派来学习的,学好本领就能更好更快地改变农村一穷二白的面貌,那么我们国家对世界革命的贡献就更大了。"这样一想,学习劲头就来了,学习效果也很好。语文、政治比在学校里学得好,就是外语也比学校里学得好。开学一个月的时间里,我学习了四篇课文,写了两篇英语作文,而在乡下半个月学习时间里,我学习了六篇课文,复习了初中全部英语词汇,读了两本英语小说,还写了三篇英语作文。这些数字表明,只要有正确的学习目的,发挥主观能动性,不管客观条件如何,我们都能学好!

高三 金ⅩⅩ

三十二、 视力恢复有感

下乡一个月,我的视力大有好转:左眼由0.3上升为1.0,右眼由0.1上升为1.5。什么原因呢?我想有这样两个主要原因。第一,主观上,自己注意保护视力。农村屋子里光线比较暗,我就常和同学们在室外看书,而且每次看时间都不太长。晚上的时间基本上不看书,用于接触贫下中农,访贫问苦。第二,客观上,农村天地广阔,大片的田野,一望无际的天空,都有利于眼睛的调节;同时,劳动锻炼后身体健康状况的增进,也有利于假近视的恢复。视力的好转,不仅免除了我配眼镜的麻烦,更重要的是从此我有了恢复视力的最大信心。当然,今天我决不是仅仅为了1.5而奋斗,而是为了革命的需要。日后无论从事什么样的劳动,什么样的工作,都不能没有一双健全的眼睛。

下乡前,可以说我已经失去了恢复视力的信心。因为我也曾认真做眼睛保健操,课间注意休息,可就是效果不大。因此认为自己视力减退太厉害，人又到高三了，要想视力恢复正常，希望已经不大了。终于也想配一副过去我所不赞成的，后来倒又迷信起来的眼镜了。后来听说到农村锻炼一个时期，减退的视力可以恢复。所以下乡后我就有意识地做试验——注意保护视力。一个月下来，果真大有效，这说明"听话"的有道理，而我过去的"认为"却是没有道理的，那是迷信，是用静止的眼光看待事物发展的。主席说："……一切矛盾都依一定条件向它们的反面转化着。"过去尽管自己做了一定的努力，视力没有升，很可能就是"条件"不够，就是还差一些重要的客观条件。到农村劳动锻炼可能是目前恢复视力最有效的外界条件。以农村后，环境变了，但如何适应这个环境，运用这个外界关键还在于自己主观上努力。主席还说过："外因是变化的条件，内因是变化的根据，外因通过内因而起作用。"现在，回到学校里来了，但我的努力不能停止。我仍然在认真做眼睛保健操，注意适当的休息，积极锻炼身体。这些活动坚持下去，已经恢复正常的视力是可能巩固下来的。

高三 刘ＸＸ

三十三、 我长胖了，长结实了

这次下乡，德智体三方面都有不少收获，特别明显的是健康。这次来，我体重增加了12斤。回来后，凡是见到我的人，没有不说我胖了的。有一次，碰到过去住院时我们病区的护士，她们都很惊讶，一致说我比在医院时好多了，胖多了。我自己也觉得，现在比在医院那时候好多了，也比刚开学的那个月好多了。

上学期我因病休学，在医院住了一个多月，吃的是"病员伙食"，特别好、特别有营养的饭菜。一天到晚什么事也不干，悠闲得很，伙食好，便偏偏长不胖，长不强壮。

这学期开学后，功课并不重，但我却给自己加码！又是要复习，又是要看参考书。很少参加体育锻炼，除了每周一次的劳动，体力活动都不参加。当然，身体还是长不胖，长不强壮。

这次下农村，没有吃"病员伙食"，没有少学功课，也没有少参加体力活动，但体重却增加了，体质也增强了。我想，其中主要原因在于丢掉了思想包袱，就是抛掉了一心只想升大学的思想包袱，树立了甘心下乡上山当社员的思想。包袱丢掉了，自然是一身轻松。毛主席说过："精神苦而身不苦。"住在医院那一个月，虽然功课做得少，但思想却不轻松，因为那时同班同学正在温课迎接考试，一直羡慕他们，看到他们那么紧张，我不觉也紧张起来。他们考完试，哪个取了，哪个未取，我又紧张起来，怕我明年考不取。我下了很大决心，一定要好好读书，明年一定要考取大学。掉的一些教材内容我也看，还找许多参考书，还复习旧课，加重了负担。这样，由于有包袱，有精神之苦，也就一定有身体之苦了。而这次在农村中，半天学习，半天劳动，天天都参加锻炼，天天都和贫下中农接触，加以学习毛选，思想慢慢有了提高，丢掉了包袱，没有了精神之苦，慢慢也就没有了身体之苦，这样体重就增加了，体质自然就增强了。

思想的确是一切的统帅，有了精神上的饱满愉快，接着也就有了身体的健康强壮。

高三 许ＸＸ

三十四、 半天劳动，半天学习，增强了体力

我的体质很差，比较重的劳动和体育锻炼都不能参加，从家去学校连自行车都骑不动，还要乘公共汽车。在家里妈妈也不让干家务事，说我身体不好，总是要我休息休息看看书，而且比别人要静养。这样做，体质并没有增强。整天读书，很少活动，头脑不动，学习效率低，饭吃不香，觉睡不好，严重地影响了健康。自从下乡来半天学习，半天劳动，一个月的时间，我的体重增加了，体质也大大增强了。现在每天下午第7、8节如果没有其它课，就去挑水浇菜地，有时还步行到和平门车站去劳动；在家常做一些家务事。跳绳、打球都成为很经常的事了。我觉得劳动半天学习最理想，因为它能使学习和劳动更紧密地联系起来。学习一上午，大脑疲倦了，下午劳动一下就可以使大脑得到休息，这时头脑中不再想学习的事了。劳动回来，吃起饭

也很香，睡起觉也很熟，第二天学习起来精神充沛，效率又提高了。就这样半天进行体力锻炼，半天进行脑力锻炼，劳动和学习能得到及时的锻炼，于是体质就逐渐增强了。在农村，我们学习毛选，和贫下中农接触，和新农民座谈，这些都使我受到很大教育，树立了愿意下乡当社员的思想，眼光远了，精神愉快了。思想问题一解决，劳动都有劲。这里使我体会到，德、智、体三方面是互相促进的，对我这个身体一向较差的人来说，体力劳动则更为重要。一进行锻炼，我感到体力劳动成了我生活的第一需要，它不仅使体质增强了，而且使我体会到劳动人民的感情。它使我产生了感觉：劳动人民确是不需我这种四体不勤、五谷不分的书呆子，我一定努力锻炼自己的革命意志，把理论和实践很好地联系起来，做到手脑并用，争取成为能文能武的新人。

高三　穆ＸＸ

三十五、　日记三则

十月二十一日

不少社员都说我不像个学生，不像个南京人，像个乡下人；要是不知道的话，一定会以为我是个社员。我听了十分高兴，取得他们的信任并不是一件容易的事。他们对我的评价只能说明我已经不完全像一个洋学生了，和农民的距离近了一步了。但要真正取得"社员的"资格，还是相差很远的。我要坚持不懈地朝这个方向努力，我要努力"挤"进农民的队伍中去，"挤"进贫下中农的队伍中去，使自己的思想感情和他们融合在一起，成为他们中间的一分子。过去，乡下人是被瞧不起的。提起乡下人，总感到他们土里土气，谁愿意说自己像乡下人，像社员呢？现在不同了。听说自己像乡下人，像社员，我从心里感到高兴，认为是对自己最好的评价。为什么呢？这就是我思想感情起了变化。我觉得自己能当一名社员，就是能做一个战斗在三大革命运动最前线，为五亿农民服务，为绝大多数人服务，为实现共产主义而奋斗的革命战士。

这次下乡，我深深感到农村特别需要人，有多少工作在等着我们啊！我想：如果全国每个生产队都有几个新农民的话，那么我们国家的面貌就可以大大改变了。

毛主席指出：我们的国家还不够强大，再过二三十年，我们的国家才会真正强大起来。一想到这句话，我感到信心百倍，干劲十足。想到二三十年以后，我们的国家将要成为一个实现四化的伟大的社会主义强国，心里感到万分激动。我们现在还是一锄锄翻地，一锹锹挖沟，可我们正是通过这点点滴滴的辛勤劳动来建设我们的社会主义新农村的。这二三十年，正是我们青年人充分发挥自己作用大显身手的时候。二三十年后，亲眼看到自己参与建设的农村实现了电气化、机械化、水利化、化学化，那该是多么幸福，多么自豪啊！我们创造的是史无前例的伟大事业。我们现在的一锄一耙，正是为了将来实现共产主义，这正是最伟大的、最有意义的工作。

十一月五日

回家吃第一顿饭，爸爸妈妈就给我谈了有关升学、务农方面的据说是别人说的一些话。我想其中可能也有他们自己的一些观点吧。

他们说："以前搞学习董加耕运动受到了一些批判，不应把他宣传成那样。有人学了董加耕，就不考学校，或不好好考，光想当个董加耕，可董加耕有几个呢？有的人学习也马马虎虎了。这种偏向要纠正。农业是一门科学，还有其他许多门科学也需要人，你有这个能力，搞那些工作不很好吗？都是国家需要，为什么非要搞农业不可呢？不考大学下农村，人家还会以为你是羡慕董加耕之名而下去的！……"

说学习董加耕有问题，这是一种歪曲。学习董加耕对青年的革命化起了很大的作用，有力地冲击了"唯有读书高"这种旧思想、旧势力。党号召我们学习董加耕，是叫我们学习他的革命精神、远大志向，坚决走和工农结合的道路，从来也没让我们不考大学。有那么一批人，在一定的条件下，立志到农业第一线去干革命，立志改变农村的穷白面貌,建设社会主义新农村,从而放弃继续升学的机会。这是革命的行动,是无可非议的。有些人没有很好地学习董加耕的精神,不好好学习了,这是片面的,是不正确的。但这只是一小部分人,这是他们自己的问题,怎能说是学习董加耕运动的问题呢?为什么相当数量的人一味追求升学,对"唯有读书高"的思想不加以严肃的批判,而对少数人不考大学,就那么敏感,迫不及待地加以指责呢?为什么不担心那些一味追求升学的人能否成为可靠的革命接班人,而对少数人不考大学就那么焦急、那么担心呢?担心些什么呢?我看还是"唯有读书高"的片面升学思想在作怪。目前,"唯有读书高"的旧思想在不少人的脑子里还是根深蒂固的。要批评,首先要批评这种旧思想、旧势力;要纠正偏向,首先就要纠正这个偏向。从中我也体会到,我们决不能搞什么片面性,一谈下农村、当社员,学习就吊儿郎当了,那样是不对的。

"董加耕有几个?"这话是什么意思呢?我觉得,这是在偷偷地用资产阶级观点向我进攻。那实际上是在说:"算了吧,不要下农村了,到农村有什么好处呢?你下农村是想做个董加耕那样有名的人吧!可董加耕有几个呢?你下去只会是默默无闻,不能成名,趁早还是别下去吧!"他们用自己的眼光来看待我们这个时代的青年人,好像大家都是满脑子的成名成家思想似的。因此,就用个人名利来阻碍我们下农村,引诱我们走个人成名成家的道路,这是梦想,这是侮辱,这是歪曲。在学习董加耕以后,广大青年要求革命,决心把自己培养成革命接班人,坚决走和工农相结合的道路,他们努力使自己成为一个具有董加耕那种思想的青年,这个行动很使人感到兴奋,很值得赞扬。全国何止几个董加耕,而是有千千万万个,绝大部分人都是而且也是心甘情愿地做默默无闻的董加耕的。至于说我,也确实有点成名思想,这叫目的不纯。但正因为这样,我就更应该努力克服它,坚定务农的决心,作为鞭策我前进的力量。我从革命利益出发,就不怕任何歪曲、打击。任他们怎样讲,我也心安理得,心怀坦然。我要以实际行动对各种议论作出回答。

"都是国家需要,为什么非要搞农业不可呢?"我倒要问:"都是国家需要,那么为什么不让我搞农业呢?"这里有不少问题可以提出来研究一下的。各方面都很需要，但什么是党的第一需要呢？什么地方最穷最白，什么地方最艰苦呢？什么地方许多人都不愿意去，而且也恰恰是最能容纳人的地方呢？什么地方最需要人，什么地方是三大革命运动的最前线呢？是农村，农村！我当社员的思想已定，任何力量也动摇不了我的决心。

至于说有能力，那是谁给的呢？是党，是人民，是贫下中农。党给了我一定的能力，就更应该听党的话，急党所急，想党所想，根据党的第一需要决定自己的志愿。正因为是人民，是贫下中农给了自己一定的能力，就更应该将它拿来为人民，为广大贫下中农服务，而不是拿它向党、向人民讨价还价。

十一月十四日

今天，又回到庙东生产队去看了看，心里有说不出的高兴。一进村，这个牵手，那个拉胳膊……贫下中农对我们的感情多深哪！

我们走后，ＸＸ晚饭也没吃，瘦子哭得眼都肿了，天天总要到我们住过的屋子里去看看，可是已没有一个人了。他们说："我们天天想着你们，天天盼望着你们的来信，算着你们离开的天数。"他们再三叮嘱我们，叫大家经常去玩，而且每个星期一定要去。

上午，碰到ＸＸ她们。她说我有些不像了，样子有点变了，身上穿的衣服也有些不同了。劳动了一天，她又说："你来时有点像城里人了，现在又像乡下人了。"今天我穿的是一条比较新的裤子。听了她的话，我想：穿新穿旧这不是根本的问题，要实事求是。但艰苦朴素的作风一定要继续保持发扬，不要穿上好的，住上好的，就丢掉了好的作风，丢掉了劳动人民的好传统。否则，就不会和贫下中农心连心，就不能和他们打成一片。从这里也使我深深感到，贫下中农很希望我们永远和他们站在一起。他们对我们的变化很注意，他们并不希望我们朝"城里人"的方向变。回到城里后，我在衣着上确实有了些变化，但问题不在衣服，更重要的是要问问自己：我在思想上到底有没有变化？如果没有，也要警惕。客观环境变了，思想感情决不能随着朝离开贫下中农的方向变，对贫下中农的感情只能加深，而不能减弱，务必防止思想回潮。劳动后，我的腿上糊上了泥浆，裤子上沾上了泥水，他们说："你又变得像农民了。"这话告诉我，要和贫下中农能结合在一起，劳动是一个很重要的环节，很重要的途径。你热爱并参加了劳动，思想感情就会起变化，你和贫下中农的心就贴近了。贫下中农不是轻易就会相信你的，你劳动得好，能永远坚持劳动，贫下中农才信得过你。

高三 向ＸＸ

第 14 章
学生的毛选学习

南京师范学院附属中学

一、 前言

近两年来，学习毛选逐渐成为我校同学比较自觉的要求。目前坚持经常学习毛选的同学占全校学生百分之九十左右。据初三以上六个班的调查，在二百九十二个学生中读完毛泽东著作选读甲种本或乙种本，或主席语录（解放军总政治部编）的共一百九十七人，占百分之六十七强，其中有五人读完了毛选一至四卷。从初一到高三，多数学生对《纪念白求恩》《为人民服务》《愚公移山》《反对自由主义》《放下包袱，开动机器》这些文章都比较熟悉。有些同学在一年多时间里反复学习《为人民服务》达十几甚至数十遍。

在毛主席的思想指导下开展了教学改革，教改又给了学生学习毛选提供了条件。当学校整个教改开展得较好、革命热气较高的时候，学习毛选的热气也高；反之，当教改有所停滞、革命气氛比较淡薄的时候，学习毛选的气氛也就淡薄些。一九六四年寒假前后是一个高潮，一九六五年暑假前后有所回潮，近半年来又出现了新的高潮。

通过毛主席著作的学习，大多数同学初步学会了以毛泽东思想为武器来改造思想、指导行动。他们从培养自己成为革命接班人出发，在不同程度上树立了和工农相结合的观点、为人民服务的观点、实践的观点和一分为二的观点。他们的精神面貌开始有了显著的变化，出现了不少动人的事例。这里为了叙述的方便，分作几个方面来说。

二、 案例

毛主席说:"为了保证我们的党和国家不改变颜色,我们需要正确的路线和政策,而且需要培养和造就千百万无产阶级事业的接班人。"

许多同学开始以接班人的五条标准要求自己。高三陶ＸＸ通读了毛选四卷,能够用主席的思想改造自己,改进工作。在生日那天,他在日记上写道:"我一定把我的入团誓言变成实际行动,彻底地完全地为我国工人、贫下中农服务,为世界被压迫人民、被压迫民族的解放而奋斗!为了在全世界实行共产主义我要献出我的青春和生命!亲爱的党啊!敬爱的毛主席,我一定谨记您的教导,照您提出的接班人五条标准去努力,我要把前辈的革命大旗接过来,做一个彻底的、完全的红色革命者。"高三同学曾写了一首诗《接班》表明自己当革命接班人的决心:"忆过去,革命先辈打江山,抛头颅,洒热血,南征又北战。看现在,阶级敌人心不死,手持刀,又想干,炸弹加糖弹。望全球,百姓把身翻,受尽苦,流尽汗,无吃又无穿。瞻将来,共产主义任务重,路程远,艰难千千万。第三代,誓把重任肩上担,当好汉,定接先辈班。努力学习,勤奋锻炼,勇于斗争,敢斗牛鬼蛇神,休想把路拦。一心跟主席,永把革命干。"

怎样做革命接班人,很多同学想得也比较具体。高三周同学说:"我认为一个人有大志就是有革命的志气,革命的理想,把自己贡献给革命的志气,有实现共产主义的理想,我应该有这样的大志。""我认为个人的理想是应该有的,但个人的理想应该与全人类的共产主义的理想统一起来,个人必须服从于无产阶级革命事业的需要,共产主义理想的实现又要求每个人对自己的工作有所成就,有所贡献。""对于现在的我来说,如果我考上大学,我愿意把自己的一生献给外语事业,为世界革命贡献自己的力量;如果我考不上大学,我愿意做一颗革命的良种,在农村贫瘠的土地上生根,发芽,开花,结果。我这一生总是不能虚度的。"

毛主席说:"革命的或不革命的或反革命的知识分子的最后的分

界，看其是否愿意并且实行和工农民众相结合。"

这个指示在广大学生中产生了极其深刻、极其广泛的影响。高三向ＸＸ同学一九六四年上半年第一次到十月公社劳动时，他思想上接受了毛主席的这个教导，渴望锻炼，渴望斗争，他希望不久以后能脱下学生装，穿上粗布衣，到农村去，他准备下决心和工农结合在一起。下半年他再次到十月公社劳动，碰上了秋收的大忙季节，天气炎热，农活繁重。掼稻、抢场，稻芒戳在颈项里、手臂上，到处又痒又痛。几天下来，在艰苦面前，他动摇了。于是，他带着这个问题又去学习主席的著作，认识到知识分子要和工农群众结合在一起，不经过痛苦的磨练是不行的。他想到革命前辈的流血牺牲，艰苦奋斗；想到自己在劳动实践中暴露出来的问题，意识到自己需要锻炼。从农村回校以后，他和同学们利用假日经常到码头劳动。通过和工人农民的共同劳动，他开始体会到："有知识的人不参加劳动，不改造思想，就不能站在劳动人民一边，就不能很好地为工农服务。和工农群众相结合的问题归根到底是个根本立场和根本方向的问题。"一九六五年春节他和其他同学一道步行二百多里去盱眙慰问贫下中农和新农民。在盱眙的日子里，他对农村一穷二白的面貌看得更清楚了，初步树立了非要改变这个面貌不可的决心。

这年暑假，由于高考发榜和社会舆论的影响，他发觉自己的名利思想有所抬头时，即利用暑假的机会再次去盱眙，访问贫下中农，再一次坚定了自己听毛主席的话，走与工农群众相结合的道路的决心。一九六五年下半年，在江宁六郎公社劳动时，他总是抢重活干，抢脏活干，劳动下来就挑水、扫地，处处为贫下中农服务。许多社员都说，向ＸＸ不像个学生，不像个南京人，像个乡下人，像个社员。他说："社员对我的评价只能说明我已经不完全像一个洋学生了，和农民的距离近了一步了。但要真正取得'社员'的资格，我还是相差很远的。我要坚持不懈地朝这个方向努力。我要努力'挤'进农民的队伍中去，'挤'进贫下中农的队伍中去，使自己的思想感情和他们融合在一起，成为他们中间的一分子，真正成为一个战斗在三大革命运动最前线，为五亿农民服务，为绝大多数人服务，为实现共产主义而奋斗的革命战士。"

高三金ⅩⅩ同学，一九六四年春去盱眙劳动时，带着向贫下中农学习，在贫下中农中扎根的愿望，搬到牛房里去住，和饲养员同睡一张床，合盖一条被。在牛房里，夜深人静时，他思想上曾作过剧烈的斗争。开始，他觉得饲养员的工作又脏又累，干不了。但是他比比饲养员杜大伯、李大伯以及千千万万贫下中农，想想为革命牺牲的无数革命先烈，他想通了。他说："想想贫下中农的吃穿，比比自己，想想贫下中农的革命精神再比比自己，这样就给了我战胜资产阶级思想的勇气。我决心为革命甘当一辈子'孺子牛'，决不讲条件。只要党和人民需要，干一行就爱一行。"回校以后，每逢思想斗争剧烈时，他就会想起牛棚，想起盱眙。一九六六年春节他又重返盱眙探望亲人。临行前，他在日记上写道："盱眙啊盱眙，我多么向往你。我永远忘不了去年告别时李大伯热泪盈眶的样子，我永远忘不了我当时发下的誓言：'我一定要回来。我一定一辈子为贫下中农服务。'再过几个月我就要毕业，就要面临着生活道路的选择了。此时此地我更需要回'家'去，回到贫下中农之中，去增强我为他们服务一辈子的决心。"

一九六五年暑假，高三吴ⅩⅩ同学参加民兵通讯训练后，被分配到长江501号轮上去教工人学手旗。长江501号轮是一只小轮船，生活条件较差。第一天上船，苍蝇叮、蚊子咬，仓下又热又闷，蒸热受不了，他思想上斗争起来，心想："这样下去，以后20天怎么过啊！"越想越后悔，越想越害怕。但这时他又想："我究竟到船上来干什么的，是来享福的吗？不，我这次来不仅是当教员，更重要的是做学生，向工人学习。船上的工人们成天在这里劳动，都不感到苦，为什么我一来就吃不消呢？"这时主席在《关于重庆谈判》中说挑担子的那段话在他耳边响起来了。他想："现在我不正是在艰苦的面前怕挑重担子吗？这能算革命青年吗？革命先烈为了我们愿把牢底坐穿，而我今天为党为人民吃一点苦又算得了什么呢？要向工人、农民学习，首先就得学习他们这种不怕苦的精神。"他暗暗下定决心，克服一切困难，坚决完成任务。

以后和工人在一起生活长了，他才知道工人们不是不感到蚊子咬、苍蝇叮，而是工作很忙，没有时间理会这些。于是他就买了蚊香和蝇拍，帮助船上消灭蚊蝇。开始教手旗，他和工人接触很少。一天只上两小时课，其余时间一个人看小说。工人学得不好，他很苦恼，心里想："学了这么久，他们还学不会，我该怎么办呢？"于是他读了《关心群众生活，注意工作方法》，主席在这篇文章中说："要得到群众的拥护么？要群众拿出他们的全力放到战线上去么？那么，就得和群众在一起，就得去发动群众的积极性，就得关心群众的痛痒，就得真心实意地为群众谋利益……解决群众的一切问题。"这时，他就想："我是不是关心工人的生活了？我是不是真心实意地为工人谋利益了？我是不是帮工人们解决了一个问题？没有，都没有。我有空自己看小说，不关心工人的痛痒，工人们学不会，这主要的责任是在我身上，不能怪别人。"他决心照主席的话去做。一有空就和工人在一起劳动，帮工人绞锚、洗碗、扫地，渐渐地工人和他亲近了，什么话都对他讲了。原来工人不是不想学，而是年龄大，工作忙，又没有上过学，文化底子差，学起来困难比较多。工人说："如果老师常在身边，有了问题随时问就好了。"

从这以后，他就不再分什么上课下课，有人提问，马上回答，他还利用空闲向工人提问题，他们答不出来，就再告诉他们。这样一来，工人学习的积极性提高了，几乎每人个都随身带着粉笔，没事就画起来，不懂就问。有一天，台风呼啸，江上波浪滔滔，船身摇摆晃动，他晕船了，爬在床上起不来。工人劝他上岸休息。他说："任务未完成，决不能回去，大风大浪正是锻炼的好机会，坚决不上岸。"工人看他很坚决，都很高兴。许多人都跑来看他，告诉他在大风大浪中应该注意些什么。工人们的热情关怀，给了他无穷的力量。当天晚上船又出港执行任务了，在摇晃颠簸中，他写道："摇晃算什么？颠簸只等闲，毛著照亮心，风浪奈我何？"经过二十多天的努力，他终于较好地完成了教手旗的任务。

"走和工农相结合的道路首先要有自我改造、自觉革命的决心。"这是高二Ｘ班一部分同学的亲身体会。

在这个班上有一个自愿结合起来的劳动小组，坚持经常到和平门车站劳动，已有一年多了。一九六四年寒假，班上有五个同学要求步行去盱眙，学校没有同意。但他们意识到自己出身于非劳动人民家庭，如果不接触工农，就不可能具有劳动人民的思想感情，就不能培养自己成为坚强的革命接班人。这从这个愿望出发，他们就自己组织起来到过去曾经劳动过的和平门车站货运栈参加劳动。整个寒假天天如此，春节期间也没有间断。通过劳动，他们和工人建立了深厚的友情。他们说："越劳动就越想去，离开那儿，就非常想念一同干活的工人。"

开学以后，每隔三个星期，轮到挂钩的那组工人上班的星期日，他们还去劳动。在劳动中，他们反复学习《人的正确思想是从哪里来的？》《在中国共产党全国宣传工作会议上的讲话》等文章，使自己锻炼得更加自觉。劳动之余，他们常请工人讲述解放前的苦难生活，从中接受教育，他们也帮助工人学习文化；过年过节他们还请工人到学校来和全班联欢。现在这个小组已经扩大到十多个人。

在劳动实践中，在与工人的接触中，他们体会到：(1) 学生决不能老关在学校里，要提高思想觉悟一定要走到工农群众中去。他们深深感到，自己和工人比，有着实实在在的差距。他们说："工人的行动就是无声的教育。"(2) 在实践中学毛选，就不只是字面上的理解了。他们认识到，毛泽东思想不仅具有鲜明的无产阶级的阶级性，而且具有强烈的实践性。不参加社会实践，就不能真正理解毛主席说的话。(3) 知识分子如果不注意改造思想，就有可能成为脱离体力劳动、厌恶体力劳动、轻视劳动人民的旧知识分子。在货栈上，他们认识了一个姓龚的中年工人，有高中毕业的文化水平，能说会道，对同学们似乎很热情。开始时，同学们觉得和那些沉默寡言、埋头苦干的老工人在一起没什么话可说，很不习惯，而和他在一起则气味相投，有说有笑。但是时间久了，他们发现许多老工人公而忘私、淳朴踏实，而姓龚的这个高中毕业生则说得多做得少，而且他看不起老工人，嘲笑他们没文化、不会说话、愚笨等等，这样他们就越来越爱老工人，而对于姓龚的也越来越看不惯了。在货栈上他们还看到不少技校毕业的货运员，指手划脚地指挥工人，自己却不劳动，但是老工人出身的党支部书记就完全不同，他一来便抢重活干，和工人亲热极了。对比之下，给他们教育很大。张ＸＸ同学说："在我们前面好像有两种活榜样：一种是脱离劳动、轻视劳动人民的旧知识分子，另一种是能和工农结合又有文化的新型劳动者。我们要警戒自己，决不做前一种人，我们要坚决按照毛主席的话去做，做有社会主义觉悟的有文化的劳动者。"

毛主席说："我们这个队伍完全是为着解放人民的，是彻底地为人民的利益工作的。"

许多同学经常用这个"完全"和"彻底"的标准来衡量自己的言行。高二王ＸＸ同学反复学习《为人民服务》，他说：《为人民服务》告诉我："要当好无产阶级革命接班人，核心问题就在于是否树立了生为人民生，死为人民死的革命人生观。"他认识到，人的生命是有限的，在这段时间里必须尽力为人民多做点事，因而时时处处想着如何为人民服务。在农村劳动期间，一天贫农房东的房子失了火，他立刻爬上去救火，这时一个念头在脑子里一闪而过："房子要是烧倒了怎么办？"毛主席的话立刻在他耳边轰响，"……为人民利益而死的，他的死是比泰山还要重的。"他说："这声响立刻占据了我整个思想。我想，为人民而死，死得值得，我一点也不害怕了，救火中，再也没想到'小我'了。"他非常关心世界革命人民的斗争。他说："现在阶级敌人在磨刀，我决心努力学习毛主席著作，刻苦锻炼本领，做好准备，随时准备经受重大的考验。战争一旦爆发，我一定积极参战，在任何条件下都不怕苦，不怕死，不动摇。我要亲身参加消灭帝国主义和各国反动派的斗争。"

高一沈ＸＸ同学原来是一个沉默寡言、埋头读书、不问政治的学生。初中二年级时，她在日记上写道："我要默默地渡过一生，但也要一鸣惊人。"教改以来，特别是学习了方Ｘ的文章以后，她受到了很大的震动，觉得自己的家庭情况和方Ｘ极其相似，但自己却缺乏方Ｘ那样自觉革命的勇气。于是，她回过头来，检查了家庭给予自己的"唯有读书高"和"成名成家"的影响，决心学习毛选，改造自己，走方Ｘ的道路。初三毕业时，她曾要求不考高中下农村。高一以来，为了锻炼自己为人民服务的本领，她首先苦练挑水，一有空就练。她人矮力弱，水挑到大缸边提不上去，就一盆一盆地舀到缸内。一学期来，她从完全不会挑担到能挑六、七十斤的担子走较长的路了。她说："毛主席教导我们，不打无准备的仗，我愿意上山下乡当社员，准备在农村干一辈子，从现在起就要踏踏实实地准备。挑水练肩膀只是一个方面，更重要的是要把自己看作贫下中农队伍中的一分子，愿意一辈子与他们同甘共苦。只有各方面都准备充足了，到时候，党的一声令下，才敢于冲锋陷阵。"

高二黄ＸＸ同学，从高一上开始，一年多来都坚持每天中午为同学打菜汤，宁愿自己最后一个吃午饭、甚至吃冷饭。她在学习《为人民服务》一文中写道："现在能从小事做起，为同学服务，将来才能更好地为人民服务。我干这些事，不是为了表扬，而是为了培养自己为人民服务的思想。刘主席讲过'一切实践工作都是具体的、切实的而且都是很麻烦的，轻松的、如意的革命工作是没有的。'毛主席教导我们，'为人民的利益坚持好的，为人民的利益改正错的'，我们干什么事都不能离开党的利益，人民的利益，集体的利益，对集体有好处的就应当坚持。"从这个观念出发，像黄ＸＸ这样做的，并不是个别的。在学校厨房里，经常有这样一些"志愿兵"，在那里打扫、挑水、冲米、洗饭罐、做馒头……长期坚持不懈。

有些人不仅在校内能够默默无闻的为同学们服务，出了校门也能经常保持人民勤务员的特色。初二任ＸＸ同学说得好："为人民服务，责任是无边的。"她担任中队组织委员，学习《为人民服务》后，关心班上每个同学的进步。发现同学甘ＸＸ（工人子弟）因家庭经济困难，有些沉默，就主动找他谈话，安定他的情绪；吴ＸＸ同学因病缺课，她就到吴ＸＸ家中为她补课；李ＸＸ同学家中人口多，口粮紧，她把自己多余的粮票送给她。同寝室的初一小同学余ＸＸ不会梳头，她为余ＸＸ梳头，耐心说服她克服生活上的娇气，并及时把余的思想情况反映给初一班主任。寒暑假，任ＸＸ回到龙潭镇家中，还要帮助居民委员会搞宣传，搞卫生；还组织小学时的同学一起学习毛主席著作。去年暑假，她到句容县姑母（贫农）家去，参加十多天劳动，又和当地的贫下中农交了朋友，回校后，她搜集了有关为革命种田，用科学方法种田的文章寄给他们。同学们说："任ＸＸ就是这样的，永远也闲不住。班上有什么事，她都愿意去干。"初三杨ＸＸ同学，有一次星期六趁轮渡回家，在船上认识了两位去六合县的妇女，她就主动为她们抱孩子、拿东西。到了浦口，这两位妇女不认识去六合县的车站，杨ＸＸ心想：时间这么紧迫，如果还要送他们去车站，我就赶不上回大厂镇的末班汽车了。这时她想起了毛主席的教导，我们这个队伍是完全的、彻底的为人民的利益服务的。就毫不犹豫地把她们送到车站。以后，她自己又乘轮渡返回了学校。

学生会的文娱演出队也是一个处处为人民服务的小集体，他们经常配合学校教改的需要开展宣传学习王杰、援越抗美、保护视力以及教学理论联系实际等活动，对同学们的劳动化革命化起了推动的作用。同学们称它为"我们学校的马兰牧骑"。本学期，他们学了《在延安文艺座谈会上的讲话》以后，决心更好地为工农兵服务。元旦那天，演出队去钟阜医院慰问演出。他们不但在病房里演，而且在厨房里演，回来时，走到大门口，发现值班员没有看到节目，便专门又为他们表演了一次。病员们要求学生春节再去表演。患肝病的病员想看表演，但又怕把疾病传染给学生，经过讨论，他们决定让学生在天井中演，他们就在窗户里边看。演出队的同学对病员们的心意非常感动，他们说："我们做得太少了，但是人民对我们实在太关心了。"

毛主席说："你要有知识，你就得参加变革现实的实践。"

在下乡劳动期间，由于多数学生对上山下乡当社员的意义有了进一步的认识，于是对理论联系实际也产生了很大的兴趣。他们在几天之内运用学过的知识联系农村的生产实际、生活实际，就提出了大小四百多个问题，初步解决了近百个问题。如扁担中的力学问题，运柳、水车、犁和风簸的结构及其物理原理，田亩、谷堆等面积、体积的计算，两种草房的比较，独轮车的使用等等。通过这次实践，学生对于什么是知识，知识的来源，理论和实际的关系，都有了较深的体会。高三学生陈ＸＸ说："过去书本上的知识虽然学了，但用起来就不行。学了会用，才算真正学到了手。只有在学习时想到将来要用这些知识为贫下中农服务，为广大劳动人民服务，才能有学以致用的要求，才能真正地主动学习。'为革命而学'现在看来不是那么抽象了。"

许多学生不仅运用主席思想解决认识问题，而且能用主席思想来解决学习中、考试中遇到的理论问题。高三Ｘ、Ｘ两班在五十个同学参加的二十个物理专题试卷上,除了物理知识的答案以外,学生还写了考试过程中运用毛泽东思想的具体体会。

如学生曾ＸＸ、陈ＸＸ研究凹透镜焦距的测法,开始时困难很多,她们想：是另换课题,还是硬着头皮搞下去呢？这时,她们想起主席的教导："我们的同志在困难的时候,要看到成绩,看到光明,要提高我们的勇气。"(《为人民服务》)"世界上没有直路,要准备走曲折的路,不要贪便宜。""我们要承认困难,分析困难,向困难作斗争。"(《关于重庆谈判》)这些话鼓起了她们斗争的勇气,对透镜成像规律的曲线图像,她们终于一个点一个点地描出来了。以后她们又根据《实践论》的原理,运用实验验证了理论。在试卷上,她们写道："在这次考试中,我们试着用主席思想解决研究过程中发生的一些问题,对主席的著作,特别是《实践论》有了新的体会,主席说：'认识有待于深化',感性知识仅是片面的表面的东西,没有反映事物的本质,要找出事物的内部规律,'就必须经过思考作用,将丰富的感觉材料加以去粗取精,去伪存真,由此及彼,由表及里的改造制作工夫,造成概念和理论的系统,就必须从感性认识跃进到理性认识。'我们的认识过程正是这样的,当我们才看到测算凹透镜焦距的两种方法时,觉得一目了然,没有什么问题,但深入一步就引出了不少问题,一旦这些问题解决了,我们便从感性认识飞跃到理性认识。我们的认识公式是：不懂——懂——又不懂——再懂。有时,这样的过程会反复三四次,但每一次循环都比前一次更深刻。最后的懂才是真正的懂,才是最深刻的懂。"她们说："通过这次考试,我们深深地懂得了毛主席的思想是指导一切工作的法宝,有了它,我们就能解决一切问题。"

学生向ＸＸ、潘ＸＸ、张Ｘ设计一种结构简单、成本低廉的日光显微放大器,准备供农村没有电源的半农半读学校或科研小组使用。他们用玻璃烧制镜头,能放大150倍,经过试验,在日光下,离镜头一定距离的毛玻璃上能够显出放大倒立的实像。他们说："实践不仅能使知识掌握得更活,而且能增强我们为人民服务的本领。有了敢想敢干、敢于革命、敢于创造的精神,有了理论联系实际的优良作风,我们就能在各条战线上为革命作出更大的贡献。如果我们去当新农民，进行科学实验，需要用显微镜，以前我们不会做，现在就具有了这个本领。必须重视实践，但也不能看轻理论。离开理论的实践就是盲目的实践。开始玻璃上没有像，我们没有从焦距上分析，以为切片被烧坏了，但换了切片和玻璃球还是不行。后来，我们把理论和实践结合起来，才发现是由于切片到玻璃球的距离太大了。"

学生倪ＸＸ、翁ＸＸ、王Ｘ根据物理课本上的光学原理，设计一种不需要透镜的小孔成像照相机。他们到商店参观，售货员说："南京没有这种产品，就是上海也造不好，很容易漏光。"但他们自己设计，自己制作，逐个地解决了曝光、暗盒、快门装置等问题，终于造出了一个比较粗糙但能够照出像来的照相机。他们说："在设计制作过程中，我们体会到主席的话十分正确，从战争学习战争——这是我们的主要方法……常常不是先学好了再干，而是干起来再学习，干就是学习。制作前的设计不可能十分完美，这就要在制作过程中不断修改，不断完美，边干边学边提高。"

学生顾Ｘ、李ＸＸ研究透镜成像的规律，不满足于课本上关于透镜特性的一般的解释，通过研究，他们把所学的知识向前发展了一步，超过了课本的范围和要求。他们说："毛主席教导我们，看问题必须抓住它的实质，而把现象只看作是入门的向导。透镜组合乍一看很特殊的，经过研究后，知道其本质上符合于透镜成像的一般规律，并没有本质的不同。毛主席又教导我们：事物的内因是变化的根据，外因是变化的条件。我们用这条原理分析透镜组合。凹透镜有它自己的成像规律，这是由它的内部因素决定的，不以任何外因为转移。因此我们只要认真研究它的内部因素，就能掌握它的成像规律，只要认真研究凸透镜作为外因与它的相互联系相互影响，就能掌握透镜的组合。而关键和基础则是在前一部分。"

在平时劳动中，他们也注意运用主席思想来指导实践，探索自然界的规律。高二赵ＸＸ同学通过种农业试验园地，研究小麦播种、施肥的规律。去年，他按照课本上讲的去做，每亩下种二十五斤，上基肥等等。结果，麦子长得过于旺盛，造成倒伏，产量很低。今年，他学习主席关于不断总结经验的指示，接受了教训，根据土地肥力每亩下种九斤。目前麦子长得短而壮，分蘖整齐，长势良好。他说："搞试验，既要有创新的革命精神，不能迷信书本；又要有全面的科学态度，一切都要从实际出发。我立志干一辈子农业。现在就需要有计划地进行育种、栽培的试验，逐步掌握小麦高产的规律。"初三有一个动物饲养小组，在冬天快到来时，他们剪去了兔身上的毛疙瘩。第二天死了一只小兔，有人说是剪毛剪死的，也有人说是冻死的……。"没有调查，没有发言权""调查就是解决问题"。为了弄清兔子死的原因，他们从兔子吃的、住的各方面去作调查，终于发现小白兔是被另一只灰兔从洞里钻进来咬死的。通过这次调查，同学们一致认为，要做好工作就必须听毛主席的话："你完完全全调查明白了，你对那个问题有就有解决的办法了。"(《反对本本主义》)

毛主席说："我们必须学会全面地看问题，不但要看到事物的正面，也要看到它的反面。"

不少学生也开始懂得了运用一分为二的方法来认识事物，来解决问题。初三藏X同学运用主席思想分析了自己骄傲自满的缺点。她说："为什么会骄傲，主要是由于我把自己所取得的一点成绩都记在主观努力的账上了。毛主席说，'外因是变化的条件，内因是变化的根据，外因通过内因而起作用。'取得进步是有自己主观上的努力的，但是也要看到，如果没有教改的革命形势，没有同学们的帮助，没有下农村接触贫下中农的机会，我也不可能提高自己的觉悟。成绩应该记到党的账上，应该归功于党的方针政策和毛主席著作的正确。"她归纳了这样几条教训："当自己取得一点成绩的时候应该多找找外因，这样就能克服自满情绪；当自己有缺点的时候，应该多找找内因，首先看到自己的不对之处，这样才能正确地对待错误，不断改正，不断前进。当自己遇到困难的时候，要多找找有利条件，以便提高自己克服困难的信心；当自己工作顺利的时候，就要多找找不利条件，防止骄傲。"有一次，她给向X同学提意见，结果两人是不欢而散。她又运用一分为二的观点认真检查了自己几次给向X提意见效果都不好的原因。找出了四个原因：(1)拿老眼光看人，抓住别人一个缺点不放，不注意人家改了没有；(2)今天给人提了意见，想叫人家明天就改，看见别人没改就急躁；(3)听到某人对某人有意见，不加分析，把个别人的意见或感想当作是多数人的意见；(4)有个人得失情绪。从这以后，她和向Ｘ交谈了思想改善了关系。

对待家庭出身，许多同学认识到在这个问题上同样也要善于一分为二。周ＸＸ同学，出身于革命干部家庭，一度背上了"干部子弟""出身好"的包袱，没有强烈的自我革命的要求。后来认真分析了自己的情况，她认识到，"在一定的条件下，坏的东西可以引出好的结果，好的东西也可以引出坏的结果。"她说："我出身于革命干部家庭，这本来是件好事，如果满足于出身好，放松自我改造，就可能引出使自己停滞、落后、变质的坏结果。过去，我一向认为，自己成为一个革命者，成为无产阶级革命的可靠接班人，是不成问题的问题，现在我才认识到，走什么样的道路，做什么样的人，主要不在于一个人的出身，而在于自己的努力。革命后代与革命前辈不只是血肉上的联系，而更重要的是思想上和精神上的继承。"

周ＸＸ的同班同学ＸＸＸ，父亲是汉奸、资本家，解放后曾劳改。从高一以来，家庭包袱很重，思想苦闷。他结合自己的思想问题，学习了《放下包袱，开动机器》和毛主席关于不断总结经验的指示以后，认识到："出身于剥削阶级家庭之所以是坏事，是因为受剥削阶级的影响较多、较深。但是，只要认识到自己出身不好，更严格地要求自己，加紧自己的思想改造，百倍地警惕剥削阶级思想对自己的侵蚀，那么，自己就能进步得更快，坏事也就可以变为好事。"近半年来，他进步较快，思想觉悟提高较显著，能和家庭划清界限，主动向父亲所在工厂的党组织反映父亲在家的表现。

对思想问题要一分为二，对身体问题也要一分为二。高三成ＸＸ同学原来患肺结核，他心情很苦闷。一九六四年下半年，他学习毛主席著作，注意到适当锻炼身体和适当增加营养、休息相结合。三个月以后，医生检查证明："肺结核全部硬结了。"在作文中，他兴奋地写道："疾病表面上看来只是身体上的病，其实和思想上的病有着密切的关系。世界上许多事物都是这样，表面上似乎不相干，而内部却存在着相互依赖、相互对立的关系。一九六三年，我才得肺病时，非常悲观，一想到病就想到死，以为自己一辈子完了，对一切不感兴趣。我把身体看作是孤立的，没有把身体和思想联系起来。学习了《矛盾论》，主席告诉我：'在一定条件之下，矛盾的东西能够统一起来，又能够互相转化。'我就深信：坏身体一定能变成好身体。要战胜病魔，在战略上要藐视敌人，在战术上要重视敌人。我以积极锻炼为主，吃药和营养、休息为辅。这样坚持下来病就好得很快。"最后他提出："所有生慢性病的人应当好好总结一下自己和病魔斗争的经验和教训，进一步明确我们应当为谁去锻炼身体，怎样锻炼身体，如何处理好锻炼、吃药、休息、营养之间的关系，有信心去战胜疾病，千万千万不能悲观。"

在处理个人的问题上要一分为二，处理集体的问题也是如此。

去年有一天，饭桌上剩下了一盆青菜，原来这是高一X班同学剩下的。当时，班上团支部没有把这盆剩菜轻易放过。立即组织全班讨论了这件事。他们对比了盱眙贫下中农的生活，对比了红军长征途中一袋干粮的故事。大家感到十分沉痛。最后，全班每人一口分吃了这盆菜，并亲自签名写下了检讨书，张贴出去。这件坏事引出了好的结果。从此以后，这个班上勤俭节约的风气大振，在他们的饭桌上再也看不到撒下的饭粒，更不要说是剩菜了。今年，这个班的晨间锻炼搞得很出色，受到了学校的表扬。于是骄傲情绪在班上有所滋长。有的同学看到别班上晨间锻炼好，就说："这是向我们学的！"团支部又立即组织全班学习了毛主席语录："即使我们的工作得到了极其伟大的成绩，也没有任何值得骄傲自大的理由。虚心使人进步，骄傲使人落后，我们应当永远记住这个真理。"团支部带头检查了骄傲自满情绪。本学期末，支委会还根据四好支部的标准，比差距，找缺点，提出了进一步努力的方向。

三、 总结

毛选学习在我校学生中能够出现这样一个比较经常自觉、比较活泼生动的局面，看来有这样有几个原因：

1. 全国大好形势的推动，学校教学改革的促进

学生学习毛主席著作，是在全国学习毛主席著作的大好形势的影响下，带动起来，发展起来的。与此同时，更为直接的原因则是学校进行了教学改革。

教学改革向学生提出了问题。教改以后，学校讲的、作的和教改以前有不少东西都是不相同的；教改过程中，这个教师和那个教师讲的、作的也不都完全一致；有些家长对学生的要求和学校也不一样，甚至是相反的；有时，几个家长之间，语言也会是不一致的。这样一来，究竟是哪个意见对，对学生来说，确是个费解的问题。问题提出来了，矛盾重重，就驱使着他们从学习毛主席著作中去找寻最正确的答案。

教学改革给学生提供了时间。教改后，学生的课业负担大大减轻，考试、管理方法都有所改进，这就为学生读书、看报，特别是学习毛选挤出了不少时间。他们头脑里摆着一大堆不能解决的问题，在有了较为充裕的时间之后，自觉学习毛选的人就自然而然的多了起来。

教学改革也使学生有了较多的接触社会实际，接触劳动人民的机会。学生一旦接触了实际、接触了群众之后，他们对毛选的理解就大不相同了，不再是只从字面上理解，就能进一步从现实的实践的意义上来理解了。对毛选的精神理解越深，学习的兴趣也越高。自觉性越高，也越能长期地坚持学、反复地深入学。

2. 积极提倡大家认真学毛选，但不作具体的规定

近两年来，学校在贯彻方针、确定计划，在布置、总结工作，在解决大小问题时，都研究和讲解毛主席的指示，都以毛主席指示作为根据。这对学生学习毛选是很大的推动。

一部分教师毛选学得较好，能够运用到教学中去，政治、语文以及外语教材中，毛选的比例较过去都有所增加。这样以来，毛主席著作的学习在课堂教学中，特别是文科教学中就占有了重要的地位。

此外，在不同的情况下，学校也一般地介绍学生着重阅读一些毛主席的文章。特别重要的是始终能给学生指出一个正确的方向，能够经常向他们提出问题，促进他们认真地去学习毛选。

以上这些，就是具体的领导。

但是，我们对学生学毛选，不作组织、篇目和时间上的具体规定，使每个学生都能在不同的情况下，根据自己的需要、自己的条件去学习毛主席的有关文章。这样，在前边所讲的几个条件大体具备的情况下，就能够调动大多数人学习毛选的积极性，而且能使这个学习坚持下来，深入下去。

3. 造成一个群众性的学习毛主席思想的环境

一部分人首先学起来了，在较为有利的学习条件下，学习的人数就会一天天多起来。于是，领导、教师指导学生，学生又反过来推动领导、推动教师；同班学生之间相互看日记、谈思想、送语录、谈心得；高班带低班，团员带队员，老同学带新同学以及定期、不定期地在一个班级或全校范围内组织经验交流的群众性的学习毛主席思想的风气就逐步形成了。

有了这样的环境，有了这样的风气，对绝大多数同学在不同程度上就起着推动的作用。

目前，一个重要的问题是，对学生学毛选的情况有计划地组织交流还不够，对学生中学习毛选较好的经验宣传得不够，标兵、榜样树立得不够。尤其值得注意的是，我们领导干部学习不如群众的现象，在很大程度上还没有改变过来。如果我们不认真严肃地对待这个问题，要想使学生、教师学习毛主席思想的热潮更高地发展下去，将会是困难的。

第 15 章
教改使我懂得了怎样做一个革命接班人

南京师范学院附属中学学生　周ＸＸ

我是南师附中高三 X 班的学生，出生在一个革命的家庭。这里，想汇报一下两年多以来我这个人发展变化的大体情况。

一、 紧紧的束缚，重重的忧虑

一九六三年夏天，我考取了南师附中的高中部。

考上南师附中，我感到平常，因为我已经在附中生活了三年，并没有感到它有什么了不起。我又感到高兴：因为我已经隐约觉察到，不在附中的同学对附中的学生总流露出一种羡慕的眼光，什么"升学率高""质量高"之类的话也时常在我耳边滑过。对高中的生活，我还怀着一种好奇、莫测的心情。可这一切，并没有使我减轻"玩性"，我看到别人积极准备开学，在复习功课，就真不能理解。我认为像我这样，无忧无虑该多舒服啊！

我一点也没有想到，前面会有多少"忧虑"在等待着我。

开学上课了。班主任先给我们一番教导，并说："在我手上是得不到 60 分的，要嘛 59 分，要嘛就是 61 分。"这句话使我很奇怪，好像我从来都没听说过这样的话嘛！后来我想："也许他是对功课差的人说的"，也就不去管它了。我一向认为自己在学习上是轻松愉快的。"平时不烧香，临时抱佛脚"，我不照样考上附中的高中吗？但我却没有意识到"59，60，61"，已经无形中在我思想上留下了淡淡的烙印。一次物理单元测验，使这个烙印显明起来了。我拿到了卷子，红红的 59 分特别清晰，我心里第一次震动了一下。我的名字排入了

第 15 章 教改使我懂得了怎样做一个革命接班人

不及格的行列,"忧虑"两个字第一次爬入了我的脑海。于是我就坐在那儿想,想到在初中时,有一次因为一门功课差一分没满 80 而没有被评上三好生;想到开学第一天老师讲的:要嘛 59 分,要嘛就是 61 分;又想到今天的 59 分。慢慢地,那些阿拉伯字变得神奇起来,奥妙起来。"一分",就是这一分确定了我是否能当"三好生",决定了我是否能及格。看!分数的威力该多大!老师的话在我身上实现了。我第一次认真地思考了这个问题。

不久,我就又热心于我的文委工作,又深陷于繁忙的作业中了。每天下午七、八节课,动员大家唱歌,该是多么困难的一件事啊!有人拼命地扒在桌上不走,看着一大堆本子,一大片作业,紧张地想着,做着。这时,我体谅到他们的心情,便又联想到自己。现在,"忧虑"对我已经是越来越熟悉,越来越经常了。然而我却幸运自己是走读生,时间比他们"宽余"一些。到了晚上,即是我"大战"的时刻,左边放着代数、几何、物理、化学……,右边放着这个作业本,那个作业本,还有什么复习思考题本,历史笔记,政治笔记……。对照着明天课程的顺序,我一本一本地去完成作业。桌上的书是越来越少了,但时间也越来越晚了。不觉抬头看看钟,"坏了,已经十一点了!"隔壁妈妈也在叫着:"小 X,睡觉吧!"这时,我真是忧虑到极点。有些作业还没有完成,我怎么能睡呢?于是我拼命地做啊,做啊!作业完成了,却还不够马上去睡觉,我得把明天的课想想,什么内容,哪个老师教,会不会提问;如果有历史,政治,我还得把笔记背背。当我觉得一切都做"妥当"了后,头脑已经昏昏沉沉了。这时,我真感到当个中学生苦死了。

早晨,总是我矛盾的焦点。该起床了,但睡神总不放我。躺在被子里,哪怕拖一分钟也是好的。7 点多钟上课,我却 7 点才起床,高速度地作完一切,再骑着车子高速度地奔向学校,一路上还心有余悸。课间,同学们捧着书本在背定理、公式,我却暗自侥幸自己昨晚看过,可要我回忆一下,却一个也记不得了。于是我也积极准备起来,紧张地捧着书本去背。课堂上,总不能满老师的意。他把你拎出来挂黑板还不够,还要狠狠地批评你说:"你就是不用功,初中这样,高中也这样。"我感到满肚子的委屈,又感到困惑不解。我每天拼命地干还不用功吗？可是课堂上我又答不出来，这不确实是不用功吗？中午吃过饭，妈妈总是叫我休息一下，她说我眼看着瘦下去了。可我想到上午的批评，想到作业，又怎么能去休息呢？当我急急忙忙赶到学校时，教室里已坐满了赶作业的同学。就这样，大家总是昏昏沉沉地做到下午打上课铃。

"一二·九"要到了。学校要搞文艺汇演。这时班上就有人哭鼻子，有人闹别扭，原因是"没时间，作业没完成"。我当文委的可左右为难了，"难道我自己作业完成了吗？"在这种情况下，我一点也感不到班集体的温暖，大家每天只是忙于做作业，忙于应付提问；我也感不到老师的亲近，他们只会检查作业，上课提问。我不明白什么叫学习，我不知道要学习毛选，我也不懂得看报纸，关心时事。有一次时事测验，我竟把阿朱别依写成是蒙古人。然而更重要的是：我不知道我是在庸庸碌碌地消磨时光，我是在摧残自己。

学期结束，拿到成绩单时，我伤心地哭了。怎么能叫人不难过呢？辛辛苦苦一个学期下来，我得到的成绩却是四门不及格。老师批评我不刻苦，妈妈说："你每天几小时几小时扒在桌上，看样子是在学习，也不知道脑中在想什么？"我想什么呢？我想的只有一条：完成作业。这是老师布置的，我应该去做嘛。同学也劝我说："算了，这学期过去了，下学期再好好干吧！"我自己呢，真是忧虑重重啊！

寒假到了，文委工作辞了职。我下决心什么都不管，也要把学习拉上来，四门不及格太丢人了。这时，我并没有意识到这是一个什么问题，我似乎觉得自己"功夫"还下得不深。

二、 教改的号角响了，我在忧虑中抬起头来

高一下学期，寒假里，我已把学习计划安排好了：早上背半小时外语，白天（即课间，中午，自习课，七、八节课）把当天的作业完成，晚上复习和预习。我觉得，自己的学习目的比上学期明确多了——提高分数，提高成绩。我陷在书堆里，更加拼命起来。但是日子总是那样地使人感到窒息。我总感到有很多看不见的压力，使得我每天

第15章 教改使我懂得了怎样做一个革命接班人

喘不过气来，心情舒畅不起来。

我的计划只正常进行了一个星期。有时，早晨醒来躺在被子里想："还有半小时呢，让我多睡一会儿多舒服呀！算了，今天外语少背点没关系！"有的时候捧着单词本坐在那里暗自纳闷："我干么事要背单词呢？背了单词我的外语就会有好分数了吗？"好多个早上，就这样消磨过去了。白天的作业，我也总不能全部完成。可是老师的作业，总布置不完，少做一题，老师心里就好像掉了什么东西似的。这个老师十几题，那个老师七、八题，四堂课下来我得到的已经是几十题了。每当我打开作业本时，心里就暗自叫苦："我这辈子哪时才能不做作业呢？"开学时那种"提高分数，提高成绩"的心越来越冷了。我感到事情总是那么不顺我的心。"忧虑"给了我"悲观"。

一个星期六的晚上，XX、XX到我家来，她们讲到很多关于干部子弟的事。她们说："我们的父母是革命的，我们现在怎么能不为我们的阶级奋发学习呢？"这一晚的谈话，给了我很大启发，我觉得学习上增长了不少劲。星期天，妈妈也给我讲了她过去的情况，说她过去怎么上不起学等等。这些往事，我当时特别听得进去。对于"为什么要学习"这个问题，我向前迈进了一步。我有一点明白了我必须为我们的阶级努力学习的道理。

当时，我知道要好好学习，但是对学习的信心还不足。怎么办呢？我翻了雷锋日记，它告诉我，凡事不能解决的就去找毛选。我去请教老师，老师建议我学习《愚公移山》。当我学习《愚公移山》的时候，脑海中出现了一个满头白发的老人，他正带着他的子孙在大山脚下挖着……，我想到过去那灾难深重的中国，我大舅他们在船上漂流着，我妈妈他们在树林里急行军，主席在延安窑洞里写东西，红军在雪山草地上跋涉……，我又想到了今天，我吃着大米饭，穿的舒舒服服，骑的是自行车，住的是高楼洋房……，生活是多么幸福。山，不是一点一点挖掉的吗？革命，不是一步一步走过来的吗？学习，不是也要一天一天提高的吗？这时，我觉得"一天"是宝贵的了。我应该抓紧每一天，我相信我能翻身。

我的信心比以前足了。早上的外语自习越来越有保证了，作业时，我下定决心一定要完成它。虽然每天仍然是辛苦的，但我心里不再是那么苦闷了。我知道了毛主席指示的伟大作用，就常挤出一些时间去看毛选。《为人民服务》《纪念白求恩》《中国社会各阶级的分析》《反对自由主义》等文章，使我的政治眼界开阔了。这时，我好像才知道，除了提高学习成绩外，我还有很多事情要干。一九六四年五月四日，我加入了共青团。

我的学习成绩有了提高。但是考试对我仍然有压力，仍然很紧张。渡过了相当紧张的大考阶段，我才松了一口气。老师、同学们都说我学习上有进步，成绩单上的分数也确实说明了这一点。但我心里总觉得有一种说不出的滋味，觉得不踏实。我不满意我辛苦得来的"分数"，我感觉到我想提高成绩与"分数"有矛盾，我对学校的现实有些不满了。我预料到自己在"分数""作业""考试"……的束缚下，不能达到我所想的那样。究竟是什么样？我也不很清楚。总之，我好像觉得我的生活要不平静了。

学期结束的时候，教改的空气已经很浓了，老师、同学议论纷纷的。学校指定我们班为教改试点班。这时就有人说："试点班，就是动员你们下农村！"这些就是教改在我们每个同学心目中的一个序幕。

三、 教改改变了学校，教改改变了我

附中搞教改轰动了全校师生。我周围的一切发生着剧烈地变化，我第一次生活在这样一种蒸蒸日上的革命气氛中，要做无产阶级革命接班人，要增加劳动，要改革教学制度，要革命，要生动活泼主动地发展……，在这一场革命斗争中，我的思想也在急速地起着变化。

这时，我们热烈地争论着一个尖锐的问题：培养我们成为什么样的人。是一味追求升学、追求做一个只会从事脑力劳动的大学生呢，还是做一个德、智、体全面发展的有社会主义觉悟的有文化的劳动者、革命者？老师和同学们都暴露了自己的思想。老师说："我班上上大学的多，就是完成党的任务好。"他们是以"大学生"的多少为

第15章 教改使我懂得了怎样做一个革命接班人

工作好坏的标准的。同学说："我一脚跨进附中门、另一脚就跨入了大学门。"他们也同样是以"大学生"来作为自己努力的目标的。我自己呢？已经是肯定要做一个大学生了。至于当一个劳动者，当一个新农民，那是我压根儿没有想过的事情。对这样一些观点，经过讨论，大家都明白了它们是不正确的。

黄ＸＸ当新农民的事迹在全校传开了。她的行动给我们指明了一个方向。一个青年学生应该走什么样的道路？难道只是为了考上大学？只是为了做书本的奴隶？我感到错误的考试方法，繁重的作业，错误的分数观念太可恶了，非彻底地改不可！

这时，我们试点班的学生，向学校提出了很多很多意见。

作业负担减轻了，我不必整天为赶作业而忙得不可开交了。平时的小测验取消了，错误的分数观念扔掉了，我不再神经紧张地渡过每一天了。我感到自己心情明显的舒畅起来了。很多的时间我是在操场，在图书馆，或是在学习毛选。一天中午，爸爸给我讲了主席对毛远新同志的讲话，给我的启发很大。我想：在全国符合主席希望的青年还不是太多，对毛远新，主席还说你没有吃过苦嘛，那怎么能当上左派呢？我呢？像我现在的思想觉悟和学习状况都不过硬，将来怎么接革命的班呢？这时，我们正在期中考试，我认真地对待了这次考试。本来，我对教材中的有些内容如物理中的飞机，举办，虹吸现象，水轮机等是不打算看的，因为它们已往在考卷上是根本不会出现的。但我想起了主席的教导，不要只追求分数，仅看分数是骗人的。于是，我一反过去的错误想法，认真地复习了这些内容。

什么是真正的知识，我越来越明确了。在语文课上，老师不再讲那一套脱离实际的写作方法和不着边际的华丽词藻了。我们摆的是观点，讲的是立场，讨论的是思想内容和如何具体地掌握语言文字这个斗争的工具。我们不再为追求好分数，利用吹牛夸张的手法来写作文，而是以明确的观点，清楚的层次来表达自己的思想感情，来作为判别作文好坏的主要标准。从每堂语文课上，我都能得到一些启发。外语课也大大改进了。课堂上师生全部用英语讲，课后我们也尽量用英语说。我不必再为突如其来的背书、提问而提心吊胆了，我对学外语的兴趣一天天大了，我喜爱这门功课，因为我明白了它是革命斗争中不可缺少的一种武器。对于我上高中以来一直感到头痛的代数，观念上也转变了。做作业解习题，已不是那么令人烦恼的事情了。我喜欢解题，特别喜欢解一题多解的题。物理，也变成了一门吸引人的科目。我们的物理，不仅是坐在教室里讲定理，记公式，而且还要求学生来到实验室，自己动手搞实验。把一架完整无缺的天平拆下，洗净，再安装好，这该是多么有意义的学习。不管哪一门课，课堂上，都不再是老师一个人主宰一切，而是我们大家做了课堂的主人。学习上，也不再是书本牵着鼻子走，而是我们做了书本的主人。

"忧虑"，在我的头脑中已经无影无踪了。

在我的眼里，老师，不再是那一副冷冰冰的脸相了。他们不再把我们当做"敌人"来对待，我们对老师也不再怀着敬而远之的恐惧心情了。想想教改以前，老师的脸就像寒暑表。进门是满脸怒气，我们这一堂课就提心吊胆，不是提问就是汇报分数，总之不会有好事。一到考试，老师和同学的矛盾就尖锐起来。老师"抢"，同学"拖"，矛盾的焦点集中在卷子上。那时，我们和老师之间哪有什么感情呢？现在不同了，老师教学和我们学习的目标是一致的。他们耐心地教，我们虚心地学。教改使我们变成了同志，变成了为同一目标而奋斗的革命同志。老师成了我们的知心朋友。

然而对这一切我们还不满足。我们开始感到自己过去好像坐井观天的青蛙一样，整天被关在学校，对社会太不了解了。于是，我们又把教改推向新的高潮。接触社会，接触实际，也是我们这个班开的头。第一次出去劳动，我们小组是在建筑工地上搬砖。这天劳动回来，我的感受可多了。我意识到任何体力劳动，总不是那么容易的。虽然我们只是搬砖头，但两臂也酸得厉害。可想而知，长期以来我们与体力劳动分家分得多么远！我在宽大明亮的房子里生活，我在高大的教室大楼里上课，但我很少把这一切与劳动人民联系起来，甚至根本不想。好像这一切对我就是应该的。自己依靠劳动人民所创造的财富而生活，然而却把劳动人民忘得一干二净，这是一种什么思想啊！我们每个人都从实次实践活动中得到不少启发。这以后，我们和码头

第15章 教改使我懂得了怎样做一个革命接班人

工人,铁路工人,工厂工人都建立了联系。每星期半天的劳动,实践活动和经常学习毛选,成了我们生活中不可缺少的了。我感到我们的教改逐渐深入实际了,党所重视的问题接触到我们的切身利益了。不光是要减轻负担,提高学习质量,也要加强思想改造和劳动锻炼。这是直接涉及到自己能不能成为德、智、体几方面都得到发展的有社会主义觉悟的有文化的劳动者的关键。

一九六四年冬,是我进入高中后的第三个大考。在考试阶段,我们的面貌焕然一新。我们明白了考试不是为分数,老师也明白了考试不是难学生,考试是为了进一步理解、运用知识,找出存在的问题。在第一次的公开考试中,出现了不少生动活泼主动学习的场面。连我自己也惊奇,我们的讨论竟进行得那么热烈,我们的收获是那么大。我觉得自己这一段的生活是既紧张又愉快的。这时,妈妈说我长胖了很多,身体也结实了。

一九六五年的春节,是个不平凡的春节,我们学校的一部分同学第一次到盱眙去了。当他们回来的时候,学校革命化的热潮更高了。他们的远途跋涉,他们与贫下中农共度春节,他们和黄桂玉等新农民在一起……,这一切,激荡着多少同学的心啊!

当杨柳刚刚抽芽的时候,我们一百多人,终于又踏上了去盱眙的征途。我们背着背包,怀着一颗火热的心,高唱着革命歌曲,向离学校二百多里的盱眙步行而去。一路上,我们碰到了多少个"第一次"啊!第一次背背包走远路,第一次住宿在途中,第一次脚上打水泡,第一次受到时间的考验……。当我们到达马坝时,又是第一次看到了祖国真正穷白落后的面貌。我们住在贫下中农家里,自己烧着胡萝卜饭吃,自己处理着生活上的一切。上午学习,下午劳动,晚上与贫下中农谈心,每一天,每一晚,都在我的生活中写下了不可磨灭的一页。

不平凡的一个月过去了,这一个月是我进步的转折点。在贫下中农身边,在贫瘠的土地上,我的脑中印上了祖国贫穷的面貌。它激起了我更加努力的学习,它激起了我们把教改推向更高的高潮。从盱眙回来后,我觉得自己变大了。城市的生活和盱眙的生活一对比,我觉得我的周围有很多双眼睛天天盯着我，我虽然不像过去那样"忧虑重重"了，但我却也不再是那样"无忧无虑"了。贫下中农在我的脑子里已经有一个活生生的形象了。

这个时候，学校提出"为革命而学"的号召。我在本子上暗自写下了"立愚公之志，为革命而学"十个大字。我真正认识到，贫下中农在养活着我，在希望着我，在等待着我。我感到自己为分数而学的负担越来越轻，为人民而学的担子越挑越重了。

毛主席的思想和贫下中农的感情给了我学习的动力。这时，学校又向我们提出，不仅要为革命而学，还要用革命精神、用革命方法去学。我想，我不仅要为贫下中农、为广大的劳动人民去学习，我还要为他们学得好。

用外语说话我不够大胆。这时我就想，学外语不是为我个人，而是为了贫下中农，为了广大的劳动人民，为了革命的需要。于是我就抛开一切顾虑，努力提高说话能力，认真记单词。外语作文写不好，我就连续写了三十几篇，终于提高了写作水平。学代数，我的思维能力很差，怎么办呢？我看了主席二百六十八个字的指示，"四个有所"给了我力量，"总结经验"给了我方法。每一题，每一小节，每一单元之后，我都不断总结经验，努力提高自己的思维能力，终于较好地完成了任务。在学习物理《稳恒电流》一章时，我就想：知识只靠看书和做题是不能掌握得很好的，要想牢固灵活地学好功课，必须理论联系实际。这一章，老师只布置我们做三个实验，我自己却做了十五个实验。学完以后，我感到自己的动手能力加强了，知识也掌握得牢固多了。

我深深地感到，在"为贫下中农，为广大劳动人民而学"的思想指导下，我的学习动力特别大，提高得也特别快。

随着精神的解放，课业负担的减轻，我锻炼身体的机会比过去增加了。单拿游泳来说，过去五、六年，我一直只能游十几米，这时却迅速地增长到一千多米。

班上要求进步的同学越来越多了。我担任团支部宣委工作，不仅要负责班上的墙报工作，还要经常和同学们交流思想。但这紧张的生活，却使我感到满心的喜悦。这学期结束的时候，我的成绩全是优秀和良好，并被评为三好学生和优秀团员。

"精神可以变成物质"，当我每次看到主席这句话时，我总感到它太实际了。做一个革命者，对自己越来越感到迫切了。过去认为那遥远的革命，现在已经临近在身边了。

七月一日，我向党交了入党申请书。

四、 教改使我懂得了怎样做一个革命接班人

一切事物的发展总不是那么风平浪静的，也不是那么一帆风顺的。一九六五年暑假，我考虑到我将来考哪一类学校的事情，想着做一个大学生的情景。这时我感觉到一个大学生的吸引力比当一个新农民的吸引力大。特别是大学发榜后，我突然为我明年的高考紧张起来，过去长时纠缠着自己的那种"分数""卷子"的观念，重新又浮现在我的脑子中。进入高三第一个学期的开始，我明显地变得沉默了。这一个暑假中，我慢慢忘掉了盱眙的生活，忘掉了贫下中农，想革命想得少了，想个人想得多了。在这个关键的时刻，我们下乡参加了劳动。

这次劳动，学校提出了"培养贫下中农感情，树立贫下中农形象，进一步解决愿意上山下乡当社员"的问题。它对我真有着"雪里送炭"的意义。

在农村，校长指出，学习《为人民服务》最根本的问题是要考虑解决自己的人生观问题。摆在我面前的一切，确实是在等待着我解决人生观问题。我和贫下中农的感情不能融为一体，我嫌他们脏，我不愿做一个普普通通的农民，我从个人出发来理解党的阶级路线，我背上了"自然红"的家庭包袱，我缺乏自我改造的迫切要求。总之，我还没有跳出个人的小圈子。

这次下乡是我思想斗争异常激烈的一个月。每当我拿起一把锄头，抱起一个农民的孩子；每当我翻开毛选，和老师、同学谈心的时

候，我都要经过一段激烈的思想斗争。一天晚上，我们庄一位老贫农给我们诉了他过去所受的苦。会后，老师和我谈心。他指出我很多的思想都是忘本。老师走后，我想了很久，难道我不愿当农民，我嫌农民脏就是"忘本"吗？我有点想不通。这天晚上，我学习了毛主席《在中国共产党全国宣传工作会议上的讲话》，一直看到深夜，一直想到深夜。我想：什么叫做不忘本？什么叫做本阶级的人？怎么我会忘本呢？毛主席说："这些人，如果不把过去的一套去掉，换一个无产阶级世界观，就和工人农民的观点不同，立场不同，感情不同，就会同工人农民格格不入，工人农民也不会把心里的话向他们讲。"在这里，毛主席讲的是没有改造好的知识分子。而我呢？看不起农民，不愿当农民，嫌农民脏，这不都说明自己的观点、立场、感情和工人农民是格格不入吗？对一个出生在革命家庭的人来说，这难道是应该的吗？这种感情和工人、农民是同一个阶级的表现吗？这就是忘记了本阶级的角色，这就是"忘本"。这一个晚上，我认真地思考了我的人生观，我的学习目的，我的很多很多思想问题。

这以后，我经常想，教育革命是要培养我们成为无产阶级革命事业的接班人，而什么样的人才算是真正的革命接班人呢？毛主席说，我们干一切事情都要为人民服务，我们要做一个有利于人民的人。全心全意为人民服务的人，才是一个真正的革命接班人。我仔细地检查了自己的各种错误思想，清楚地看出我还没有树立起一个为人民服务的人生观，没有一个为共产主义奋斗终身的理想。我虽然出身在革命家庭，但我并没有弄懂什么叫革命。我总是记住父母的今天，而忘记了父母的过去。通过访贫问苦，通过回忆对比，通过学习毛选，经过激烈的思想斗争，我明白了：一个人走什么道路并不在于他的出身，革命后代和革命前辈不仅是血肉上的联系，更重要的是思想和精神上的继承。

我们要走的前一天，在我们办的小学读书的小朋友神情有点异样。晚上下课以后，他们有的拉着我，有的抱着我，问我："你们都要走了吗？"我说："是的。""你们能留下一个再教我们学习吗？"我说："留谁呢？我们还都要学习啊！"谁知小朋友都叫起来："留你，留你，我们要留你下来！"这时我的心激动极了。贫下中农的孩子们

第15章 教改使我懂得了怎样做一个革命接班人

这样热情地挽留我，我还有什么理由不为他们服务呢？他们养活了我，今天又需要我为他们服务，我又有什么理由不当他们的勤务兵呢？农村有多少事情在等待着我啊！我为什么只盯着大学的门坎不走呢？我告诉他们："现在我不能留下，要过一年后毕业了才能来。"他们都露出惋惜的表情。这一晚，我又是很迟才睡着。我想，只要党一声命令，我将打起背包就走。

很多问题与革命人生观联系在一起，我就感到心胸开阔了，眼光放远了。考大学的那一张卷子有什么了不起呢？如果考不取大学又有什么值得害怕呢？只要是为共产主义而奋斗，干什么我也愿意。

我带着从未有过的思想感情回到了城市，这一个月比盱眙的一个月更深刻了。贫下中农的形象在我思想上扎根扎得更深了。这以后，我想革命越来越想得多了，自觉革命的心也越来越迫切了。教育革命，是一场深刻的、意义深远的思想革命。教育革命，正在革去我们脑中非无产阶级的东西。从教育革命中，我看到了祖国的未来，我也看到了我自己的未来。

这次从乡下回来，我学得比过去更好些了。虽然我担任着班上团支部书记工作，要负责全支部的事，工作是忙一些，但理论联系实际大大提高了我的学习效果。仍拿物理来说，在规定的学习时间内，我不仅掌握了理论知识，而且学会了照相，学会了装收音机。

目前我也更加重视锻炼身体了。早上我练习走路的速度，课后还练习挑水。我想，锻炼身体的标准是能吃大苦，耐大劳。现在比较艰苦的地方是农村，要为贫下中农服务得好，就必须肩能挑，手能提，腿能走。几个月来，我的体质有了明显的增强。过去，在操场上一圈也跑不下来，现在跑三、四圈也没事了；过去一桶水也挑不动，现在一担水也能挑下来了。

然而在进步与提高的过程中，思想斗争并没有就此中断。共产主义理想和个人的理想有时在我思想上还统一不起来。我要为共产主义而奋斗，但又想它必须符合我个人的理想。是让共产主义理想来从属个人理想呢，还是把个人的理想投入到共产主义的理想中，使它们融为一体？在这个矛盾的时刻，党又给我提出了更高的要求，用共产党员的标准来要求自己。再次学习了毛主席的著作之后,这个矛盾我思想上解决了。我个人的理想就是中国和世界最大多数人的理想,就是共产主义的理想,我就应该做一个党的驯服工具,做人民的勤务员。我应该把自己的一生毫无保留,不打折扣地献给人类的共产主义事业,做一个"彻底"的人,"完全"的人,"纯粹"的人,"高尚"的人,做一个真正的共产党人。

一月八日,我的愿望终于实现了,我加入了中国共产党!

我觉得自己在各方面还很不够。今后,我要更加认真地劳动,认真地学习;更加积极地去锻炼身体;我也要更加努力地去做我应该做的工作,更加严格地要求自己。

1966年2月12日

第 16 章
在革命实践中成长

高三　程ＸＸ

一、　我的旧貌

我原来是个什么样子呢？现在想想自己都觉得又好气，又好笑。

我是一个干部子弟。具有一般干部子弟的通性：大大咧咧，马马虎虎，对什么事都毫不在乎。身上有着"骄、娇"二气。不过我也有我的特性。

我有三个爱好：爱吃糖、爱看书、爱运动。

我也有三个不爱好：不爱劳动、不爱数理化、不爱动脑子。

上高中了，什么也没改变，只是不运动了。并不是因为我不爱好了，而是因为功课压得太紧了。因为不运动，功课压得太紧，我生了场大病，生平第一次住了医院。

功课还是那样，对数理化马马虎虎，只求个 60、70 分，心满意足；对外语有兴趣，所以认认真真地学它，成绩还好，可得 80、90 分。

思想上也没什么长进。读高一上时的一个晚上，爸爸对我说："ＸＸ，给我汇报汇报思想。"我痛痛快快地对爸爸说："我没有思想。"其实那里会没有思想呢，无产阶级思想没有还差不多，资产阶级思想在我脑子里多的是呢！

教育革命的号角吹响了。整个学校如同一锅煮沸了的水，沸腾起来。学校提出了当革命接班人的口号。全校师生学习了董加耕，学习了黄桂玉。展开了许多场大辩论。我们高一学生讨论了"我们为什么要上高中"中心是把我们培养成一个什么样的人，是一味追求升学，只想成为从事脑力劳动的人，还是德智体全面发展，成为有社会主义觉悟的有文化的劳动者。经过讨论，"做革命接班人，走和工农相结合的道路"这句话，这时对我变得新鲜起来。在讨论当中，我常常仔细地端详着这句话。发现在我作文尾巴上经常出现这句话，竟包含有许许多多我不知道的含义。开初，我把问题看得很简单，自我安慰地说，做革命接班人，对于我是不成问题的问题。我是吃共产党的奶长大的，难道还能不跟党走吗？等我毕业时，我一定会像董加耕一样服从党的分配，大概用不着像黄ＸＸ那样斗争了！

周围的一切发生着剧烈的变化。在校党委的引导下，同学们对多而杂的课目，对满堂灌的教学方法，对被动的死记硬背的学习方法，对多如牛毛的课外作业，对突然袭击的测验和提问，对泰山压顶的考试，都用自己亲身的遭遇提出了许多意见。我们就像要求翻身的奴隶一样，迫切要求从资产阶级教育思想的影响下，解放出来。紧接着，我们提出了很多要求，我们要做革命接班人，我们要生动活泼、主动地发展；要改革学制，要减轻课业负担，要取消闭卷考试，要……。一连串地"要"在我们面前展开了一片新天地。我感到有好多好多的新鲜东西涌进了我的心里。我感到我开始有思想了。

二、 实践开始了

我们的许多要求都实现了。但我们还感到不满足。我们嫌学校太"小"了。我们要求到社会上去，去了解社会，去锻炼自己。

我们小组第一次去的地方，是南京的大菜馆"三六九"。到那儿后，我们每个人都戴上了炊事员的白帽子，围上了白色围裙。我在围上围裙的时候，下意识地把校徽露了出来。我们端着菜，端着汤来来回回地走着。有一家穿得很漂亮的人走了进来，我给他们端上菜之后，听见他们说："……戴着眼镜还到菜馆当招待……。"我心想："戴眼镜为什么不能当招待？哼！你们这么轻视招待！"同时，脑中又滑过一个想法："反正,我不是招待。"回学校后,开会汇报参加社会实践的体会。我讲述了这件事,末了,我还说:"社会上竟然有这样的人轻视当招待的,这是我想不到的。"老师接在我后面说了一句:"社会上有人轻视平凡的劳动,轻视体力劳动者,你们现在知道了。自己思想上,有没有这种想法呢?甘心不甘心当一个普通劳动者呢?"听了老师的话,我怔了一下:"我甘心当个普通劳动者吗?假如毕业后让我当一个招待员……不干!为什么……。"我想来想去,发觉自己思想上也有轻视劳动人民,轻视体力劳动的想法。那天晚上,虽然很累,但是我好久没有睡着觉。我想:想不到我脑子里也有轻视劳动人民的思想。第一次实践就这样使我发现了身上的一个大毛病。

后来,我们又搞了许多次社会实践。我们到工厂去了,我们到车站去了,我们到码头去了。我们和工人们一起劳动,流了许多汗,腰酸胳膊痛了许多回,感情渐渐起了变化。爸爸夸奖我比以前爱惜东西了。阿姨夸奖我比以前勤快了,自己的衣服能自己洗了。

每次实践之前,老师都要求我们带着问题下去。每次实践回来,老师都引导我们带着问题去请教毛选。我读了《在延安文艺座谈会上的讲话》。毛主席说:"拿未曾改造的知识分子,和工人农民比较,就觉得知识分子不干净了,最干净的还是工人农民,尽管他们的手是黑的,脚上有牛屎,还是比资产阶级和小资产阶级知识分子都干净。"我想了好久,为什么说工人、农民是干净的呢?我想到了我在菜馆服务时,那家人说的话,我想到了我在车站、码头劳动时疲劳的情景。我得出结论,工人农民不怕累不怕脏,不怕平凡,为了广大劳动人民的解放,他们成年累月做着平凡的工作,甘心成年累月做笨重的体力劳动而毫无怨言。他们的心里是干净的。而我跟他们相比起来,的确是脏的。我好逸恶劳,嘴馋手懒。这难道还不脏吗?更重要的是我最脏的思想是轻视平凡劳动,轻视体力劳动。我想,没有劳动人民,我怎么可能在这样高大的教室里上课?在这样明亮的房间里生活?自己依靠劳动人民创造出来的财富生活,但却轻视他们。这是一种什么思想啊!我又读了《纪念白求恩》《为人民服务》《青年运动的方向》,我觉得毛主席说的话多对啊!事实都和他所说的一样。但我也有看不懂的地方,比如说"看一个青年是不是革命的,拿什么做标准呢?拿什么去辨别他呢？只有一个标准，这就是看他愿意不愿意，并且实行不实行和广大工农群众结合在一起。"我想，为什么要拿这个做标准呢？为什么不拿别的做标准呢？一时我还弄不清楚。

社会实践和读毛选使我感到，我不再是一个没有思想的人了。我的思想越来越多，越来越丰富了。

同学们尝到实践的甜头，尝到了教育革命的甜头，要求教改的愿望越来越强烈，要求教改的心情越来越迫切了。六四年快结束时，学校里出现了一派生机勃勃的景象。同学们高呼道：要革命，要艰苦，要劳动，要主动发展。我们班提出了要到艰苦的农村去锻炼，要延长下农村的劳动锻炼时间。我们要在革命实践中把自己培养成革命接班人。

教育革命逐渐深入了。我和同学们都感到，它绝不光是什么减轻负担的改革，它是一场革命，是一场无产阶级用他们的世界观去改造世界的革命，我们的革命对象是资产阶级的教育思想、教育制度和教育方法。在这场革命斗争中，同学们心里又兴奋又自豪，因为我们在干革命了呀！我在日记上写道："暴风雨，一场教育革命的暴风雨就要来了，我要做这场暴风雨中的一滴顽强的小雨滴，把世界上一切资产阶级法权残余的污垢冲洗干净。"

我没有想到，我这个小雨滴还是由许多许多灰尘聚成的呢！

三、 不平常的春天

六四年的寒假，学校里组织部分师生长途行军到 200 多里外的盱眙去慰问新农民。我因为脚坏了，没跟他们一块儿去。等我赶到那儿时，他们已经准备回来了。是坐车子回来还是走回来？我想起了主席的话："你要知道梨子的滋味，你就得变革梨子，亲口吃一吃。"我想，我正想尝尝红军二万五千里长征的滋味呢！走回去！整好了行装，背起了背包，和同学们一起上路了。

一路上，同学们意气风发，半志昂扬。又唱歌，又说快板，又朗诵……。疲劳的时候,他念一段快板"……革命不怕苦,怕苦不革命,吃得苦中苦,方为接班人。"你朗诵一首诗:"天高云淡,望断南飞雁,不到长城非好汉,屈指行程二万……"。头一天七十多里路,很快就走完了。我脚上打了两个泡,痛虽痛,不过还好。我心里想,"怕苦不革命,革命不怕苦"吗!我觉得自己就是来尝革命的滋味的吗!所以心里很坦然就睡着了。谁知第二天,下了床连站都站不直了,脚上打泡的地方痛得像针戳一样。还走不走呢?一方面想当然走了,这就是革命吗!这就是考验吗!另一方面又想到个人的面子问题,觉得这点儿路走不下来,人家会笑话我的。眼睛一闭,牙一咬,把脚往地下狠狠一跺,又带着革命英雄主义和个人英雄主义这两种思想上路了。路上,两种思想打仗,打的非常激烈。开始走还挺有劲,可是越走腿越软。走了半天,漫长的路还在前头。公路上,一辆辆汽车飞驰而过,心想,早知如此,我坐车多好。可是马上自己又想到,这是怕苦思想,这是资产阶级思想在拉拢你呢!这样一想,思想上又有劲了。可是越走脚越痛,肿的地方像针戳,打泡的地方像刀割,痛的我直摇头。心里想,乖乖,革命滋味不好尝!抬头看见前面同学背上背的毛主席记录板:"下定决心,不怕牺牲,排除万难,去争取胜利。"觉得身上又有了劲。同学们在旁边不断地鼓励我。我咬着牙,一步一步地走着,心里想,红军走二万五千里多不容易啊!革命成功多不容易啊!今天,中国革命成功了,我们还要这样吃苦干什么呢?于是我脑子里出现了这样一个尖锐的问题:"我为什么要干革命。"

在路上,我想,爸爸一定会夸赞我了。回家后,爸爸没说什么。他问我有什么想法。我说:"我感到革命这两个字的份量了,懂得了我们今天的生活来之不易了。不过,我产生了这样一个问题,今天,我们生活好了,我为什么还要干革命呢?"爸爸听了对我说:"实践中出来的问题,还是到实践中去解决。你要看到,你从思想上,身体上,各方面离一个革命接班人的标准都还很远,很远啊!"说着,他给我看了毛主席对毛远新同志的讲话。我贪婪地看着。看到毛主席对毛远新说:"你没有吃过苦,你怎么能当上左派呢?"我又想到,在从盱眙回来的路上同学们呼的一句口号:"吃得苦中苦,方为接班人。"我沉思了好久。我想,毛主席这里所说的苦是什么呢?我想到

《人的正确思想是从哪里来的》这篇文章中的一句话："人的正确思想只能从社会实践中来，只能从社会的生产斗争、阶级斗争和科学实验这三项实践中来。"我想，主席这是说，我们这一代必须要在三大革命运动中锻炼，才能成为合格的革命接班人。这时，我感到，我成为一个合格的革命接班人，不是不成问题的问题，而是很成问题的问题了。我需要到三大革命运动中去锻炼。

杨柳抽芽了，六五年的春天来到了。跟着春天来到的是一个比春天还要好的消息。学校决定让我们高二两个班同学到盱眙去劳动了。去一个月，住在贫下中农家里，自己烧饭吃。最主要的是半天学习，半天劳动。这是在试验半耕半读呀！是在向资产阶级教育思想开战呀！我们两个班九十多个同学，背上背着背包，肩上挑着教育革命的重担，心里带着改造自己的愿望，向盱眙出发了。

盱眙的一个月，给我留下了不可磨灭的印象。它是我人生的一个转折点。在盱眙的每一天，每一个晚上，都是那样的有意义，有价值。要写不知从哪里写起好。这里选几篇那时的日记：

3月22日

今天，该我留在家里做饭。点火点了半天都没点着，急的我满头是汗，后来幸亏房东的女儿帮我点着了。我真佩服农村的小孩子。他们一点儿小，什么事儿都会干。就拿我们房东的小女孩来说吧，她才十二岁，还没我的肩膀高，可是她会烧饭、会做菜、会纳鞋底。她妈妈死了，她要补他哥哥的大衣裳，洗她爸爸的大鞋了。整天都操心家里柴不够烧怎么办？山芋干还剩得多不多了？看见她一付早熟的样子，我心里感到惭愧。想起我以前像她这么大的时候，整天无忧无虑地学习和玩，从来也没操心过一点自己的吃穿，更不用说家里了。看她坐在床上一针一针地纳鞋底，我觉得她也跟她爸爸一样在养活人，她在养活她自己，也在养活我们。

后来，我做代数了。许多农民的小孩都围在旁边看我做，一声也不响，还皱着眉头。当我把打好的草稿往旁边一放时，他们一起都拖过去，凑在一起，用手指头指着一个个的数字念道，这是1，这是2，用手指着 T 说，这是下，有的说不是。有的还来问我，这是不是下。我看着这个情景心里真是感动。他们的求知欲多么强呵！学习劲头多大呵！因为他们能得到学习机会太难了。整天要烧饭、带弟妹，还要苦工分。我想到，我叔叔的小孩也像他们，很想念书，但是没有机会。我也是贫下中农这个阶级的子女，我却有机会念书。我觉得，是他们把念书的机会让给了我，让我来代表他们念书。他们是把希望寄托在我身上了。可是我呢？我觉得我辜负他们的希望了。我对学习并不认真，只是凭兴趣办事，因为我把学习看成是自己的事了，我把学到的东西看成是自己的财产了。想到这里，我都有点不敢看那些孩子了，我觉得他们正用责备的眼光看着我呢！

下雨了，叶大伯他们在田里还没有回来。我想，我这十一年的书读得多不容易啊！多少人为我在风里来雨里去的劳动，多少人为我不读书在家做家务，我还有什么理由不为劳动人民服务，还有什么理由不好好学习呢？

4月11日

今天，我们跟新农民举行了座谈会。新农民，他不是学生，也不是农民，他是社会主义制度下的一代新人。他是新型的劳动者。座谈中，我们提了很多很多问题，比如说：知识青年在农村的作用，对前途的看法，对农村能改造人的看法，代数、几何能否用上，愿不愿在农村干一辈子，有无信心改变农村穷白的面貌，等等。他们都给我们作了很令人满意的回答。

他们说："大寨的条件比我们盱眙差，他们能搞好，为什么我们不能搞好呢？""我们一担担地挑肥，就是一担担地把祖国的穷白二座大山担去！我们一锹锹地铲土，就是一锹锹地把穷白二座大山铲光啊！"他们把生产队和整个社会主义建设联系起来，他们说："你们看咱们西庄亩产只有 100 斤左右的时候，我们的国家已经有了原子弹，等我们西庄增产到 800 斤时，我们的祖国将会是个什么样呢？"关于前途的看法，他们的回答是："只要我们的祖国有前途，我们的社会主义新农村有前途，我们就有前途。"

这话的水平真高，是我们绝对说不出来的。他们把自己的前途完全和祖国联系起来。他们感到国家的利益就是他们的利益。他们的思想不再是空虚的了，他们的行动不再是动摇的了。他们看问题的立场、观点都变了，变得和我们不一样了。他们本身就雄辩地说明了一个问题：农村是个锻炼人的好地方。

我又重读了《青年运动的方向》，对主席的那段话，有些理解了。为什么看一个青年是不是革命，要看他愿不愿意，并且实行不实行和工农相结合呢？我想：从新农民看来，知识青年只有和工农群众相结合，他们才可能改变他们看问题的立场、观点和方法，他们才可能站在工人、农民的立场上说话，用工人、农民的观点去看问题。这样，才能真正地为工人、农民服务。什么样的人才是合格的接班人呢？我想，就是真正意愿为工人、农民，为大多数人服务的人。要做个这样的人就必须和工农相结合。我必须和工农相结合。

和新农民在一起就觉得自己还不行，但是又觉得浑身充满了力量。我一定要向他们学习，把自己的青春献给改变祖国一穷二白面貌的事业！

从盱眙回来，我觉得我长大了许多。我觉得我心胸宽广了，头脑充实了。我觉得心里有了一个很强烈的愿望，要跟着党去改变我国一穷二白的面貌，要尽快消灭城乡差别。我向党支部递交了我的入党申请书。

学校，这时向我们提出了"为革命而学"的号召。我感到它正好说出了我的心里话。政治课，配合这个号召，根据我们班的情况一口气学了三篇毛选：《谁说鸡毛不能上天》《愚公移山》《放下包袱，开动机器》。这时，我感到祖国一穷二白的面貌，贫下中农活生生的形象，毛主席的话，成了我学习的巨大动力。我一改过去的不爱好，认认真真、勤勤恳恳地学每一门功课了。

物理课，上稳恒电源那一章时，对内外电阻相等，电池应该串联和并联这个问题。书上没讲，我想了好久也没想通。决定做实验。我接连做了几个钟头，才把结果做出来。

数学课上，学习数学归纳法。我开始怎么也接受不了这个方法。

我想了很多办法，都不行，最后，我才在主席的《矛盾论》上找到了根据。

学习结束了，我拿到成绩报告单：物理是优秀，数学是良好。这学期是我思想、学习双丰收的一个学期。

四、 江宁一月

当我埋头用功的时候，我没有发现，贫下中农的形象，祖国的穷白面貌，正渐渐地淡了。我背上了升大学的包袱，唯恐自己上不了大学。但我想想盱眙那一个月，想想贫下中农的期望，想想党和老师教改二年来对我们的教导，我脸上不觉有些红了，心里又觉惭愧了。转下念头，我又想，"考大学也不是完全为自己嘛，也不一定要干农业才算对国家有贡献，才算听党的话。"这样想时，我觉得轻松了。但一读主席的《为人民服务》，拿"彻底"和"完全"的标准来衡量一下自己，又觉得不行了。想来想去，难分难解。最后我想，我为什么要做个那么彻底的人呢？

这时学校让我们学了"抓紧学习目的性教育"的这篇短评，提出要树立愿意上山下乡当社员的世界观。我更加想不通了。这时，学校带我们到江宁去了。这次下去，对于我来说，真是有"雪里送炭"的意义。

这一个月是我思想斗争异常激烈的一个月。每看到贫下中农，看到新农民，看到农民的孩子，我的正确思想就占了上风。可是我每看到矮小的茅草屋，看到锄头、钉耙这些笨重的工具时，心里就又想不通了。

一天早晨，参加诉苦会，贫下中农诉说了解放前他们所受的苦。这个会给我的震动很大。开完会后，我心里很难过，想了好多。听完会上大爷大婶们诉的苦，我就想起了爸爸给我讲的，我们家在地主剥削压迫下的血泪家史。

解放前，我们家没有一亩地，一垄田，世世代代有了这样的规律：

男孩小时放牛，大了就给地主扛长工；女孩小时带孩子，做饭，长大了就给人家当童养媳妇。那时，挨打受骂，没吃没穿，不是跟这些大爷大婶们讲的一样吗？这时，我再翻开《为人民服务》，看到主席说的："我们这个队伍完全是为着解放人民的，是彻底地为人民利益工作的。"想想穷人的过去，看看穷人掌了权的今天，我心里产生了这样一个强烈的愿望：想要参加主席所说的那个队伍，去解放所有的劳动人民，把我国革命和世界革命进行到底。

我又想到了革命队伍中的许多人，江姐、许云峰……我想到歌剧《江姐》中江姐临牺牲前对彭云说的一段话："孩子啊！孩子，革命的后代，祖国的花。别忘了今天啊！别忘了你的爹妈，是他们用鲜血换来了今天，用生命迎来了遍地胜利花。孩子啊！你快成长吧！快接过红旗去打天下，别怕那豺狼虎豹，别怕那风吹雨打，记住那千万代的血泪仇恨，用战斗去迎来新中国。"每当想起这段话时，我总是心潮澎湃，思绪万端，这时想起它，心里分外激动。

革命烈士为什么对我们有这样深厚的感情，有这样殷切的希望？因为，他们想，我们是他们的接班人。可是，我这个接班人怎么样呢？我想起"我为什么要做个'彻底'的人的问题"，想起我"一定要考上大学"的想法，一瞬间使我羞愧交加。之后，我清醒了。什么考大学不完全为自己，都是骗人的。我考虑的那个"为什么要做个'彻底'的人"问题，实质上就是我要不要全心全意为人民服务的问题，就是将来要做谁的接班人的问题。我口口声声说要无产阶级的接班人，实质上，我正不知不觉地往做资产阶级接班人的道路上走。我觉得我忘本了。没有党，没有革命先辈，哪有我的今天？我还不是跟我们祖祖辈辈的女孩子一样，做一个小童养媳妇，挨打受欺！不要说上学，活到今天，还不知可能不可能。想到许多先烈为了我们、为了革命牺牲了生命，我觉得，我的生命，并不是私有财产，它是属于党的，是属于革命的，是属于那千千万万的革命先烈的。看到劳动人民整年辛勤劳动，我就觉得，我学的知识不是我的，是党的，是人民的。我还有什么理由不全心全意为人民服务呢？我决心参加毛主席所说的那个队伍，全心全意为人民服务，为解放所有被压迫的人民而奋斗。

下定了决心,我又检查了自己:

为什么想上大学不想下农村呢?因为,我怕苦,怕农村生活苦,怕体力劳动苦。怕苦,就是贪图个人安逸、个人享受。跟老农民比,我觉得我不懂什么叫真正的苦,什么叫真正的甜。跟新农民比,我觉得我还缺一颗为人民服务的心,缺少不怕吃苦、百炼成钢的决心。我没有看到我们这一代人身上的责任,没有我们这一代年轻人身上应有的气魄。

这一个月的实践,使我感到思想上有了一个飞跃。我弄清楚了很多问题。最重要的是,我为什么要干革命。我明白了一条很简单的道理:革命思想和革命精神是没有遗传性的。我找到了培养我成为坚强革命接班人的方法。我需要从毛主席的著作中,从实际斗争中培养自己的革命感情,体会到自己的革命责任。

回来后,我又认真读了《青年运动的方向》,重新考虑了主席讲的那段话:"看一个青年是不是革命的,拿什么做标准呢?拿什么去辨别他呢?只有一个标准,这就是看他愿不愿意、并且实行不实行和广大工农群众结合在一起。"知识青年和工农相结合的过程,就是改造自己的过程,就是把你的一套观点、立场、感情扔掉,换上一套工农的观点、立场、感情。其中最主要的是换上工农的要把革命进行到底的这个思想。

五、 入党

六五年的春天不平常,六六年的春天更不平常。

66年1月8日,我的好朋友周ⅩⅩ被批准为中共预备党员了,我被邀请参加了党支部会。回来,我兴奋地在日记上写道:

"ⅩⅩ入党了!加入到老一辈人的队伍中去了。跟毛主席靠的更近了。我真正羡慕她,不是羡慕她比我早一天获得了'共产党员'这个光荣称号,而是羡慕她比我早一天为党分担了一份革命的担子。我一定要向ⅩⅩ学习,争取早日加入伟大的中国共产党。因为党的事业、革命的事业是多么需要接班人啊！"

我又和ＸＸ比了差距，我觉得ＸＸ最突出的地方是：全心全意接受毛泽东思想，全心全意把自己培养成为一个坚强可靠的革命接班人。

我想，我以后，每天都一定要首先考虑这二个问题：我有没有按主席指示办事，如何使自己成为坚强可靠的革命接班人。的确，如何接下毛泽东思想的班，成为坚强可靠的革命接班人，对于我们每个青年来讲，难道还有比这个更重要的事了吗？难道还有比这个更值得考虑的问题了吗？

随后，又学习焦裕禄，看了《欧阳海之歌》。这些英雄的榜样给了我无穷的力量。

3月23日，学校又发展了第二批党员，我也在其中。那天晚上，睡不着觉想了好多，想到党和毛主席，想到伟大的共产主义事业。下了好多决心：从盱眙、江宁的贫下中农，我想到了全中国的五亿农民，我决心要做一个全心全意为人民、为绝大多数人服务的人。从江宁的诉苦会，我想到了世界上还处在水深火热之中的三分之二人民，我决心要做无产阶级革命接班人，跟着党打倒一切牛鬼蛇神，把革命进行到底，为实现共产主义而奋斗终身。从盱眙、江宁那广阔的天地，我想到了祖国的大江南北，想到了祖国的一穷二白的面貌，想到了贫下中农对我们的殷切希望。我决心要把学习搞好，把身体锻炼好，做一个合格的接班人，为改变祖国一穷二白面貌贡献自己一份力量。想到了盱眙、江宁新农民，我决心要以他们为榜样，坚决走和工农相结合的道路，和劳动人民一起，用自己的双手创造一个富强的国家。我想到了许多革命英雄，想到了雷锋、王杰、焦裕禄，我觉得千个决心，万个决心，凝聚成一个决心，决心要像这些英雄一样，全心全意地接受毛泽东思想，接下毛泽东思想的班。

我又想到了自己的很多缺点：骄傲自满，看问题思想方法比较片面等。我在革命实践中发现了这些缺点。我有决心好好学毛著，在革命实践中克服这些缺点。在党的领导下，在革命实践中成长为坚强可靠的革命接班人。

教改二年半来，我的变化是大的，是深刻的，德、智、体三方面都是。但德方面思想方面的转变是主要的，是带动其他二方面的。我再也不是一个"没有思想的人"了，我开始懂得考虑问题了，我开始能够按照主席指示，从广大劳动人民利益来考虑自己的一切了。主席说："……没有明确的政治观点，就等于没有灵魂。"我就是从一个"没有灵魂"的人，变成一个比较有灵魂的人了，这正是：

教改二年半，旧面貌换新颜，主席著作指路明，革命实践育新人。

第 17 章

两年来教改的变化和存在问题

（讨论提纲）

1966.3.15

按：全校师生员工同志们，我校教学改革已进行两年多了，为了坚持正确的教改方向，坚定教改的信心，克服教改中的缺点或错误，把教育革命进行到底，就十分需要我们大家认真地回顾总结一下两年来的教改有哪些变化？有哪些问题？今后如何按照毛主席的教育思想深入地改下去。现根据几次座谈会的情况，草拟出这个提纲，请大家认真讨论，加以修改、补充、发展。

一、 教改以来的变化

1. 目标变了

① 总的目标变了：

教改前	教改后
追求升学，追求名利	比较具体的明确了要培养有社会主义觉悟有文化的劳动者,为了反修防修,缩小三大差别,为三大革命运动服务,造就无产阶级革命事业接班人
师生头脑中有旧知识分子和旧的劳动者的形象，以旧的知识分子作为目标和方向	开始破除了两个旧形象，开始树立了新型劳动者和革命知识分子的形象，最具体的是新农民的形象

② 教学目的变了：

教改前	教改后
老师为高考120分钟教书，当的是教书匠	懂得为革命而教学，要当革命者
学生为个人为家庭为名利而学习	现在逐步树立了为革命，为贫下中农服务，为绝大多数人服务的学习目的

2. 标准变了

① 判别是非的标准变了：

教改前	教改后
以校长、老师的讲话为准，迷信老师	以毛泽东思想作为最高指示，作为依据和标准
以书本为准，迷信书本	以实践作为判断认识正确与否的标准

② 好学校的标准变了：

教改前	教改后
升学率高	按照毛泽东思想办学校培养出一心为革命，一心为人民的革命者

③ 好老师的标准变了：

教改前	教改后
知识广博能管得住学生，所教的学科班级分数高（升学多）	能政治挂帅，全面关心学生，教得活，教学能联系实际，负担不重，效果较好，能放下架子

④ 好学生的标准变了：

教改前	教改后
学习成绩好（主科在80分以上），有礼貌，守纪律	能活学活用毛著，愿意全心全意为人民服务，能把知识学话，学用结合
听话	身体好

⑤ 知识质量的标准变了：

教改前	教改后
认为书上写的是知识，要有知识只有读书	认为知识有书本知识，有实际知识，读书是学习，使用也是学习，而且是更重要的学习
认为质量高就是背的多，记的多	认为知识学得活能够运用，把学生的自学能力，动手能力，分析问题解决问题的能力，培养提高起来

3. 关系变了

① 政治与业务的关系：

教改前	教改后
业务挂帅，政治保证业务	突出政治，政治统帅业务

② 领导与群众的关系

教改前	教改后
领导压教师，批评多，关系紧张	领导开始深入调查研究和师生商量问题，关系比过去好了

③ 师生关系：

教改前	教改后
师道尊严，统治与被统治的关系，猫鼠关系	平等的革命同志关系，老师全面关心学生成长，能放下架子向学生学习，互赠主席语录，互相促进

④ 同学之间的关系：

教改前	教改后
分数第一，相互竞争，互不过问	学毛选要当接班人，相互帮助，相互学习

⑤ 教师之间的关系

教改前	教改后
比分数 互不服气，勾心斗角	一个目标，思想比较统一，年级小组互相帮助，政治空气比较浓厚，相互学习，彼此比较融洽

⑥ 学科间的关系：

教改前	教改后
抢时间，争地盘，互相看不起	相互配合，彼此打通，为着一个目的

⑦ 理论与实际的关系：

教改前	教改后
从书本到书本理论与实际脱节	理论联系实际，实践运用理论，理论与实际相结合

⑧ 教育与生产劳动的关系

教改前	教改后
认为有了劳动就贯彻了方针，劳动中没有教育，平时教育中没有劳动	教育与生产劳动相结合，与三大革命运动结合，平时教育中有劳动，劳动中有教育

⑨ 师生与工农群众的关系

教改前	教改后
轻视工农，脱离工农	接触工农，向工农学习，初步建立了感情，要与工农群众结合

4. 风气变了

① 文风变了：

教改前	教改后
靠吹（吹牛编造） 靠堆（堆砌词藻） 靠偷	言之有物，有的放矢，朴实，观点鲜明，内容具体

② 教风变了：

教改前	教改后
强调理论性、系统性、完整性，显示自己的本事，死讲死背死考放留声机，关在房子里，钻在书堆里，埋在作业里	从学生实际出发，以毛泽东思想作指导，理论联系实际，发扬民主，教学相长

③ 学风变了

教改前	教改后
死读书，读死书，说空话，怕劳动	比较自觉主动，理论联系实际，学习与劳动结合，学用结合，生动活泼

5. 政治思想方面的变化：

教改前	教改后
关、管、灌、扣（批评）抓智育挤掉德育、体育	突出政治高举毛泽东思想红旗，把学生引向三大革命运动，以大德带小德，保证彻底革命永不变色，抓革命带学习、健康，促进全面发展，培养无产阶级革命事业接班人 人人做思想工作，思想工作做得比较细、比较活
个人主义泛滥，不关心政治，经常脱离劳动，思想僵化	明确了培养目标（当接班人），树立了阶级斗争观点、革命观点、劳动观点、实践观点、一分为二观点，提高了辨别是非能力，和解决问题的能力，出现了要自觉革命，要学习毛选，要劳动锻炼，要艰苦朴素，要锻炼身体，要主动学习的风气

6. 教学方面的变化

① 课业负担的变化：

教改前	教改后
课多、书多、作业多、考试多，"沉重的负担、层层的关卡、重重的束缚、种种的压力。"	减少科目，减少课时，课表连排，作业尽可能在课内完成。取消小测验，开始丢下片面追求升学与课业负担过重的包袱

② 教法的改革：

教改前	教改后
主观主义、形式主义 满堂灌，繁琐哲学	从为三大革命运动服务，培养有真才实学的革命接班人出发，课堂真正有学生的活动，学生掌握了主动权；出现了自学讨论两种新形式；少而精启发式，学用结合，理论结合实际。以思想革命带方法改革、教法改革，从有利于培养人、有利于生动活泼主动发展出发。注意处理好全优与创见、生动活泼与组织性纪律性、学得活与基本功、个人与集体、主导性与主动性等几个关系。也注意了初高中的区别，注意了各年级、学科的特点。

③ 考法的改革：

教改前	教改后
突然袭击，多而死，繁而杂	公开考试，理论结合实际，生动活泼，收获大，有创见

④ 教材方面的变化：

教改前	教改后
教材是法律不能动，机械的运用教材	用中改本，采取砍、换、补，活选活用教材

⑤ 学习效果的变化：

教改前	教改后
为分极死读书，条条框框多，不会运用知识	能活学活用，生动活泼，提高了自学能力、动手的能力，分析问题、解决问题的能力。

7. 健康方面的变化

教改前	教改后
锻炼单纯从兴趣出发，有兴趣的打打球，没兴趣不锻炼	以主席《体育之研究》为指导，学习主席青少年时代，明确为革命为劳动为战备锻炼自己
体质差，体力弱，视力衰退	体质增强，体力增大，视力控制恢复多，视力减退少
体育活动统一规定框框多	课外体育活动采取"放"的方针，积极引导创造条件。初三以上体育课与体育活动结合，保证每天2小时室外活动
不会唱歌或只爱唱抒情歌	大唱革命歌曲，文艺为培养接班人服务，为教改服务，为工农兵服务，小型多样、生动活泼

8. 劳动方面的变化

教改前	教改后
单纯劳动，为了完成任务或单纯支农	劳动是培养革命接班人的途径，劳动中抓教育，教育与生产劳动相结合（半天读书半天劳动），促进师生思想改造，促进教学改革的发展。增加了平时校内外劳动，培养劳动观点、习惯。高中还增加实践课。

9. 制度方面的改革

教改前	教改后
繁琐，管得死，不利于学生生动活泼主动发展	简化手续，方便学生，有利于学生生动活泼主动发展。

10. 教师工作方面的变化

教改前	教改后
狠抓业务进修，抓备课，抓福利	抓教师的革命化、劳动化；——参加劳动，参加四清，和学生同吃同住同劳动同学习同改造。抓毛选学习，抓教改实践。

二、 存在的问题

一、骄傲自大、傲慢，大少爷作风较严重。

二、对学习与劳动、生动活泼与组织纪律性、学得活与基本功等关系的界限划的不清，因而产生思想方法上的片面性。

三、政治思想工作不够细致，思想工作没有能落实到每个问题上、每个人身上，简单批评指责多，表扬先进很不够。

四、教法改革上，高初中的特点没有严格区别对待，书写运算等基本功还抓的不够。

五、清洁卫生保健工作做的较差。

六、学校领导干部学习毛选的自觉性还较差，领导思想领导作风的革命化也较差。

第18章
在三大革命运动中培养革命接班人

（讨论稿）

我们学校原是一所有五十年历史的老校，前身是伪中大附中；解放后，在党的领导下，作了些改革，但是资产阶级教育思想的影响仍然很深。主席春节讲话以后，教育厅派工作组来我校蹲点；六五年一月，又确定我校为大改试点，要求遵照主席指示，从各方面放手大改。这两年多来，在省委、教育厅党组和南师党委的领导下，我们认真执行了主席指示，学校工作开始从根本上得到改造。

两年多来的教改大体上分三个阶段：

64年上半年，首先是解决了领导思想上片面追求升学率的问题，重新明确了培养目标；通过学习董加耕和一批学生自觉下乡参加农业生产，在校内外展开了一场关于教育方针的辩论和斗争，师生心目中开始树立了新型劳动者的形象。同时初步减轻了课业负担，部分教师进行了教法改革的试验。

64年下半年，师生广泛学习毛选，走出校门，接触工农，接触实际，对学校各方面的工作提出了批评、建议，初步发扬了民主；从政治、语文课的改革开始，推动了各科教学的改革；实行了开卷考试。

65年以来，从高年级学生定期下乡，半天劳动、半天学习的试验开始，使教育与生产劳动进一步结合起来，引导学生把学习目的提到世界观问题上来认识；促进了学生德智体几方面的发展；促进了教师队伍的改造和各科教学的理论联系实际，教改进入了一个新的阶段。

两年多来的教改，使我们认识到，片面追求升学率的思想是个严重的错误，它是资产阶级教育思想突出的表现。从这个思想出发，我们不仅不反对书多课多，不仅不重视教师队伍的改造，反而变本加厉，以沉重的课业负担压抑学生；支持教师用频繁的考试、冗长的说教和分数的刺激来束缚学生的头脑。这就势必会使学生目光短浅，思想僵化，身体受到摧残；把他们引上追求个人名利、向往城市、回避农村、脱离体力劳动的错误道路。这个错误如果不加纠正，长期发展下去，就会使党的教育方针的执行成为一句空话；就会使学校教育脱离三大革命运动，不能真正以毛泽东思想来改造教师队伍和培养青年一代，不能缩小三大差别，特别是脑力劳动和体力劳动的差别。

两年多来，我们按照主席的指示，丢掉了片面追求升学率的包袱，减轻了学生的课业负担，纠正了把党的方针作口号、升大学作目标、资产阶级专家作榜样的错误思想，重新明确了培养有社会主义觉悟的有文化的劳动者、培养无产阶级革命事业接班人的目标。办学方向问题的解决，就推动了学校各方面工作的改革和变化。

从指导思想看，过去智育第一、分数第一、升学第一；现在明确了一切要以毛泽东思想为第一。

从办学路线看，过去工作靠专家、靠行政命令、靠业务挂帅；现在开始突出政治，调查研究，走群众路线。

从教育和生产劳动的关系看，过去思想上忽视劳动的作用，为劳动而劳动，教育与生产劳动脱离；现在把教育和生产劳动结合当作教育人、培养人、改造人的根本途径，使教育和生产劳动结合起来了。

从学生的精神面貌看，过去主要是为个人而学，追求上大学、当专家，不关心政治，不了解生产；现在是为革命而学，要防修反修，要缩小三大差别，要为人民服务，要在三大革命运动中锻炼自己，做无产阶级革命事业的接班人。

从学习情况看，过去是死读书，读死书，笔记记的多，条条背的多，题目做的多，教师把考试当作法宝，学生把分数当作命根；现在从培养革命接班人出发，发扬教学民主，培养了学生的自学能力，分析问题、辨别是非的能力和自己动手解决问题的能力。

从学生的健康看，过去不生病就算健康，多数学生体力弱，视力差。现在要求学生能够吃大苦耐大劳，能够适应三大革命运动和战争的需要；学生自觉锻炼，肩能挑，腿能跑，体质普遍增强，视力大有好转。

在人和人的关系上，过去教师对学生是关、管、灌、考；学生对教师是迷信、害怕、依赖、应付；教师之间争时间、抢地盘、互不服气；学生之间各自埋头读书、应付考试、追求分数；师生都很少接触工农群众。现在师生之间有了民主，教学相长；教师之间相互协作，取长补短；学生之间团结互助，共同进步；师生对工人、贫下中农有了深厚的感情，愿意为他们服务。

从校风来看，过去学校制订的校风、学风是"好学向上，虚心踏实，艰苦朴素，团结活泼""专心致志，勤学苦练，一丝不苟，精益求精"，不问政治，不讲劳动。现在实际形成的校风是：学习毛选，自觉革命，热爱劳动，艰苦朴素，认真学习，主动发展。

从各项制度来看，过去手续繁琐，管得死，见物不见人；现在开始简化手续，方便群众。

一、 学习春节指示，重新明确方向

解决领导思想上片面追求升学率的问题是解决学校中各种问题的首要一环。教改以前，这个问题在我们学校长期没有得到解决。当时，中央和省委三令五申地批判片面追求升学率，我们都听不进去，总认为：这些话是对一般学校讲的，重点学校的任务还是升学为主。又觉得这是别的学校的事，附中的问题不在这里，主要是知识质量没有过关。总之，我们一心追求的就是升学率。

64年，学习了主席春节讲话，省委刘顺元同志又来校作了党的教育方针的报告，使我们思想上震动很大。但是，我们对学校工作中的问题一时还看不清楚。于是，先在往届毕业生中进行调查，想从教育的结果看出学校的问题，在104个毕业生的调查中，发现相当一部分人不能符合党的教育方针的要求，他们只想升学，不肯劳动，意志消沉，看不到前途；少数人甚至违法乱纪，腐化堕落。这个调查使我们看到：一个学校的好坏，不能单从考取学校人数的多少来衡量，一个学生质量的高低，也不能单从他的书本知识来考虑，更重要的是，要把学生的社会主义觉悟培养起来。否则，他们毕业后不仅不能很好地去参加生产劳动，反而会成为社会的渣滓。不根本改变这种现状，我们的学校就会培养出资产阶级的精神贵族，却不能更好地培养有社会主义觉悟的有文化的劳动者。

回过头来，我们又调查了校内的问题，发现学生精神上的束缚和课业负担十分沉重。学生普遍反映："最关心的是分数、是升学，最忙的是作业，最怕的是考试。"他们说："作业多如牛毛，考试像是追命符！""教师把每一分钟时间都捏在手里，不给一点喘息的机会，每天从早晨忙到深夜，作业还完不成。""上课提心吊胆，时刻要防备教师的考试、提问，头都不敢抬，恨不得钻到抽屉里去。"有人说："一想到上大学、当专家，就浑身有力量，一想到考不取大学，就浑身发冷，萎靡不振。"在这种情况下，大家都感到，一天紧张下来，头脑昏昏沉沉，"好像灌了铅一样""谁还顾得上身体，谁还顾得上国家大事！"学生孙小南说得好："这样的学习，越学思想越坏，越学越想成名成家，越学越想脱离劳动，越学越没有知识。"

把校内、校外的调查联系起来，使我们再也不能不正视这个问题了。以往，我们口头上拥护党的教育方针，实际上没有执行党的方针。思想深处，学而优则仕、唯有读书高的观点没有得到根本的批判，总觉得升学率高，学校才有名气，个人才有面子。学生的精神状态显然和我们这种错误思想、错误做法是分不开的。我们如果不下决心克服片面追求升学的思想，它就必然会抵制党的教育方针，使学校的一切工作都向着错误的方向发展。于是，我们把学生过重的课业负担减下来了。砍掉外加的提纲、作业、考试；上课时间，每周减为高中不超过 23 课时，初中不超过 28 课时；减少同时并进的科目，初三以上主要学科每天不超过两门，初一、二不超过三门。作业逐步作到基本上课内完成，每天学习时间逐步控制在六小时左右。

与此同时，学校开展了学习董加耕的活动。董加耕这个先进人物一站出来，就在师生中引起了强烈的反映："董加耕下乡太可惜了"

"做农民不如当专家贡献大""知识青年下农村没有前途"。这是一派人的意见。"董加耕这样做是正确的""青年人应该到最艰苦的地方，到农业第一线去干革命。"这是另一派人的意见。课前课后，校园处处，围绕着"理想""贡献""前途"和"应当做什么样的接班人"等问题，展开了激烈的争论。大家争得头上冒汗，心里发热，欲罢不能。这时教师们也说："董加耕太傻了""从来没有听说过叫成绩好的学生下农村""从来没有想到过高中要培养泥腿子！"……这样一场大辩论，使我们看到，许多人对培养"有社会主义觉悟的有文化的劳动者"还缺乏思想准备，不少人思想上是抵触的；不经过斗争，党的教育方针是不可能贯彻下去的。

问题争论得不可开交时，我们就引导师生带着问题去学习毛选和下乡劳动。通过辩论、学习、劳动和接触工农群众，学生的思想觉悟有了显著的提高。高考前后，以方×、王××等为代表的大批毕业生，以董加耕为榜样，决心做有社会主义觉悟的有文化的劳动者，自觉要求下乡参加农业生产。

这时，以资产阶级知识分子为主要代表的一部分家长就拼死命来拉学生。有的宣传成名成家、出人头地，发展学生升学唯一的思想；家的送皮鞋、手表，运用物质刺激，引诱学生埋头读书，不问政治；有的又哭又闹，用母爱感化，阻拦学生下乡；有的以断绝经济关系，威胁打骂，迫使学生不敢下乡；有的攻击党的阶级路线，歪曲党的教育方针，挑拨离间，使学生疏远组织；有的教育子女弄虚作假，欺骗学校，逃避下农村，等等。还有人则几种手段兼施并用，如方×下乡插队时，她的父、母、奶奶，以及邻居都向她围攻，反对她下农村。父亲（教授）说："你要立志当科学家，给全家争光。""牛顿是历史的人物，董加耕是一时的人物。""你如果学董加耕下了乡，几年以后，同学们都大学毕业了，你还是个泥腿子。"奶奶（地主）说："你读十二年书就是为了上大学，放着大学不读是有天梯不爬，有福不享？"并且跪下来求她报考大学，哭着说："你的心有多狠！你祖上都是读书人，要是在你身上断了香火，真是把我气死了。"软的不见效，就动手打她、骂她。邻居"劝"她说："我是学教育的，从教育学的观点看，你很适合读大学。"斗争的结果，大多数学生被我们夺过来了。

一九六四年高考后，高中毕业生自觉下乡参加农业生产的有 80 人（44 人到盱眙农村插队，36 人插场、回队生产），占未升学人数的 80%，达到 63 年下乡毕业生的四倍以上。

在这批毕业生的影响之下，在校学生辨别是非的能力普遍有所提高。这时，我们通过政治课发动学生回忆家庭、社会和学校中资产阶级教育思想对他们的影响；让他们自觉检查自己的学习目的。在六个年级中以六个班 311 人为例，当时愿意做有社会主义觉悟的有文化的劳动者的仅 16 人，占 5%；表明为个人目的而学习的有 275 人，占 88.5%；学习目的糊里糊涂，实际上也是为家庭为个人的有 20 人，占 6.5%。

这一系列的调查和斗争，对干部、教师的思想改造起了很大的促进作用。大家开始看到，在把学生培养成为什么样的人这个问题上，资产阶级和我们争夺青年一代的斗争是异常尖锐复杂的。敌情观念、阶级观念加强了，对党的教育方针的理解也比过去具体、深刻了。认识到，培养学生愿意参加农业生产是关系到为大多数人服务的问题，是反修防修的根本措施之一，是促使青年劳动化、革命化的重要途径。实际斗争使大家体会到，贯彻方针不容易，甚至不能不遭到这样那样的反对，只有勇敢的投入斗争，才能更好地改造自己，提高自己；才能更好地执行方针，教育学生。

二、 学习毛选，自觉革命

学校中争夺青少年一代的斗争激烈、复杂。这是意识形态领域的阶级斗争，但它是大量以人民内部矛盾出现的。因此，容易使人麻痹、松懈。从这一基本情况出发，就使我们懂得，目前学校里的一切错误，差不多都是和资产阶级教育思想的影响分不开的。解决学校的问题，决不能单从方法上考虑，一定要从思想革命着手，抓人的劳动化、革命化；一定要以毛泽东思想武装全体师生；一定要在学校具体工作的实践中，体现毛泽东思想，保证党的教育方针的贯彻。这就必须动员全体干部、师生认真学习毛选、自觉革命。

我们学校学习毛主席著作，是在全国大好形象的推动下，在雷锋、王杰、焦裕禄等先进榜样的影响下，带动起来，发展起来的。同时，更为直接的原因则是学校进行了教学改革。

教学改革提出了问题，教改后，向学生提出了许多问题，集中在一点上，就是要革命。学生要革命的愿望，和自己思想上原来存在的若干不革命的东西，和学校、社会、或家庭里一部分阻碍自己革命的影响，和形形色色用革命词句装扮起来的似是而非的东西，都发生了尖锐的矛盾。重重矛盾推动着学生去学习毛选，促使着他们从毛主席著作中去找答案。

教学改革提供了时间。学生面前摆着一大堆不能解决的矛盾，在负担减轻，有了较为宽裕的时间之后，自觉学习毛选的风气慢慢就浓厚起来了。

教学改革也使学生有了较多的接触社会实际，接触工农群众的机会。这样，他们对毛主席的指示就不再是只从字面上理解，而是能够从现实的实践的意义上来理解了。学生徐可畏说："以前我也看过《纪念白求恩》这篇文章，可从来没有像现在想得这样多，这样出自内心，这样具体。特别是读到'毫无自私自利之心'这句话时，我的眼前就出现了许多工人的形象。"学生对毛主席指示的精神理解越深，学习的兴趣越高，自觉性越强，也越能长期地坚持学，反复地深入学。

毛选学起来了，怎样坚持下去，怎样学得更好，关键在于加强领导。

（一）从我们自己开始，就认真以毛泽东思想作为指导一切工作的最高指示，特别是把毛主席在天津大学视察时关于如何抓学校工作的讲话作为改造思想、改进工作的依据。在多数情况下，我们布置、总结工作，解决大小问题，都要讲毛主席有关方面的指示；引导师生定期温习主席春节讲话、关于教育方针的指示、关于培养革命接班人的指示、关于如何抓学校工作的指示和七·三指示，并对照指示检查学校工作中的缺点和错误。

（二）要求教师分别不同学科把主席的有关教导贯彻到教学中去，文科教师多数人经常学习并作为教学上的指导思想的是《在延安文艺座谈会上的讲话》和《反对党八股》；理科教师多数人经常学习并作为教学指导思想的是《实践论》和《矛盾论》。在政治、语文和外语教材中较多的增加了毛选的篇幅，使毛主席著作的学习在课堂教学中，特别是文科教学中，占有了重要的地位。

（三）在一定时期，还针对师生思想上带有倾向性的问题，引导大家着重学习主席的有关著作，推动工作的开展。例如，六五年上半年，师生一度对教改后的知识质量产生怀疑，我们整理和公布了主席关于知识、知识的来源、理论与实践的关系等有关语录，在政治课上普遍学习了主席关于不断总结经验的指示，并组织老师调查了质量情况，大量的事实证明学生各科的成绩都是上升的。暑假后，毕业班师生中片面追求升学的思想有所回潮，我们引导大家暴露思想，揭开矛盾，反复学习毛主席关于到农村去、和工农相结合、为人民服务等指示，学习刘主席关于知识青年上山下乡当社员的讲话，并带着这个问题下乡，通过劳动、接触贫下中农和参加社教运动，初步解决了这个问题。

（四）提倡师生在不同情况下，根据自己的需要、自己的条件去学习。学校或班级有计划的交流经验，树立榜样，但不作组织、篇目和时间上的具体限制。

（五）学校的一切政治思想工作都是为了贯彻毛泽东思想。为此，在党支部领导下，设立了年级政治辅导员，同年级的教师成立了年级组。在政治辅导员的统一指导下，使班主任、政治教师、团、队、班委会的工作紧密配合起来，每个时期围绕着一个中心进行工作；改变了过去每个教师只从自己所教的学科来考查学生的片面观点，使大家有可能了解学生德智体全面发展的情况，集体研究学生的思想动态，共同关心学生的思想工作。

经过以上的努力，学习和开始能够运用毛泽东思想的人一天天多起来，学校就逐步形成了群众性的革命风气。坚持学习毛选，坚持自觉革命，坚持接触贫下中农，坚持参加劳动，坚持理论联系实际，逐步成为多数师生的共同语言，领导、教师指导学生，学生又反过来推动领导，推动教师；师生之间，同学之间，看日记、谈思想、送语录、谈心得，相互帮助，共同进步；高班带低班，团员带非团员，老同学带新同学，各班都涌现了一批毛选学得好、能够团结群众，主动做思想工作，热心为集体服务的骨干，学校中，时时、处处、事事都能反映出毛泽东思想的光辉。开会研究工作，民兵进行训练，学习上有了争论，劳动中遇到困难，同志间的团结发生了问题，总会有人从主席著作中找到指示，帮助大家明确方向，解决问题。

两年来，学习毛泽东思想产生了显著的效果。全校经常坚持学习毛选的人数达到百分之九十左右。据初三以上六个班的调查，在二百九十二个学生中读完毛泽东著作选读甲种本或乙种本，或主席语录（解放军总政治部编）的共一百九十七人，占百分之六十七强，其中五人读完了毛选一至四卷。大多数学生从培养自己成为革命接班人出发，开始在不同程度上树立了阶级斗争的观点，和工农结合的观点，为人民服务的观点，正确思想来源于社会实践以及观察事物的一分为二的观点。他们对毛主席的著作有着无比深厚的感情，认为这是一切力量的源泉。

连初一、二小同学也初步尝到了学习毛选的甜头，初一甲23个住校生，每个人差不多每晚都能坚持学毛选、记日记。近一年来，他们班开了四次毛选学习讲用会，每次发言都很踊跃。初二学生任ＸＸ，开学一个多月，学习了《纪念白求恩》等十九篇文章，其中《关心群众生活，注意工作方法》《党委会的工作方法》读过十次以上。她说："为人民服务，责任是无边的。"平时为生病的同学补课，和情绪波动的同学谈心，还主动照顾同宿舍的初一同学。寒暑假回家，她就协助居民委员会搞卫生、搞宣传，组织小学时的同学一起学毛选，还到句容县姑母家中，和贫农一起劳动。

高年级学生，在不同程度上都考虑到解决自己的世界观问题。高三学生周ＸＸ想到怎样作革命接班人时，讲"我有把自己贡献给革命的志气，有实现共产主义的理想，毕业后，如果考上大学，我愿意把自己的一生献给外语事业,为革命贡献力量。如果我考不上大学,我愿意做一颗革命的良种,到农村去生根、发芽、开花、结果。"两年来,她在政治上由一个非团员,成为一个优秀团员、团支部书记、共产党员,功课由四门不及格,变为全部优秀和良好,她的文章在《中学生》杂志上发表后,全国各省、市学生写来几百封信,要求和她交流学习毛选的心得,向家德为了确立和工农结合、立志务农的思想,曾三次利用假期步行二百多里去盱眙劳动锻炼。金ＸＸ、徐Ｘ在下乡劳动期间,为了建立贫下中农感情,搬到牛棚和五保户家中,与饲养员大伯、贫农大妈同床合被住在一起。高二学生王ＸＸ,坚持以毛泽东思想改造自己。他学习《为人民服务》达六十遍之多,每逢思想斗争剧烈时,就到雨花台烈士墓前读这篇文章,使自己深刻懂得了应该:生为人民生、死为人民死。一次在农村劳动时,贫农家失了火,当地爬上屋顶救火时,脑子里闪现出主席讲的'死比泰山还重'的指示,这时他就把个人安危置之度外了。平时他处处关心同学,冬天把自己的厚被换给别人盖,帮助同学们洗衣服。每逢节日假日,常常出去为工人推板车,注意在平凡的劳动中锻炼自己。班上的同学称他为"小雷锋"。最近他已加入了共产党。

为了更好地改造自己,高二乙一部分同学,自愿组成小组利用假日到和平门车站和工人一同劳动,从六四年寒假开始,一直坚持到现在。他们对在实践中学毛选,和工人结合以改造自己的思想有着深刻的体会。他们和工人亲如家人。工人常到学校来讲家史、联欢;他们也到工人家中谈心,教工人学文化。凡是下乡劳动过的地主、学生和贫下中农都保持着亲密的联系。郊区江宁的新农民、贫下中农进城,就像走亲戚一样,要到学校来看学生,每逢节日、假期,学生也总是三五成群的去看望他们,暑假还要去和他们一同劳动。

许多学生能够学习毛主席不断总结经验的指示和《愚公移山》等文章,克服学习中的困难;运用《实践论》《矛盾论》的观点来指导自己的学习方法;对照《改造我们的学习》《反对党八股》来端正自己的文风,加强理论联系实际的决心。

初二学生朱ＸＸ原来认为"自己不是学外语的材料",理由是:

"学不进、背不熟、记不住、写不好、用不着。"后来,她读了主席关于不断总结经验的指示,她想:"认为自己不是学外语的材料的论点,不就是主席所指出的悲观的论点、无所作为的论点吗?……我学习外语应该和徐寅生打乒乓球一样:在困难的面前树立信心,拿起笔杆,想到革命。……书是死的,人是活的。写不好,可以多练;背不熟,可以多读;记不住,可以多想;而且外语是阶级斗争的工具,作为一个无产阶级革命事业的接班人,就应该学好它,掌握它,使自己掌握更多的本领,好为人民服务。"现在她各门课都学得较好。

在日常生活中,不少同学也能够运用主席思想来指导自己的行动。高二黄ＸＸ,一年多来坚持每天中午为同学打菜汤,宁愿自己最后一个吃午饭。她在学习《为人民服务》一文中写道:"现在能从小事做起,为同学服务,将来才能更好地为人民服务。"像黄ＸＸ这样做的,并不是个别的,在学校厨房里,每天都有二、三十个"志愿兵",在这里帮助开饭、洗饭罐、打扫饭厅等。高二丁班,有一次发现班上剩下一盆青菜,团支部就组织全班同学讨论这件事,引导他们和贫下中农比生活,和红军长征时比生活,最后全班每人一口分吃了这盆菜,并亲自签名写了检讨。从此班上艰苦朴素的风气浓厚了,使坏事引出了好的结果。

学生运用毛泽东思想分析问题的能力还反映在最近召开的师生代表会议上。这次会议,台上台下,个人集体,共有五十多个代表发了言,从初一到高三,代表们在发言中都能一条一条以毛主席的指示为根据提出有份量的批评和建议。发言中不断引起争论,会场十分活跃。有的教师批评领导,抓毕业班是指导思想不对,四、五个学生马上站起来说,学校抓毕业班的劳动化,革命化,方向是对的;对个别班级照顾不够是工作上有缺点,应当改正。有的学生批评教师时,没有肯定老师的进步,几个同学就批评他缺乏一分为二的观点。接着一个同学说,应该看到师生矛盾中,主要矛盾的方面在教师,教师应当接受批评。有的教师就说,听了学生的发言:"头上冒汗,心里发热",表示诚恳地接受学生的批评。会议开得热气腾腾,生动活泼。

学生认真学习毛选的影响,也扩大到家庭、社会。不少学生在家里成立了毛选学习小组，或者根据家中发生的问题开家庭会议和家长一道学毛选。高三学生武ＸＸ，一次带领全家学习《为人民服务》和主席关于批评和自我批评的语录，批评父亲（职员）隐瞒自己的历史问题，工作中干劲不足。会上她父亲表示接受她的意见，愿意改造思想，干好工作。高二学生黄ＸＸ，学习《关于正确处理人民内部矛盾的问题》一文，她认为父亲的个人得失情绪对自己有影响，就写信给她父亲（共产党员），以后又和父亲一起学了这篇文章。她父亲说："社会上有阶级斗争，我们家里也有，我们要及时发现问题，及时学毛选，大胆地用主席思想去斗，就能胜利。"

高一学生宋ＸＸ在江宁劳动时，看到贫农戴ＸＸ（生产队民兵排长）热爱劳动、关心集体，却经常受到会计和地富分子的打击。宋ＸＸ等向大队反映了这些情况，回校以后给戴寄去毛选甲种本一套，并附了字典、报刊上关于毛选学习的经验和自己学习毛选的体会，鼓励他学好毛选，坚持斗争。后来戴ＸＸ来信说："我学习了《被敌人反对是好事而不是坏事》。毛主席说：'一个人，一个党，一个军队，或者一个学校，如若不被敌人反对，那就不好了。如若被敌人反对，那就好了，那就证明我们同敌人划清界线了。'我现在坚决听党的话，什么也不怕了，正和他们作斗争，决不能让地富分子再抬起头来。"

三、　把教育和生产劳动结合起来

学习毛选，有了方向，减轻负担，有了时间。于是，学生要接触社会实际的愿望越来越迫切，对学校关门办学的一套做法越来越不满。他们提出五千多条意见，要求学校大胆改革。有人批评说："整天把学生关在校内，像坐井观天的青蛙一样，不了解社会，不了解劳动人民，将来怎么能为人民服务？"有人说："小院子里跑不出千里马，小花盆里长不出万年松，不在惊涛骇浪里航行，不能造就有经验的舵手，不经风雨、见世面，不能把学生培养成为革命接班人。"这时，我们也开始感到学校多少年来很少改变的陈规旧章，确实把学生限制的太死，很多地方违背"人的正确思想只能从社会实践中来"的指示。

我们决定把学生引向社会大课堂去。六四年下半年，先在高二一个班试验，除规定的劳动时间外，每周增加半天劳动时间。让学生去接触社会实际、接触工农群众，他们劳动回来，感受很深，汇报交流后，在全校引起了强烈的反应，许多班级特别是高中，纷纷要求增加劳动时间。学校还未同意，他们就利用星期天出去。工厂、农村、车站、码头、书店、浴室、饭馆、建筑工地、贫下中农代表会上，到处都有学生去劳动、去服务。和社会和工农群众广泛的接触，使学生开阔了眼界，对劳动人民产生了感情，增强了明辨是非的能力。一两个月后，整个学校充满了一片新气象，要革命、要劳动、要艰苦朴素、要主动发展一时成风。生动活泼的局面开始出现了。

六四年寒假，七十多个师生自动组织起来，打起背包，步行二百多里到盱眙去慰问贫下中农和新农民。在行军路上，遇到雨雪，天冷路滑，脚上打了泡，他们就一遍又一遍地唱"跟着毛主席长征"的歌曲，一遍又一遍地朗诵主席语录和诗词，把自己的行军比作万里长征，回忆革命前辈艰苦创业的斗争。他们说："干革命就不能怕吃苦，干革命就必须去和贫下中农结合""前进一步，就和工农群众靠拢一步""要消灭三大差别，实现共产主义，就要沿着这条路走下去！"以后每逢寒暑假，总有人自动组织起来到盱眙去。南京到盱眙，"革命的二百里"成了我校一届届学生走向劳动化、革命化的第一课。

学生的实际行动，使我们认识到，要使他们从为个人而学转过来去为革命而学，老把他们关在学校里上课，确实是不行的。一定要使师生有机会走到社会大课堂去，要使教育和生产劳动、和三大革命运动结合起来，一定要使他们通过自己的实践，对革命、对为大多数人服务的概念具体化起来。

这时，我们考虑到，过去下乡劳动时间太短，学生刚和农民认识，体力刚适应，就又回来了，不足以和农民建立感情，不能促进学生的思想改造和体力锻炼。六五年上半年，先以高二两个班到盱眙试验：下乡一个月，带功课下去，半天劳动，半天学习。学生分组起伙，住在贫下中农家里。上午学习,下午劳动,晚上搞点访贫问苦活动,学习是,早晨学外语,上午分别安排语文、政治或数学;以小组为单位,自学、讨论,教师巡回辅导。

六五年下半年,又组织高二高三八个班到江宁继续以一个月的时间试验半天劳动、半天学习。这次试验,使在盱眙的试验发展了一步,围绕着"愿意不愿意上山下乡当社员"的问题,把学习目的提到世界观问题上来解决,并把解决这个问题作为中心,贯彻始终。在学习上,早晨仍然学外语,上午主要学毛选、写文章,交流思想,最后安排一段时间,学习数、理、化集中解决理论联系实际的问题。

今天开学后,高一学生下乡劳动,也以一个月的时间试验半天劳动、半天学习。学毛选,也学习数学、外语,也分小组自学,效果仍然是好的。

初中学生下乡,也是半天劳动、半天学习。不同的是,他们年龄小,尚缺乏自学的能力。因此,下去的时间短(初中一、二年级十天,初三二十天),主要学毛选、写文章,初三还学点外语。

从盱眙到句容,从高三到高一,几次试验的效果都是好的。实践证明:教育与生产劳动结合起来,确是"培养全面发展的人的唯一方法"。这个效果表现在:

学生的思想觉悟大大提高,头脑里有了贫下中农的形象;大多数人承认,是劳动人民养活了自己,应该为他们学习、为他们服务;看到农村需要知识青年,承认农村是革命的大熔炉,可以培养和改造自己。其中一部分高年级学生,开始认识到,上山下乡当社员是为五亿农民、为全世界大多数人服务的世界观问题;能够把改变农村一穷二白的面貌看作是一代人的革命重任,把它和防修反修,缩小以至消灭三大差别,向共产主义过渡联系起来。他们不仅考虑到毕业后直接下农村干革命,而且也考虑到大学毕业时仍然要上山下乡当社员的问题。目前快接近毕业,快接近高考了,高三学生又打起背包,再次步行二百多里到他们一心向往的盱眙去了,而且不少人向学校提出要求,要一直到高考前夕才回来。

学习上,在农村半天自学半天劳动的情况下,学习效果也比在学校好得多。在同样时间内,政治、语文学习大大超过了平时在校学习的要求,外语、数学一般都达到了平时在校学习的要求,部分学生超过了平时在校学习的要求。

从学生的健康来看,每次劳动回来,学生的体重一般都有所增加,体质、体力普遍都有所增强。

为什么在农村学生德、智、体各方面的发展都比在学校时好呢?毛主席说:"人们的社会存在,决定人们的思想。"在和贫下中农一同生活、一同劳动中,现实促使着他们去和贫下中农比劳动、比贡献、比生活。现实情况和毛主席的指示结合起来,就使他们思想上展开了激烈的斗争,产生了自我改造的愿望。"谁的劳动艰苦、谁的生活艰苦""谁养活了谁,应当为谁学习、为谁服务"这一类的问题逐渐代替了原来考虑较多的个人前途、个人名利一类的问题,使他们明确了革命的方向,获得了正确的思想,获得了前进的动力。这是把学生关在学校里,无论如何也不能解决的问题。

明确了为人民服务的方向,解决了学习上的动力,物质条件的困难,不仅不妨碍学习,反而促使学生学得更好。高三学生龙期美说:"为了我们能好好读书,多少人在辛勤劳动!他们虽然不认识我们,但是他们都在培养着我们,在期望着我们。学习的时候,我一拿起课本,就仿佛身后站着许多人,有工人、有农民……他们似乎都在望着我,在说:'你能接下革命的班吗?'这时,就感到身上有着革命的重担,就增强了学好的信心。"学生金乐平说:"我在学习的时候,农民正在田里劳动,就感到学习是贫下中农给我的任务,一定要发阶级之奋,好好学习。"不少同学都说:"在农村学习时,思想上杂念少,学习与劳动又相互调剂、相互促进,效率特别高。"

半天学习、半天劳动,使体力劳动和脑力劳动结合起来。在下乡劳动期间,在这些学生身上,就反映着一种新的象征——千百年来体力劳动和脑力劳动相脱离所造成的人们精神上和肉体上的残废,由于两者的结合而得到了根本上的克服。

在乡下教育与生产劳动的结合,提供了一个可能,从根本上清除资产阶级的毒害之一——理论和实际分离。由于学生思想上有了上山下乡当社员的愿望,他们不再把知识看作个人的私产,不再满足于死知识的背诵了。他们希望学得活一些,有用一些,他们要求理论和实际联系起来。学生推动了教师,人的思想的变化推动了制度和教材的改变。

劳动回校以后我们采取了以下的措施:

1. 在学校学习期间,每周安排半天劳动,高中另外增加半天实践课。

使学生在平时一面和工厂发生联系,培养工人阶级的思想感情,了解现代工业,看到祖国发展的前景。一面充分利用十边隙地,使学生动手开辟园地,按照主席指示的:"粮、棉、油、麻、菓、菜、烟、茶、丝、糖、药、杂"等作物品种和"八字宪法"的要求,进行农业实验,通过两个或三个生产周期,初步掌握农业生产的知识技能。这是从农村回来后教育和生产劳动结合的实践一面的继续。

2. 师生结合起来,联系实际改编教材。

高中各年级,政治课全部以毛选作教材。语文、外语以三大革命为纲,高三全部边选边教;高一、二语文、外语及初中语文,参照中改本部分教材边选边教。数理,目前是基本上按中改本教,个别班级开始在作改编教材的尝试。高一数学教师仇ＸＸ自编了三角教材,他还按照认识论的原理教立体几何,先带学生到工厂实地观察、动手制作,然后从形、到数、到性来教,缩短了课时,增加了制图学的内容,使学生学得活,记得牢。高一学生宋ＸＸ改立体几何的视图部分。高二学生徐ＸＸ等改写了物理的力学部分。这是从教材内容上解决教育与生产劳动结合、与三大革命运动结合的初步尝试。

3. 按照原有教材,强调理论联系实际。

数学增加了测量绘图;理化增加了实验,包括演示实验和各种自己设计的实验,有些班级还制作教具、修理仪器,进行了专题的研究；生物课使学生懂得简单的防病、治病常识，简单的农业生产技能；地理课引导学生面向农业生产，观测气象、识别土壤，面向世界革命，研究国际形势。

两年来的实践，使我们认识到，教育和生产劳动相结合，确实是社会主义教育的核心问题。而教育学生愿意上山下乡当社员，则是培养有社会主义觉悟的有文化的劳动者的具体化。只有在认真解决这个问题的斗争中，才能促进教师世界观的改造；才能促使教材的改革和学制的改革；才能促进学生德智体的全面发展。更重要的是，解决了这个问题，才能逐步缩小三大差别，特别是脑力劳动和体力劳动的差别；才能使年青一代真正成为无产阶级革命事业的接班人；才能使教育事业真正达到为无产阶级政治服务的目的。

有人担心，学生愿意上山下乡当社员就不肯考大学了，不肯留在城市里工作了。从两年的实践来看，这种担心，主要是没有弄清，愿不愿上山下乡当社员，实质上是愿不愿为广大劳动人民服务的问题，是要不要确立一个革命的世界观的问题。实践使学生自己体会到，愿意当社员是"高标准而不是低标准"。这是要到最艰苦的地方去为广大劳动人民服务的问题，是要确立革命的世界观的问题。对一个愿意到最艰苦的地方去为广大劳动人民服务的人来说，如果党和国家需要他上大学，需要他留在城市工作的话，应该说是没有问题的。

也有人说我们，政论搞多了，劳动搞多了，影响了文化科学知识的学习。根据我们两年的实践来看，搞政治是要政治挂帅；搞劳动，是要教育与生产劳动结合。这里应该研究的问题是，挂帅了没有，结合了没有，而不是一般地说多了，还是少了。和过去比较起来，现在政治比较挂帅，教育与生产劳动比较能结合起来，所以，目前学生文化科学知识学习的质量不是降低了，而恰恰是大大提高了。

四、　发扬教学民主，培养生动活泼主动的学习风气

教学上的改革，是从减轻负担开始的，而发扬教学民主则是这个问题的中心。要使学生生动起来、主动起来，就要解除强加给他们的

束缚和压力，其中尤以解除他们精神上的束缚为首要一环。丢弃了片面升学的思想包袱，明确了培养有社会主义觉悟的有文化的劳动者，培养无产阶级革命事业接班人的目标，使师生精神上无所畏惧，他们才敢于减轻负担，敢于大胆改革。课业负担减轻后，有了时间和精力去学习毛选，接触社会实际，就使他们能够看清教学中存在的问题，懂得怎样去进行改革。

减轻负担以后，教学上最根本的改革是发扬了教学民主，使学生有了主动权。从学生在课堂上一向没有发言权，到大胆放手地发扬民主，有一个逐步发展的复杂的斗争过程。学生有了辨别是非的能力之后，他们处处都想发表自己的意见。开始时，少数认识清楚、积极想改的教师，敢于支持学生的意见，敢于放下架子。他们积极地试，主动地闯，较快地闯出了自己的路子。比较多的教师，在领导积极提倡，学生不断推动下，带着无穷的忧虑，被迫上阵，又自觉、又不自觉地投入了斗争。他们走走看看，改改停停，在重重矛盾中前进，在不断前进中才慢慢适应起来。还有一部分教师，资产阶级教育思想影响较深，迷信、留恋自己旧有的一套东西。他们认为，课堂上教师说啥是啥，是几千年来颠扑不破的真理。他们怕"变"，怕影响质量，影响升学，怕影响自己的威信，这部分人，经过较长时间的观望，在别人的试验有了充分把握，在自己老一套的办法实在用不下去时，才在不同程度上动起来。

课堂上发扬民主的过程大体上是，开始时，每堂课拿出一些时间给学生看书、作题，鼓励学生发言、提问；进一步，把一个单元的教学计划交给学生，把某些学科两节或四节连排，让学生有更多的时间自学、实验、讨论和解决问题；再进一步，允许对教材开展批判，对教师提出不同的意见，和教师开展争论。

随着民主的发展，课堂上大量的问题提出来了，有不少是教师没有想到的很好的建议，也有不少问题使教师一下子解答不了。教导主任马X教解析几何。有一次他要求学生先看书，后提问、讨论，最后再全堂练习。一个学生说："这样安排错了。应该让我们先自己推导定理、公式，然后再看书，既能吸收书本上有益的部分，又不受书本框框的约束。"他接受了这个意见，以后学生作题时，出现了不少超过课本的事例。"证明拱形弧的方程是抛物线"一题，大多数学生的证法都比书上合理、简便。又有一次，学生提出的问题他难以解答，学生建议，请坐在后边听课的青年教师（过去也是马的学生）回答，思想上经过一阵斗争之后，他请这位教师解答了这个问题。事后，他想，学生敢于和教师"交锋"，能够超过教师，这是好事而不是坏事，应当丢开个人的得失，鼓励学生的创见。于是在他的支持与鼓励下，班上对数学学习能提出独到见解的学生由一两个人发展到十二人。

少数人首先放下架子，能和学生共同研究问题，解决问题，影响所及，敢于这样做的教师就一天天多起来。高二语文教师陈ＸＸ，在一次作文批改中，发现有三篇文章批改错了。他没有改变这个批改，把它拿到班上去读给学生听，让学生讨论。结果，不出所料，学生的意见和他的批改恰恰相反。接着他又把自己错误的批改告诉学生，让学生来分析批判。学生说他是"艺术标准第一，政治标准第二。"他心悦诚服地接受了学生的批评，课堂上非常生动活泼。

教师有了自我批评精神，能够相信学生、发动学生。学生就越学越主动，学习中的创见就越来越多。如高二物理，教《稳恒电流》一章时，学生在自学过程中，提出带有关键性的问题一百七十三个，不少问题都是教师没有想到过的。教师要他们作三个实验，而学生平均每人做七个，最多的做了十五个实验。许多学生把看书、解题中遇到的问题用实验来论证、解决了。学生沈ＸＸ做"测定电源电动势和内电阻"的实验时，共测定二十多组数据，进行计算比较，从中寻找提高测量精确度的办法。高二学生陈ＸＸ，学习有机化学，自己设计、装置，作了二百多个实验，有的是书上没有的，有的作法和书上不同。如制肥皂，书上讲用碱，他考虑到用碱成本高，改用碳酸钠（Na_2CO_3）代替碱，作成了实验。他为自己总结了三条经验，（一）自学是主要的；（二）理论联系实际是方向；（三）不迷信书本，不迷信老师。

两年来，随着教育思想的变化和教学民主的发展，旧的课堂教学方法一步步被否定了，和这个民主精神相适应的一套新的教学方法，正在逐渐形成起来。这就是：自己看书；讨论交流；实验、实践；编题解题（理科）、作文改文（文科）；启示辅导；检查、小结；学科协作和评教评学。新的教学方法体现了，学习的过程主要是学生自己主动地实践——认识——再实践——再认识的过程，是引导他们不断的发现问题、解决问题的过程，教师的责任在于启发他们学习的积极性，提高他们的学习能力，帮助他们解决他们自己不能解决的问题。

和课堂教学的改革相适应的是考试方法的改革。经过逐步试验，我们开卷考试的办法是：几天一科，事先出题；一面看书，一面动手，独立完成作业；讨论研究，交流提高；教师辅导贯穿在全过程中，最后进行检查、总结。这样的考试，学生反映有三大优点：（一）个人钻研精神能得到充分发挥；（二）集体讨论交流收获最大；（三）理论联系实际解决的问题最多。

新的考试办法是新的教学方法的继续和发展。这样的考试完全解除了分数对学生精神上的压力，学生不再是死记硬背，套公式、应付教师，而确是在那里认真钻研学问了。初二代数考试，有一题是要学生列方程解应用题。初二乙全班55人，平均每人列14个方程，其中时ＸＸ一人列了38个方程（4个错的）；初二何ＸＸ、陈ＸＸ两人共同研究，列出了55个方程（3个错的）。经过考试，学生把学过的方程、方程组、分式方程的有关知识都弄得清清楚楚。

在这样的考试面前，学生不再隐瞒知识上的缺陷，能够大胆提出问题，暴露问题，以求得教师和同学的帮助。去年高三学生考解析几何，有一题是，求证三点共线。小组讨论时，一个同学用"沙尔定理的逆定理"解题，同学们指出这种方法有错误，可是本人不服。问题争论起来，大家一齐都拥到黑板前面，边画边讲，一个接一个补充自己的见解。后来有个同学找三个不共线的点，用他的解法也能证明是共线的，这少推翻了他的论点。这个组讨论到最后，对这一题共归纳出八种不同的解法。

这样的考试也摆脱了书面作业和两小时的时间限制，使学生不仅复习了功课，作了习题，还能研究专题，动手实验、动手制作。高三乙、丙两班在物理考试时，研究了透镜成像规律、三极直流电动机、感应圈构造原理的分析等 26 个专题，制作了电容测量仪、显微幻灯机、针孔照相机等 14 样实物。学生李X、徐X原来学习基础不太好，但在研究专题时，也取得了很大的收获。她们把电熨斗拆开，改装为 110V 与 220V 两用。在整个拆装过程中，应用了电学、热学和力学共九个主要原理。

考试期间，学生像平时一样学毛选，参加劳动，锻炼身体，保证按时作息。大家心情舒畅，欢欣鼓舞，一反千百年的积习，再也没人害怕考试了，相反的，大家都把考试看成是一件极为愉快的事情了。

目前，高年级教学上的改革正在向着一个新的阶段发展。这个阶段的特点是，突出政治，通过"小小组"使政治思想工作和课业学习结合起来。在这以前，教学中实行大单元自学以后，进度快慢不一，教师辅导跟不上，讨论交流也受到影响。更重要的，也是一向没有解决的问题是，学习功课时，总是不能突出政治。这个矛盾暴露出来后，我们研究了在乡下学习的经验和考试期间的经验。先在高三进行试验，以后又发展到高二高一，强调突出政治，以"小小组"为主要组织形式；个人自学、小组研究为主，班级讨论交流；教师辅导；学完一个单元，进行小结。

试验中反映出，这样的"小小组"有极大的优越性：

（一）通过"小小组"突出了政治，把政治和业务结合起来。"小小组"一成立，各组都先学习主席语录，明确学习目的。如高三乙一个小组提出两个突出，四个落实。突出毛泽东思想；突出阶级感情。小组工作落实到，交流思想、开展批评与自我批评；用革命辩证法学习知识；理论联系实际；不断总结，不断前进。高一乙有个小组提出了"人人学毛选，人人暴露思想，人人开展批评与自我批评，人人做思想工作，人人争取做革命接班人"的要求。许多小组都能根据组内当时的情况，按照毛主席的指示，去解决问题。高三丁一个小组，开始时组长信心不足，全组就集中学习主席关于相信群众力量和发挥干部作用的语录，排有利条件，鼓舞了学好的信心。后来发现，成绩好的学生怕吃亏，成绩差的学生怕跟不上，他们又学习主席关于不断总结经验的指示，批判了骄傲自满的论点和无所作为的论点，使大家思想上一致起来。他们感到"不突出政治，不可能学好功课"。有的小组，每当发现有人学习松懈或有畏难情绪时，就随时停下功课来暴露思想，学习主席著作，使小组每个成员始终保持了旺盛的革命热情。

(二)通过"小小组"的讨论交流，把个人钻研和集体智慧结合起来，效果比每个人单独学习好，高三丙一位同学学习数学遇到了困难，缺乏信心时，小组同志纷纷送给她主席关于藐视困难，克服困难的语录，帮助她增强学习信心；学习好的同学就给她传授如何抓重点的经验。这样以来，有人当了学生，也有人当了先生，结果，大家都有提高。

(三)通过"小小组"，可以不断总结，不断提高。各个小组都每天小结，不断明确学习目的，端正学习态度，改进学习方法。有的是学习前，小结前一天的学习情况；有的是学习后，小结当天的学习情况，每次都只要十分八分钟时间。每学完一章，小组就总结归纳一下这一章的主要内容，抓住内在规律，使所学知识系统化条理化起来。高三乙有个小组，在学完解析几何以后，总结了如何抓主要矛盾的经验。他们先研究全部教材，抓住曲线和方程这个核心问题，然后运用它去解决直线方程、圆锥曲线各章中的问题，效果很好。

(四)通过"小小组"促使教师对学生的指导具体了。学习中，有些问题"小小组"自己解决了；有些问题写到黑板上，小组之间帮助解决了；实在困难的问题才需要教师解决。同时，教师以较多的时间，到"小小组"蹲点，参加讨论，具体地了解了学生的学习动态，这样以来，教师就能够有效地组织大组交流，针对学生的问题去作解答，教师的力量就能用在刀口上了。"小小组"是个人自学和大组交流之间的最有效的中间环节，小组长又成了教师的助手。这里较好的解决了教师与学生的矛盾。

"小小组"所以能够成为一个好的学习组织，因为它首先是一个政治生活小组。在这个小组里，同学们以毛泽东思想为最高指示，共同提高政治觉悟、共同学习文化、共同劳动、共同参加社会实践。大家随时沟通思想、交流心得，开展批评，相互帮助，因此，都认为"小小组"是一个很好的组织形式。它确实有利于正确解决政治和业务的关系，个人和集体的关系以及教师和学生的关系；有利于进一步破除对教材、教师的迷信，打破现行课堂教学形式的各种束缚，发挥师生的独创精神，促进学校中生动活泼主动学习的风气的发展。

两年多来，教学上的改革，最主要的收获是开始使教学为方针服务了，从这一思想出发，教学上着重培养了学生掌握和运用知识的能力。

学生的自学能力一般都有显著的提高。尤其是高中，在教师的指导下，学生能使用工具书，自学各科教材，完成作业。

学生学习政治，改变了过去抄、背笔记，不联系思想、不联系实际的积习，开始懂得运用毛主席的世界观和方法论来分析自己的活思想，分析各种问题了，不少学生通过实践，能认真去掌握语言文字的工具，并在实际斗争中，运用这个工具，初三学生提出为贫下中农苦练毛笔字，组织了下乡赠送春联的活动。高中二、三年级学生劳动回校后，一般都能用外语在大会上讲三五分钟，汇报劳动中的心得体会；学习《人民战争胜利万岁》一文（节选）后，能联系时事，用外语举行援越抗美大会，文风有了显著的变化，学生的文章中，矫揉造作、堆积词藻、言之无物的东西基本上没有了，一般可以做到内容比较充实、观点比较鲜明，语句通顺，文字清楚。

在自然科学的学习中，根据教材的要求，一般能够绘图、测量，制作简单教具，独立进行理化生的实验；并注意运用学过的知识去观察或解决某些有关的问题。如初中不少学生能检验大便、检查血型、测量血压，部分学生能观察气象、饲养动物等。最近学校开挖一个土游泳池，把作预算方案的任务交给了初三一个班。在教学教师的指导下，同学们测量计算了游泳池的面积、体积，画出三视图，并运用立体几何知识计算了池侧、池底所需铺石，他们还向物理教师调查了学校抽水机和柴油机的功率，到自来水厂请教工人，弄懂了抽水和注水时间问题。任务完成后，大家感到学到了好多书本上所没有的知识。高三多数学生能够装修电灯，设计照明线路，安装收音机、扩音器，初步会使用照相机和冲洗照片，会发动柴油机。对两种以上不同功率的电动机和三相发电机、变压器等都能进行装拆、接线，有些学生还掌握了维修、操作的基本技能。六五年度寒假，高三五个学生自愿组织起来，以十多天时间，调整、改装了全校的广播线路。

五、 坚决执行"健康第一"的指示

人认真解决学生的健康问题，必须和智育第一、技术第一这两种思想作斗争。

以往，从智育第一的观点出发，学校各项工作主要是保证课堂教学的。课后虽然安排有休息时间和体育活动时间，但是，一天到晚做不完的功课，不仅挤掉了休息时间，也使学生没有心事和可能认真参加锻炼，实际上是智育第一挤掉了"健康第一"。

上体育课时，教师又单纯从技术着眼，首先考虑的是大纲、进度，却不是学生的健康。往往一个动作讲了又讲，使学生活动的时间没有站着听、站着等的时间多。真是"教者发令，学者强应，身顺而心违""徒有形式，而无实质"。在这里，技术第一又代替了"健康第一"。

在这两种情况下，很少有人考虑到学习与体力活动的时间各占多大比例才有利于学生的健康。当时一周学习五、六十小时，而体育活动时间只有 4 小时，加上每周两小时劳动，除少数体育爱好者以外，一般学生学习与体力活动时间的比例接近十比一。后来我们调查，不少学生反映："如果每天学习时间六至七小时，体育活动时间则至少需要两小时，比例接近四比一。几次下乡短期的半天学习、半天劳动，学习和劳动的比例是一比一。这时学习不比在校时差，而学生的健康状况却是最好的时候。从这几种情况的比较，使我们对主席七·三指示的精神有了些了解。显然可以看出，学校过分偏重知识学习、忽视体育活动的倾向和体育锻炼中的形式主义，如果不克服，学生的健康是根本无法保证的。

针对学生体力活动和脑力劳动极不适应的情况，我们采取了以下几个措施：

（一）减轻课业负担，严格压缩会议，把活动总量控制在八小时左右，学习时间控制在六小时左右。适当增加体力活动时间。每课时减为45分钟，课间活动延长到15至20分钟；下午两节课以后，提倡学生搞室外活动，加上平时每周半天劳动，学生体力活动的时间平均每天在两小时以上。这样使学生学习和体力活动时间的比例达到三比一，而且脑力劳动和体力活动能够相互交错，相互调剂。

（二）学生的睡眠时间，每天九小时（不包括午睡），睡眠时间和活动总量的比例超过一比一，重新调整了劳与逸的关系。

（三）初三以上不单设体育课，把它和课后的体育活动统一起来。在这个时间内，要求学生都走出教室，提倡各人根据自己的条件，自学进行体育锻炼。同时，分散运动器材，开辟场地，广泛增设国防体育活动项目，在同一时间内，使所有人都有可能参加体育锻炼。

（四）加强视力保护工作。过去学生视力不好，主要原因也是课业负担过重。教改以后，课业负担减轻了，但如果不注意用眼卫生，让学生，特别是低年级学生长时间无节制的看小说，近视眼仍然会增加。解决这个问题，措施是：加强教育，控制视力负担；一日四次作眼保健操；采取云雾疗法和针灸疗法。办法并不复杂，经常坚持就有效果。

总之，在解决学生健康的问题上，必须坚决地减轻课业负担，控制会议，克服体育锻炼中的形式主义，正确地解决劳与逸、脑力劳动与体力劳动的关系。"不破不立，不塞不流，不止不行。"不肯减少和去掉不恰当的东西，应该作的事情就提不到日程上来；就不能保证"健康第一"，就不能使学生学的更好。

安排、调整时间，毕竟还是静止的东西，还没有变成现实的物质力量。要使这些措施发挥作用，变成现实，关键在于使广大师生明了它的政治意义，调动人的积极因素，为此，我们组织全校师生反复学习了《体育之研究》。当学生下决心要把自己锻炼成为坚强的无产阶级革命事业的接班人，成为经得起农村三大革命运动考验的新型劳动者，成为能够与最凶恶的敌人美帝国主义决一死战的世界革命战士以后，他们就自觉地提出了"练为战""练为革命"的响亮口号，

第 18 章 在三大革命运动中培养革命接班人

锻炼就真正广泛地开展起来，就真正生动活泼起来。

现在，课间、课后学生都自动走出教室，绝大多数人都能经常坚持锻炼。他们从备战出发，不少人把早晨的起床钟当作紧急集合的信号，一起床就背起背包练跑步。初一陈ＸＸ、胡ＸＸ等每天课间练习射击的基本动作，从不间断。一学期来，她们的臂力由能托一块砖到能托三块砖。高三杨ＸＸ由跑六、七百米，坚持练到能跑五千米以上。有一次跑到五千米时，他想前面就是敌人，一定要追上去，结果坚持跑到七千米才停下来。武ＸＸ原来不会游泳，去年夏天，她苦练三个月，一次能游五千米。高一郑ＸＸ原来患神经衰弱，晚上睡不好觉，头脑经常昏沉沉的。教改后，她懂得了干革命就要有坚强的身体，便积极练长跑、短跑，练手臂力量，爬山、游泳、挑水等。在锻炼中还注意培养自己的革命意志。有时引体向上，最后的劲拉不上一个了，她就坚持拉半个，她说："多拉几个半个，明天就能多拉一个，干革命就要有一股韧劲，就要有坚持性。"她的体力和毅力现在都增强了。这次下乡劳动时，连续行军 90 里，始终精力充沛，还嫌"劲没有完全使出来。"高二李ＸＸ原来身体比较娇弱，教改以后，她有意识地克服自己怕苦怕累的娇气，不管刮风下雨都坚持锻炼。她说："没有好身体就挑不起革命的重担。"在床头上贴了"帝国主义如此欺负我们……"的语录，时刻提高警惕。一次参加校内长跑比赛，她两手各拿一张纸条，一边写着"不忘世界上三分之二还未解放的人民，牢记美帝在南越犯下的滔天罪行。"一边写着"下定决心，不怕牺牲，排除万难，去争取胜利。"她把体育锻炼和培养自己成为革命接班人的要求具体地结合起来了。

学生在校锻炼，假期也锻炼。高中学生中有 37 人常年坚持冷水浴。寒假期间，高二两个学生骑脚踏车到黄山，两个学生骑脚踏车到上海，前者往返四、五百里，后者往返一千四百里。他们要在大风大浪中锻炼，他们要为革命而锻炼。

目前，学生的健康状况已经在三个方面有了比较明显的变化。

第一、体质增强了。

高中二、三年级多数人能连续行军四、五天,每天走四、五十里路。高三四个班的调查,在三里路以内,男生一般能挑七、八十斤,女生一般能挑五、六十斤。初三丁一个班五十一个同学肺活量测验,男生平均为3274毫升,女生平均为2815毫升,与1963年12月相比,男生每人平均增加1238毫升,女生每人平均增加906毫升。其中女生许ＸＸ、高ＸＸ、陈ＸＸ带肺活量达到3750毫升,超过了成年男子一般的肺活量。男生江Ｘ、游ＸＸ等,肺活量达到4250毫升。

第二、视力好转了。

1964学年度学生患近视眼的人数占学生总数的38.38%,65学年度到三月为止下降为33.6%。视力新发病率64学年度54人,65学年度到三月为止21人。视力恢复正常的64学年度为32人,65学年度到三月底止已有67人,视力恢复正常加上不同程度上有好转的,占近视患者的百分之六十以上。初一丁学生李Ｘ,入学时两眼视力均为0.1,现在两眼都上升到2.4。初三四个班有29人,两眼视力均在3.0以上。

第三、疾病减少了。

64年1月患神经衰弱、失眠症的有7人,现在没有人失眠了。因病休学的人数逐年下降,63年21人,今年到5月为止只有3人。

张ＸＸ老师反映:"我管理宿舍二十多年,学生这样健康是从来没有过的。以前女生中患月经病的很多,经常放在我房中的药罐子就有二十多个,现在只有个把人有妇女病了。患头痛、神经衰弱或胃病的人也很少了。"

事实证明,不少人的身体由弱变强了。高二徐ＸＸ原来体弱多病,经常十天半月的请病假,学习受到影响,差点要留级。因为体弱,上楼梯快了就心跳气喘,不敢多活动,也不能参加一般的劳动。教改后,她天天坚持锻炼,参加了冬季长跑,体质大大增强,高一下以来半年没有请过一天病假,那个冬天也几乎没有穿棉衣,劳动、学习都能坚持,身体也越来越好了。高三成ＸＸ63年得了肺结核,一度心情苦闷,非常悲观;教改后,他学习主席著作,注意到提高思想觉悟和养好身体相结合,适当锻炼和适当增加营养、休息相结合,64年冬,医生检查证明:肺结核全部硬结了。他总结自己养病的经验是:"要战胜病魔,在战略上要藐视敌人,在战术上要重视敌人。时刻明确应当为谁而锻炼身体,怎样锻炼身体,正确处理锻炼、吃药、休息、营养之间的关系,促进坏身体不断地向好身体转化。"

六、 教育者必先受教育

教改一开始,两种教育思想的斗争在教师身上就日益剧烈地展开了。和党的教育方针相抵触的形形色色的说法、想法,集中地反映在三个问题上:一是强调业务,忽视政治。教改初期,一提到思想革命,不少人就听不进去,认为"教改,教改,充其量在课堂上多翻几个花样"。"业务是本钱,无论怎么改,总要把业务提得高一些"。"学毛选需要,但不如学业务实在"。二是迷信自己,脱离群众。对主席说的知识分子要向工人、农民学习,在学校要向学生学习,有人就说:"我教了几十年书,从没想到过要向小毛娃学"。"教书征求学生意见,学生不是要爬到教师头上来了吗?"有人坚持:"对学生就要凶一点、狠一点,严师才能出高徒。"有人暗下嘀咕:"工人觉悟高,但文化不高,农民自私、落后、愚蠢,我们向他们学什么东西?"三是强调理论,脱离实际。对理论联系实际,许多人有反感,"什么联系实际,我们是全日制中学,不是专业学校!""到乡下劳动劳动,就能学好马列主义了吗?""数学是高度的抽象,提高质量要靠逻辑思维,不是靠联系实际!"总之,教师头脑里考虑的只是个人、只是业务,一心向往的只是成名成家,摆脱体力劳动,他们怎么能够培养学生成为有社会主义觉悟的有文化的劳动者、成为无产阶级革命事业的接班人呢?主席教导说,"知识分子如果不把自己头脑里不恰当的东西去掉,就不能担负起教育别人的任务。"要让教师去掉他们头脑中这些不恰当的东西，就要引导他们认真学习毛主席的著作，而且要引导他们到劳动中去，到群众中去，到三大革命运动中去，要他们结合自己的实践学习毛泽东思想，把毛泽东思想学到手。

教师一旦参加了劳动，接触了工农群众，思想观点上的许多问题，就暴露出来。教师徐ＸＸ看到贫农的孩子流着鼻涕，她想用手绢替他擦一下，可是手插到口袋里，捏着手绢，半天掏不出来，后来给小孩擦了鼻涕，但总觉得有点恶心。这时，她回头一看，学生却剪了自己的小手娟正在为贫农补衣服。相形之下，感到十分惭愧，感到自己还不如学生，自己的思想感情的确和工农格格不入，感到自己确实需要改造。俄语教师吕ＸＸ到盱眙劳动锻炼，住在贫农家里，生活上的艰苦，引起他思想上激烈的斗争，想起城市，想起学校的舒适生活，就觉得度日如年。这时，他一遍又一遍地学习毛主席的指示："你要和群众打成一片，就得下决心，经过长期的甚至是痛苦的磨练。"之后，他发现自己"头脑里有许多脏东西，思想感情距离贫下中农太远，劳动观点太差，对艰苦的生活太怕，对革命两字理解得太肤浅。"

经过艰苦的体力劳动，在激烈的思想斗争中，毛选才能学得进去，毛泽东思想才能成为教师改造自己的有力武器。青年教师薛Ｘ过去一心想成名成家，除了上课，几乎把时间都用去钻俄罗斯文学史一类的作品，把教课当作应付差事。后来，她下乡劳动锻炼，看到贫农出身的生产队干部从早到晚忘我劳动，勤勤恳恳为社员服务，不计较报酬，不计较名利，开始感到自己的个人主义思想给革命事业带来了损失。以后她反复学习《为人民服务》等三篇文章，进一步认识到："过去立志立错了，应当重新立志，做一个全心全意为人民服务的教师。"在农村，她通读了毛选四卷，回校后，工作态度起了显著的变化。有次下乡，访问贫农南奶奶，看到南奶奶有一件穿了十二年的破衣服，补钉垒补钉，她想，这件衣服可以教育自己和学生，永远不忘艰苦朴素，永远不忘贫下中农，当即脱下自己身上的衣服，换回了这件破衣服。语文教师吴ＸＸ，到一家贫农家访问，和他们比生活、比思想。她说："我家整年吃大米、白面，无日不荤，四个人有六床被、两条毯子，单自己一人的衬衫就有十件。工作呢？总是嫌重。而贫农家种什么吃什么，两张床上只有一条旧棉被，全家人穿的衣服没有一件不打补钉的。他们全家辛勤劳动,可总是乐呵呵的,口口声声毛主席,共产党,感激之情,热爱之深,令人感动。"从这里,她看到自己"最缺乏也是最重要的东西,就是没有强烈的无产阶级感情,没有把自己的一切和广大人民结合在一起……心目中没有人民,没有贫下中农。"

在农村,面对着三大革命运动的实际斗争,教师对劳动人民有了感情之后,他们的教育思想也逐步起了变化。不少教师看到农村一穷二白的面貌需要改变,看到知识青年在农村大有作为,他们就深感,过去忘了农村,忘了贫下中农,还说什么为人民服务,那只是一句空话。一个外语教师说:"过去我教书,两眼只望着清华、北大,一心为高考120分钟奋斗!现在我要把学生送到贫下中农身边来,这就是具体的为人民服务。"数学教师仇ＸＸ听到贫农说:"你们下来能文能武,又懂理论又懂实际,这就好了。"他说:"这些话表达了广大贫下中农对青年一代的希望,我越听越感到自己肩上的担子重。如果学生学了数学,不会打算盘,记工算账;学了语文,不会写对联、做总结,不会宣传国内外形势和党的政策;学了政治,不能在农村复杂的阶级斗争环境中站稳立场,不会一分为二地看待事物、分析事物。这怎么行呢?"

教师资产阶级教育思想进一步得到清算,还是在教育革命的实践中,经过激烈的反复的思想斗争,才一步一步解决的。

主席春节指示给师生传达以后,学生欢欣鼓舞,当场有人高呼:"教改万岁!""毛主席万岁!"这对一部分觉悟较高的教师首先有震动,促使他们考虑,对毛主席的指示为什么自己的热情没有学生高。于是,在学生的推动下,他们首先改起来。物理教师胡ＸＸ(党员)开始时,对主席春节指示接受不了,一听说减轻负担,减少作业,马上想到,"负担轻了,质量一定要下降。"后来,他反复地想:为什么主席的指示和我的想法不一样呢?按我的想法做,能符合党的方针吗?他感到没有把握。于是,将信将疑的把过重的负担减下来了。以后,学生的学习却比过去任何时候都积极主动,有一次他布置三十个习题,百分之九十的学生基本上在课内完成或超过了这个要求。课外，学生还自己订正了错误，总结了经验教训，有40人看了170本参考书。一个基础差的学生对他说："过去习题布置得多，我只能赶任务、对答数，看起来做了七、八题，其实一题也没有得到。"学生的实际行动深深教育了他，也教育了其他教师，使他们真正懂得，负担轻了，质量并不是"一定下降"的。

在减轻负担的问题上是这样，在改变教法、考法上也是这样，差不多每一个措施的改变，都要引起一场激烈的争论，都要通过实践之后才能逐步为教师所接受。如第一次实行开卷考试，教师中议论纷纷，有人说："这样考下来，人人可得一百分。"有人担心："这是鼓励偷懒，以后学生不会用功读书了。"不少人出难题、多出题，给学生的压力比闭卷考试时更大。纠正了这个错误以后，学生考试的情况完全出乎教师们意料之外。第一天试卷发下去，教师就发现有些学生并不看卷子，他们说："复习不是为了做几个试题，而是为了学到为人民服务的本领。题目上有的我们要学好，题目上没有的我们也应该学好。"经过个人作题、集体讨论之后，教师又看到学生的试卷各有不同的叙述方法、计算方法，对别人的好方法或自己订正过的问题都注明在原答案的旁边。同时，考试期间学生执行各项制度和往常一样，大家异口同声的说："开卷考试好。"把这些现象和过去闭卷考试的情况作过比较之后，教师们的心事才慢慢放下来了。

一部分教师工作上有所改进，在学生身上就会反映出来；同时，学生强烈的革命热情又时刻在推动着教师前进。

教改开始不久，高二六个同学针对语文教研组主编的"朝阳"墙报脱离阶级斗争的倾向，写了批评的文章。这件事震动了全校，引起了语文教研组的一场大争论。有人认为，学生批评得对，正打中了整个语文教学的要害，有的教师却不同意。争论不能一致时，大家一起学习《在延安文艺座谈会上的讲话》和《反对党八股》，重新检查"朝阳"上的文章，然后才承认了自己的错误，承认自己落后于学生。

教改发展的过程中，教师之间也是相互促进的。少数观点清楚、敢于实践的教师走在前面，在各科教学中闯出了路子，慢慢就带动了其他教师前进。如外语，学生对教材内容脱离当前革命斗争很不满意，高三外语教师围绕着三大革命运动，编选了教材，很快影响到高二。俄语教师辛ＸＸ想："班上学生也要求我改选教材，但是自己在大学里学的都是普希金、托尔斯泰那一套，俄文的毛主席著作一篇没学过，政治词汇少得可怜。改选了课文，一篇文章，学生如果有50个生词，我至少也要有30个。"她的决心下不下来，就一遍又一遍地学习《愚公移山》。后来，她改选了课文，和学生一同研究，边学边教。一年多来，不仅学生学的满意，她自己阅读外文政治书籍的能力也有了显著的提高。再如数学，教导主任马Ｘ注意培养学生的自学能力，鼓励学生的创见，班上学生提出的问题多，讨论很热烈。老教师陶Ｘ就把马Ｘ班上提出的问题拿到自己班上去讨论，结果效果不好。她学习了《实践论》和《放下包袱，开动机器》，之后，检查原因，第一，是认为自己年龄大了，不行，思想上有包袱，不肯用脑筋；第二，是没有从学生的实际出发。于是，她发动学生给自己提意见，重视调查研究，开始把别人的经验变成了自己的，教学上有了改进。

在教学改革实践中，旧的矛盾解决了，新的矛盾又出现了。矛盾不断出现，推动着教师不断去考虑新的解决矛盾的办法，推动着教师教育观点的改变。例如初三数学教师闵ＸＸ，在培养学生自学能力上，经过了这样一个过程：先是改变了学生长期以来只听教师讲课，自己不看课本的现象，培养了学生的阅读能力。但这时的办法是让学生短时间的看书后，教师即接着讲解，这就产生了一个矛盾：学习好的学生看书看得快，教师讲课时他正在钻问题，无心听讲；学习差的学生认为，教师反正要讲的，看书就比较马虎。后来，他拿整段时间让学生看书、作题，以后再来讲课，学生看书普遍认真了。但这时又产生了一个矛盾：学生看书作题进度不一，教师讲课时，习题未作完的学生又无心听讲。他检查了自己的认识，发觉自己没有从每个学生的情况出发，采取的仍是一刀切的办法。以后他把整堂课、两三堂课的时间都放给学生看书、作题，自己集中精力作个别指导，最后再小结、答题，交流体会。这样以来，每个学生都学得主动了。如一个班学《平等四边形》这个单元时，每个同学都在规定的时间内完成了学习任务，写了学习小结，其中有20人能自己推证定理，对教材的理解比较深刻。这件事使他认识到，只要教师的观点能不断改变，学生学习的潜力是很大的。

政治教师孙ＸＸ教《矛盾论》时，先在高二乙班上课，他说，班上有些同学尽管树立了上山下乡的思想，但对读书与下乡的关系认识不清，所以放松了外语学习。同学们不同意他的观点，认为："部分同学放松学习，正是因为他们上山下乡当社员的思想没有真正解决，学习动力不足。"到高二丙班上课时，又发生了类似的问题。连续两次发生问题，使他深深感到，不了解情况，政治课是上不好的。后来再到高二甲班上课时，他先开调查会，请部分学生讨论他的讲稿，结果，效果就比较好。以后再遇到一些不易解决的问题时，他就不是一个人冥思苦想，而是找群众一起分析研究了。

两年多来，在教师工作上，我们开始有了这样几点认识：

1. 必须完整地执行党的团结、教育、改造知识分子的政策。

教改的实践使我们看到，大多数教师的世界观，离开认真执行无产阶级的教育方针，培养无产阶级革命事业接班人的要求，还有很大一个距离。这个队伍，既有能够教好学生的积极方面；同时也存在着用资产阶级教育思想影响学生和压抑学生的消极方面，显然不改造是不行的。但是他们世界观的改造，要有一个长期的过程。这就是毛主席说的："不能企图上几次课，开几次会，就把人家在几十年生活中间形成的思想意识改变过来。"人们一切错误观念的抛弃，只能通过他们自己的实践来实现，而却不可能由别人来代替。

教改以前，学校把党的方针当作口号喊，教师各人按照自己的想法上课。那时，我们对资产阶级教育思想往往视而不见，久而不闻其臭，工作中很少采取有力的措施去抓教师的思想改造，致使这个队伍的社会主义改造成效甚微。这是一个原则性的错误。教改开始后，问题大量暴露出来，对这个队伍需要改造，看清楚了。但我们对思想改造的长期性认识不足，一度急欲求成，致使部分人受到批判，心情不够舒畅。这里又发生了另一种性质的错误。有了以上两方面的错误，我们对完整的执行团结、教育、改造知识分子的政策，认识上才比较清楚了。

2. 教师世界观的改造，必须通过毛选学习、社会实践和教学改革这三个途径。

两年多来，从教师思想变化的情况看，初期学毛选，又起了一个方向性的作用，但他们不能深刻理解主席的话，还不足以推动他们的思想改造。教师思想感情的变化，主要是在劳动中，在和工农群众的接触中，特别是在和贫下中农的接触中逐步解决的。而教育观点的变化，一方面要以思想感情的变化为前提，同时也要通过教师自己的教改实践，才能够收到效果。这两方面的实践，促使着教师进一步去学习毛选，把毛泽东思想逐步变成他们自己的东西。"……经过由物质到精神，由精神到物质，即由实践到认识，由认识到实践这样多次的反复。"（《人的正确思想是从哪里来的？》），教师们的世界观才能够逐步从根本上得到改造。

3. 坚持彻底的群众路线。

要从根本上清算资产阶级的教育思想，清除学校教育这个阵地，就需要有一个强大的冲击力量。这个力量来自毛泽东思想、来自三大革命运动、也来自学校内部的群众运动。有了强大的毛泽东思想的精神武器和工农群众的影响、推动，使教改有了明确的方向之后，发动学生和教师一道参加教育革命就特别重要。广大学生直接遭受着资产阶级教育思想的危害，他们要求革命最迫切，思想顾虑最少，他们对教学改革最有发言权，而且教育革命的成果主要也只能从他们身上体现出来。只有学生充分发动起来，才能给予教师教学上的改革和思想上的改造以经常的直接的帮助。有人担心，把学生发动起来，会不会搞乱教学秩序，会不会影响教师的主导作用？两年多的实践证明，只要能使主席的思想和党的教育方针成为师生共同的语言，师生的思想行动就能够在新的基础上统一起来。高一学生聂ＸＸ、谢Ｘ写了一篇"怎样理解教师的主导作用"的文章。她们说："我们非常需要老师，但是我们不需要教改前那种'满堂灌'的老师，我们需要的是能培养我们为人民服务的老师，是能使我们脱离老师后有独立分析问题和解决问题能力的老师。""过去'满堂灌'的'主导作用'，不符合主席思想，它使我们的主观能动性发挥不出来。因此，我们都成为书本的奴隶。现在启发式的主导作用，使我们发挥了主观能动作用，我们成了书本的主人。"她们接着说："发挥老师的主导作用，并不是说老师处处都要比学生强。主席一直都是提倡教学相长的，提倡'官教兵，兵教官，兵教兵'的。教改后，老师听了主席的话，放下架子，教和学能够很好地互相促进，这就是老师很好地发挥了主导作用。"

4. 既要培养骨干又要团结大多数。

教师之间，思想觉悟、业务水平都有很大的不同，不能统一要求、齐步前进。教改刚开始时，多数教师怕改、怕吃亏，工作中着重要抓骨干的培养，积极支持他们敢于去闯，在教学中树立对立面，影响多数。以后，一部分教师改得较好，学生动起来了，对其他教师就会产生一种压力。这时，就不能以少数骨干的积极性和学生的愿望，来要求多数教师，不能要大家一下子都达到一样高的水平。在统一的方针下，教学方法上要提倡百花齐放。教改深入了，多数人的思想跟上来了，愿意改了。这时，注意力就不能只集中在少数骨干身上了，要鼓励和支持大家积极改革，要注意扩大骨干教师的队伍。这时，还会有少数人停滞不前，也会有个别人前进一步后又退回来，这样以来，他们和学生之间的矛盾就会更加尖锐起来了。对于这部分师生，两方面的工作都要加强，既要帮助教师，又要教育学生，力求尽快地缩小这个矛盾。

两年多来，多数教师的思想觉悟和教学工作都起了很大的变化。目前，教师中参加过四清和劳动锻炼的有32人，占青壮年教师的60%左右，不少教师还利用寒暑假，自愿结合起来，到工厂、农村去参加劳动。全校干部、教师×××人中能够自觉革命，执行方针坚决，成为教学和工作中的骨干的有××××××××××有自我改造的愿望，对教改认识比较清楚，行动比较积极，在骨干带动下，工作能够跟上来的有××××××××××对教改认识不足，根本观点改变不大，但工作上也有所改进的×××××××××对教改认识很差，工

作基本上没有什么改变的××××××××××

俄语教师吕ＸＸ把自己教改前后的思想变化写成一付对联说："忆从前，教书不教人，唯我独尊，突然袭击，片面追求升学率，摧残下一代，教书匠，虚度年华。""看今朝，毛选为指针，师生平等，教学民主，全面贯彻德智体，培养接班人，干革命，永葆青春。"这两句话比较形象的描绘了多数教师教改前后的思想面貌。

两年多来，各项工作中主要的经验、教训和应该继续解决的问题，概括起来，有以下几条：

（一）我们经常用来指导自己和广大师生思想、行动的是，毛主席的两本书、三句话、五条标准和两个指示。这就是《关于正确处理人民内部矛盾的问题》《在中国共产党全国宣传工作会议上的讲话》，五八年视察天津大学时的讲话，"九评"中革命接班人的五条标准和春节指示，七·三指示。主席这些指示以及毛选中其他有关文章，是推动全校干部、师生走向革命化、劳动化的极其强大的精神武器。

通过反复实践，我们集中起来了这样一条基本经验，就是：重新明确一个目标——培养有社会主义觉悟的有文化的劳动者；丢掉两个包袱——片面升学思想和沉重的课业负担；依靠两个动力——毛泽东思想和贫下中农感情；拿起两个武器——群众路线，把教育和生产劳动结合起来。

（二）教育革命是一场意识形式领域的阶级斗争。工作中，每一点进步都是在和资产阶级教育思想针锋相对的斗争中取得的。当前，资产阶级教育思想在全日制学校突出的表现是片面追求升这的思想。这个思想渗透在各个方面，整个教改过程中就贯穿着和这一思想的斗争。但是要彻底解决它却是很不容易的。原因是：

第一，克服这个错误的思想，解决脑力劳动和体力劳动的差别，特别是要求知识分子劳动化，直接涉及到人们的经济利益。在今天我们的社会情况下，生产资料所有制改变之后，确乎有些人把希望、幸福寄托在做脑力劳动者上边，他们是把只升学不劳动作为脑力劳动者的特权来加以维护的。

第二，几千年来，"唯有读书高"的错误思想，对社会的影响是很深远的，即使是劳动人民的家庭也在不同程度上受到了它的毒害。

第三，现行全日制学校的教材、教法、制度，很大程度上还是资产阶级教育留下来的那一套东西，它和"唯有读书高"的错误思想恰恰是相适应的。

第四，教师队伍中不少人是从资产阶级学校培养出来的。就是解放后我们培养的教师，受的资产阶级教育思想的影响也是很深的。

第五，到现在为止，还有不少人，看不到全日制学校有改革的必要性，认识不到这个改革的重大战略意义，看不清有通过教育产生修正主义的严重危险。

教改初期，工作中产生的若干缺点，和我们对这场斗争的性质没有弄清是分不开的。例如：①教改一开始学校有些人有抵触情绪。当时我们认为，就是这几个人有问题，批评了他们。而没有认识到，他们的情绪不是个孤立的现象，它是两种教育思想斗争中必然的反映；也没有看到，这样的批评，是不利于矛盾的继续揭露和解决的。

②教改的热潮起来了，社会上的反映一天天多起来，有人说，知识下降了。这时，我们思想上就产生了顾虑，担心学生知识真的学不好，会影响高考。我们思想上一度的摇摆，在师生中就产生了很不好的影响。

③教改过程中，对各方面的意见，我们耐心地听、冷静地分析注意的不够。有时没有找机会去听，有时听了也不以为然，或者不加分析就顶回去。同时，改革的面逐步扩大以后，矛盾多了，工作量大了，工作要求高了，我们的作风也没有能够很快的适应这个新的情况，使得有些能够解决的问题没有得到及时的解决，有些问题及时抓了，又没有抓到底。

（三）根据当前工作发展的情况，下一步工作的重点要抓教育制度的改革。我们打算：从高中开始，试行全日制和半耕半读结合、城乡结合、中学和大学结合，逐步向半耕半读过渡。学生每年劳动和参加社会实践三个半月，学习七个月，假期一个半月。每学期下乡两个月，住在农民家中（不另建校舍），半天学习，半天劳动；在校学习时，每周三个半天劳动和参加社会实践。学生毕业以后，除升入高等学校的以外，有志于参加农业生产的，即就地插队，开办自修大学。把继续办学和建设社会主义的新农村结合起来。

估计这样做了以后，将会引起学校各方面的工作进一步发生变化。要有意识的通过教育制度的改革，进一步促进教师队伍的革命化，促进领导作风的革命化，并彻底改编现有教材，以便更好地培养学生成为有社会主义觉悟的有文化的劳动者，成为无产阶级革命事业的接班人。

南师附中 1966 年 5 月

编 后

2010年11月13日，笔者不经意地在网络搜索中敲入"南师附中教改"。附中教改档案在孔夫子拍卖网拍卖的信息令人震惊（编号4603465）。笔者通过拍卖网联系到物品持有人，并在第一时间与南师附中取得了联系。事实上，教改在南师附中一直是个话题，笔者也从未怀疑过校方存有这份珍贵的资料。无论从历史的角度，还是教学的角度，教改资料都是南师附中最为重要的资料。根据当年的情况，这份文献也会同样上交给南京师范学院、江苏省教育厅以及国家教育部备案。虽然教改资料算不上档案，但其重要性显而易见：她记录的是一个时代。至于这份资料如何流落到民间，还有一个故事：当年校方在处置教学资料的时候，一位对教改怀有感情的教师收留了这份资料，从而保住了这段历史。

1996年，南师附中66届高三校友举办了毕业30年后的首次聚会。1966年是中国历史上臭名昭著的一年——文革元年。那一年学校的章法乱了套，师生反目结仇，往日不堪回首……

30年后的聚会总不能稀里糊涂地回到文革吧？有校友建议：回到同学！从此，"回到同学"成为聚会不变的主题。这次教改资料的出版，使得教改这面镜子完全清晰了。在镜子里，我们几乎看到学校生活的全部——"回到同学"无疑就是回到了教改！

半个世纪后再看教改，其感受已经大相径庭。同学聚会回到文革不妥，回到教改也不妥。总之，回不去了，怎么办？

还是那句话：车到山前必有路——回到反思！这是一代人的出路。

王 虹